Ahmed Osman, geboren in Kairo, lebt seit 1965 in Großbritannien, wo er Arabisch lehrt und ägyptische Geschichte sowie Hebräisch studiert. Durch seine Forschungen und Entdeckungen war er der erste, der eine Verbindung zwischen einer biblischen Gestalt und einer Figur aus der ägyptischen Geschichte herstellte, als er herausfand, daß Juja – dessen Mumie 1905 im Tal der Könige gefunden wurde – mit Joseph – der die Israeliten von Kanaan nach Ägypten brachte – identisch ist.

D1867220

Dieses Buch wurde auf
chlor- und säurefreiem Papier gedruckt.

Deutsche Erstausgabe April 1994
© 1994 für die deutschsprachige Ausgabe
Droemersche Verlagsanstalt Th. Knaur Nachf., München
Das Werk einschließlich aller seiner Teile ist urheberrechtlich geschützt. Jede Verwertung außerhalb der engen Grenzen des Urheberrechtsgesetzes ist ohne Zustimmung des Verlages unzulässig und strafbar. Das gilt insbesondere für Vervielfältigungen, Übersetzungen, Mikroverfilmungen und die Einspeicherung und Verarbeitung in elektronischen Systemen.
Titel der Originalausgabe »The House of Messiah«
© 1992 Ahmed Osman
Originalverlag HarperCollins Publ., London
Umschlaggestaltung Adolf Bachmann, Reischach
Umschlagfoto Hoa-Qui/Silvestris, Kastl
Satz Ventura Publisher im Verlag
Druck und Bindung Elsnerdruck, Berlin
Printed in Germany
ISBN 3-426-77094-6

1 3 5 4 2

Ahmed Osman

WER WAR JESUS WIRKLICH?

Aus dem Englischen von
Gabriele Gockel, Rita Seuß
und Robert Weiß, Kollektiv Druck-Reif

Knaur

Für meine Frau Nagla

INHALT

DANKSAGUNG

Mein Dank gilt Harry Weaver, der sich trotz anfänglicher Vorbehalte aufgrund seiner persönlichen Glaubensanschauungen vom Beweismaterial überzeugen ließ und mir eine wertvolle Hilfe beim Vorbereiten des Manuskripts für dieses Buch war. Danken möchte ich auch Richard Johnson, meinem Redakteur bei Harper-Collins, für sein Verständnis, seine Unterstützung und seinen Rat.

BILDQUELLEN

Das heutige Jerusalem: Sammlung des Autors,
die Isis-Statue aus dem sechsten Jahrhundert: Museum von Turin,
»Jungfrau und Kind« von Masaccio: The National Gallery, London,
das Katharinenkloster: Sammlung des Autors,
»Die Enthauptung von Johannes dem Täufer« von Puvis de Chavannes: The National Gallery, London,
alle anderen Fotos mit freundlicher Genehmigung des Kairoer Museums.

WAS IST WAHRHEIT?

Pilatus ging wieder in das Prätorium hinein, ließ Jesus rufen und fragte ihn: Bist du der König der Juden?
Jesus antwortete: Sagst du das von dir aus, oder haben es dir andere über mich gesagt?
Pilatus entgegnete: Bin ich denn ein Jude? Dein eigenes Volk und die Hohenpriester haben dich an mich ausgeliefert. Was hast du getan?
Jesus antwortete: Mein Königtum ist nicht von dieser Welt. Wenn es von dieser Welt wäre, würden meine Leute kämpfen, damit ich den Juden nicht ausgeliefert würde. Aber mein Königtum ist nicht von hier.
Pilatus sagte zu ihm: Also bist du doch ein König? Jesus antwortete: Du sagst es, ich bin ein König. Ich bin dazu geboren und dazu in die Welt gekommen, daß ich für die Wahrheit Zeugnis ablege. Jeder, der aus der Wahrheit ist, hört auf meine Stimme.
Pilatus sagte zu ihm: Was ist Wahrheit? Nachdem er das gesagt hatte, ging er wieder zu den Juden hinaus und sagte zu ihnen: Ich finde keinen Grund, ihn zu verurteilen.

Evangelium nach Johannes, 18, 33–38

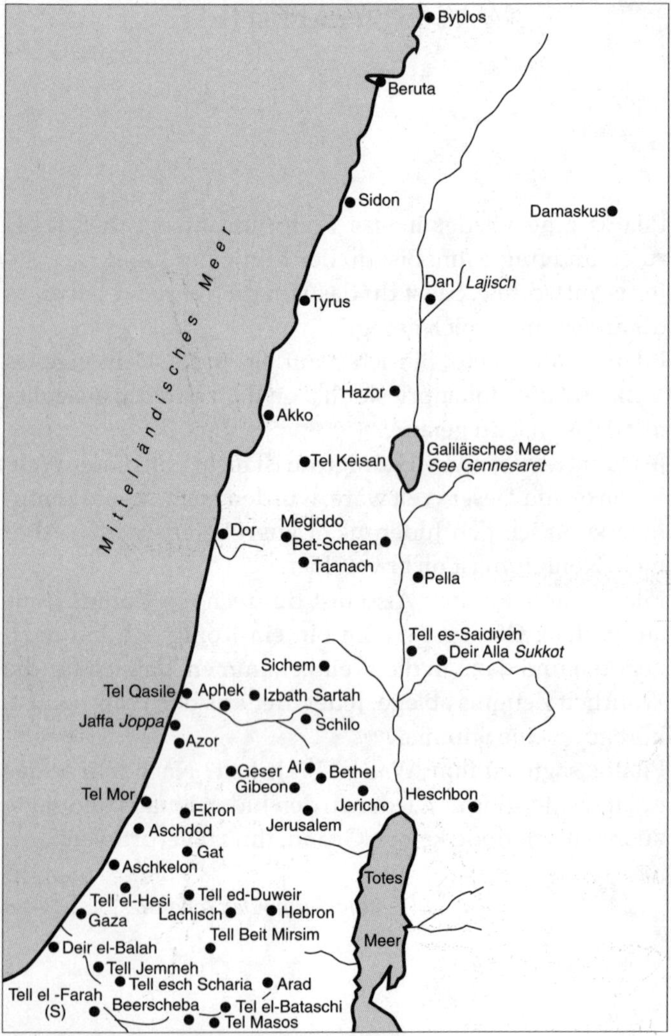

Das Land Kanaan zur Zeit des israelitischen Einzugs ins Gelobte Land ca. 1200-1000 v.Chr.

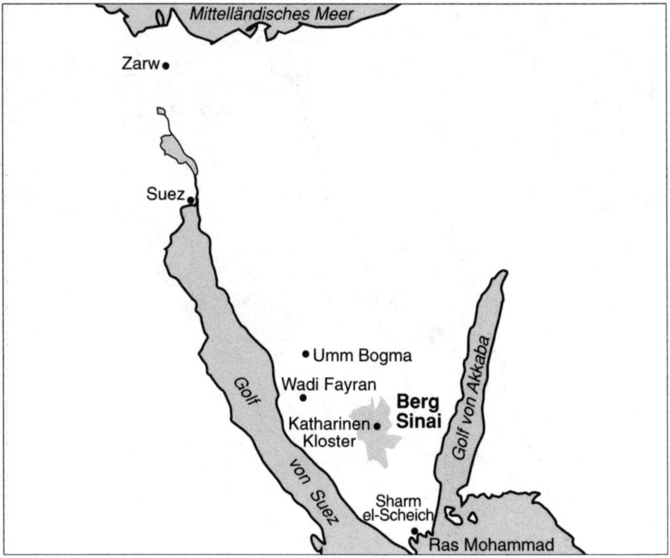

Die Lage des Berges Sinai

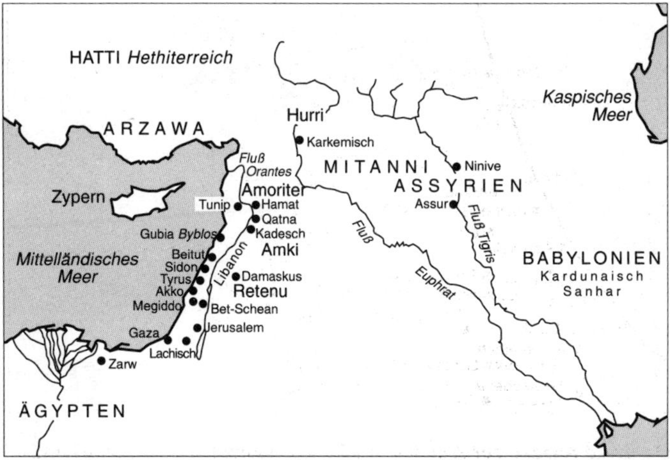

Das Reich von Thutmosis III. Zwischen Nil und Euphrat im 15. Jh. v. Chr.

EINLEITUNG

Die verschiedenen Auffassungen von der Bibel lassen sich im wesentlichen in drei Kategorien einteilen: Erstens, trotz der zahlreichen Widersprüche seien alle ihre Aussagen wörtlich zu nehmen; zweitens, die Bibel sei im Grunde als historisches Werk zu betrachten, das allerdings durch die langjährige mündliche Überlieferung sowie in gewissem Maße auch durch die schriftliche Fixierung verfälscht wurde; und schließlich drittens, die Bibel sei lediglich eine Sammlung märchenhafter und phantastischer Geschichten, die sprachlich ausgeschmückt wurden.

Ich selbst betrachte die Bibel grundsätzlich als historisches Werk – und diese Haltung war es auch, die mich vor mehr als fünfundzwanzig Jahren aus Ägypten, wo ich geboren bin, nach London führte. Die Wahl fiel deshalb auf London, weil dort ausgezeichnete Forschungsbedingungen vorhanden sind. Ich hoffte, dadurch der Lösung eines Problems näherzukommen, an dem die Bibelforscher seit dem achtzehnten Jahrhundert herumrätseln: die Frage, ob nicht eine der herausragenden Persönlichkeiten der ägyptischen Geschichte mit einer herausragenden Persönlichkeit der Bibel identisch sei.

Die Bemühungen, eine Antwort auf diese Frage zu finden, waren meinen Erkenntnissen zufolge bisher aus zwei Gründen gescheitert. Erstens war es immer das vorrangige Ziel der Forschung gewesen, die ägyptische Geschichte in die Bibel statt umgekehrt die Bibel in die ägyptische Geschichte einzupassen, was naheliegender wäre. Zweitens neigten die Wissenschaftler dazu, von den beiden im Alten Testament genannten Zeiträumen für die Dauer des Aufenthalts der Israeliten in Ägypten – vier Generationen beziehungsweise vierhundert Jahre – die unrichtige Angabe von vier Jahrhunderten zugrunde zu legen. Und dies bedeutete, daß die Bibelwissenschaftler ihre Beweise zur falschen Zeit und am falschen Ort suchten.

Nach fünfundzwanzig Jahren Studium und Forschung kann ich nun nicht behaupten, ich hätte seit jenem – wie mir im Rückblick scheint – ersten Geistesblitz große Fortschritte gemacht. Jene Idee kam mir eines Nachts, als ich nicht schlafen konnte und mich mit einer Kanne Tee hinsetzte, das Buch Genesis aufschlug und die Geschichte vom Patriarchen Josef, dem Lieblingssohn Jakobs, nachlas, der von seinen eifersüchtigen Halbbrüdern als Sklave nach Ägypten verkauft worden war. Als Josef dann, der Bibel zufolge, sieben magere Jahre vorhersagte, die auf sieben fette folgen würden, stieg er zum eigentlichen Herrscher des Landes auf, das bis dahin von einem nicht namentlich genannten Pharao regiert wurde. Als ich dies las, blieb ich an der Stelle hängen, wo Josef seinen Halbbrüdern, die in einer Zeit der Hungersnot zum zweitenmal aus Kanaan nach Ägypten gekommen waren, seine wahre Identität enthüllte. Er sagte zu ihnen, sie sollten sich ihrer bösen Tat wegen keine Vorwürfe machen, denn »nicht ihr habt mich hierhergeschickt, sondern Gott: Er hat mich zum Vater des Pharao, zum Herrn über sein ganzes Haus und zum Gebieter über ganz Ägypten gemacht.« Und er erhielt die Erlaubnis des Pharao, seinen Vater, seine Halbbrüder und den ganzen Stamm Israels zu sich nach Ägypten zu holen.

Zum Vater des Pharao. Sofort dachte ich – und es war mir unbegreiflich, weshalb ich nicht schon früher darauf gekommen war – an Juja, einen Minister des Pharao Thutmosis IV. (ca. 1413–1405 v. Chr.), und seinen Sohn Amenophis III. (ca. 1405–1367 v. Chr.). Obwohl offensichtlich nicht königlicher Abstammung, wurde Jujas Grab im Jahr 1905 im Tal der Könige gefunden. Und, was noch bedeutsamer ist: Er ist die einzige Persönlichkeit der ägyptischen Geschichte, die den Titel *it ntr n nb tawi* (Heiliger Vater des Gebieters über die beiden Länder, der formelle Titel des Pharaos) trug. Diese Bezeichnung findet sich einmal auf einem seiner Uschebtis (der königlichen Begräbnisstatuette Nr. 51028 laut Museumskatalog von Kairo) und mehr als zwanzigmal auf seiner Totenrolle. Waren Josef und Juja gar ein und dieselbe Person?

Diese Frage wird in meinem ersten Buch, *Stranger in the Valley of the Kings*, erörtert. Eine solche These wurde mit der Entdeckung des beinahe unversehrten Grabs von Aper-el gestützt, dem bis dahin unbekannten Wesir des Pharao Echnaton, des Sohns von Amenophis III. Der Name »Aper-el« stellt ein semantisches Bindeglied dar zwischen den Israeliten und der Amarna-Zeit, deren erster von vier Herrschern Echnaton war. Ähnliche Titel sind aus dem Ägypten jener Zeit bekannt, jedoch niemals wurden sie für hohe Beamte gebraucht. Der Name »Aper« entspricht dem ägyptischen Wort für »Hebräer«, was für die alten Ägypter soviel wie Nomade bedeutet; und die Endsilbe »el« ist die Kurzform für »Elohim«, einer der biblischen Begriffe für »Gott, der Herr«.

Die Tatsache, daß Echnatons Wesir ein Hebräer und ein Verehrer von El war, bestätigt die Verbindung zwischen dem König und den Israeliten, die zu jener Zeit in Ägypten lebten. Darüber hinaus verweist die Tatsache, daß Königin Teje, Echnatons Mutter, sich ihrem Gemahl, Amenophis III., anschloß, indem sie zu den Grabbeigaben Aperels ein Kästchen beisteuerte, auf eine mögliche Verwandtschaft des Wesirs mit der Königin, wahrscheinlich durch ihren israelitischen Vater Juja (Josef).

Sobald Juja aber erst einmal als Josef identifiziert war, fügten sich eine Reihe anderer Aspekte der Geschichte Israels in dieses Muster: etwa der Zeitpunkt für die Ankunft der Israeliten in Ägypten, der mehr als zweihundert Jahre später stattfand als bisher angenommen; etwa die Dauer ihres Aufenthalts, der vier Generationen und nicht vier Jahrhunderte lang währte; etwa auch die Herkunft der vier Amarna-Könige – Echnaton, Semenchkare, Tutanchamun und Eje (die in jener Umwälzungsepoche der ägyptischen Geschichte regierten, als man den großen ägyptischen Götterhimmel durch einen einzigen Gott ersetzen wollte) –, die allesamt Nachkommen Josefs des Patriarchen waren.

Der erste, der den Aufstand am Götterhimmel probte, war Echnaton in jenen Jahren (ca. 1367–1361), in denen er, nach einer gewissen Zeit als Mitregent, nach dem Tod seines Vaters Amenophis III. der alleinige Herrscher war. In meinem zweiten Buch mit dem Titel *Moses: Pharaoh of Egypt* versuchte ich zu beweisen, daß Echnaton niemand anderer als der biblische Mose sein kann. Der Zweck des vorliegenden Buches ist es nun, die Identität Davids zu entschlüsseln, aus dessen Haus der angekündigte Messias hervorgehen sollte, und den historischen Standort Jesu zu bestimmen, der Jahrhunderte früher, als bisher angenommen, lebte, litt und starb.

BUCH EINS

DER ROTE FADEN

1
DER SKANDAL DER SCHRIFT-ROLLEN VOM TOTEN MEER

Jesus ist – historisch betrachtet – eine rätselhafte Gestalt. Unser Wissen über ihn stammt in der Hauptsache aus den Evangelien und dem Koran. Vor zweitausend Jahren, zu der Zeit, in der er gelebt haben soll, war Palästina Teil des Römischen Weltreiches. Doch keine einzige römische Quelle bezeugt direkt oder indirekt das, was in den Evangelien über Jesus erzählt wird. Noch erstaunlicher ist die Tatsache, daß in keiner der überlieferten Schriften jüdischer Autoren, die zu jener Zeit in Jerusalem oder Alexandria lebten, in irgendeiner Weise auf Jesus Bezug genommen wird – zumal wir aus den talmudischen Schriften wissen, daß die Juden von Jesus wußten, auch wenn sie ihn weder als Messias (Christus) noch als Nachkommen des Hauses David anerkannten.

Einige Wissenschaftler haben daraus den Schluß gezogen, daß Jesus in Wirklichkeit nie gelebt hat, sondern eine uralte mythologische Figur ist, der später ein historischer Charakter zugesprochen wurde. Andererseits gibt es Tausende von Büchern über Jesus als historische Persönlichkeit. Einige Verfasser behaupten, den historischen Christus dargestellt zu haben. Kein einziger von ihnen hat jedoch auch nur den Ansatz eines *historischen* Beweises für diese Behauptung geliefert. Derartige Werke sollten als reine Spekulation abgelehnt werden – als bloße Aufbereitung jener Geschichten und Lehren, die im Neuen Testament geschrieben stehen, angereichert mit zusätzlichen Informationen über das Leben in Palästina und im Römischen Reich zu der Zeit, die als der Beginn der christlichen Zeitrechnung gilt.

Die früheste Darstellung des Lebens Jesu im Neuen Testament stammt aus dem letzten Viertel des ersten nachchristlichen Jahrhunderts, also mindestens fünfzig Jahre nach dem angeblichen Tod Jesu. Höchste Aufregung herrschte deshalb in Fachkreisen, als im Sommer 1947 die Schriftrollen vom Toten Meer in einigen Höhlen nahe Qumran entdeckt wurden, also nordwestlich des Toten Meeres, in der – heute von Israel besetzten – Westbank. Wie sich herausstellte, waren die Schriftrollen Teile der Bibliothek der Essener, einer geheimen jüdischen Sekte. Diese hatten sich von der jüdischen Gemeinschaft und der Jerusalemer Priesterschaft getrennt, deren Glauben und Lehren sie als falsch ablehnten.

Die Manuskripte, in hebräischer und aramäischer Sprache geschrieben, wurden in die Zeit zwischen zweihundert vor und fünfzig nach Christus datiert und enthalten biblische und sektiererische Texte, jüdische Literatur und andere Dokumente. Wissenschaftlich nachgewiesen wurde das Alter der Schriftrollen erst Ostern 1991, nachdem sie einem Radiokarbontest unterzogen worden waren. Dr. Magen Broshi, Kurator des *Shrine of the Book* im Rockefeller Museum in Jerusalem, in dem einige der Schriftrollen ausgestellt sind, meinte dazu: »Bis jetzt konnten wir das Alter der Rollen mit Hilfe der Paläographie (dem Studium der antiken Schrift) bestimmen. Von Zeit zu Zeit wurde die Kritik laut, diese Methode sei nicht exakt genug; doch jetzt ist das, was wir immer schon vermuteten, auch wissenschaftlich untermauert.«

Da die Schriftrollen aus dem Heiligen Land und aus jener

Zeit stammen, in der die Lebensdaten Jesu im allgemeinen angesiedelt werden, hoffte man weithin, daß die Qumrantexte einen direkten Beweis liefern und ein neues Licht auf die jüdische und christliche Historie werfen würden. In den späten fünfziger Jahren waren praktisch alle Dokumente aus Höhle eins wie auch ein großer Teil des Materials, das in anderen Höhlen gefunden worden war, veröffentlicht worden. Diese Texte waren nicht dazu angetan, die althergebrachten Vorstellungen über die Ursprünge des Christentums zu bestätigen, ganz im Gegenteil. Einerseits gaben sie keinerlei Auskunft über Jesus von Nazaret. Andererseits aber lieferten sie eindeutige Informationen über einen gewissen Christus und eine christliche Kirche, wonach der Beginn der christlichen Ära mindestens zweihundert Jahre früher zu datieren ist.

Die Essener hielten sich für das Volk des Neuen Bundes (Glaubt an mich und ihr werdet das ewige Leben haben), den sie sowohl als Erneuerung des von Gott mit Mose geschlossenen Alten Bundes (Haltet meine Gebote) wie auch als Ewigen Bund betrachteten, der – exakt im Sinne des Neuen Testaments – geschlossen wird, wenn der Lehrer am Ende der Welt wiederkehrt. Der messianische Führer der Essener hieß einfach Lehrer der Gerechtigkeit, der, genau wie Jesus, zu einem unbestimmten Zeitpunkt in der Vergangenheit einen gewaltsamen Tod erlitt; er starb durch die Hand des sogenannten »Frevelpriesters«, doch, wie es im *Kommentar zu Habakuk*, einem in Qumran gefundenen Manuskript, heißt: »Gott ließ ihn alle Geheimnisse der Worte seiner Diener, der Propheten, wissen.«

Nach der Veröffentlichung der Schriftrollen vom Toten Meer herrschte unter den Wissenschaftlern Uneinigkeit in der Bewertung der Texte: Die einen versuchten, den Beitrag der Schriftrollen zu einem besseren Verständnis der

Evangelien und der frühchristlichen Geschichte als unerheblich abzutun und bestritten jede engere Verbindung zwischen der Essener-Gemeinde und der frühchristlichen Kirche. Die anderen indes sahen in den Essenern die frühen Christen. So lautete etwa ein vielzitierter Satz von W. F. Albright, einem der renommiertesten amerikanischen Orientalisten, der selbst an zahlreichen archäologischen Ausgrabungen im Heiligen Land teilgenommen hatte: »Die neuen Dokumente ... sind dazu angetan, unsere bisherige Betrachtungsweise der Anfänge des Christentums grundlegend in Frage zu stellen.«[1]

Dr. J. L. Teicher, selbst Jude und renommierter Wissenschaftler der Universität von Cambridge, ging sogar so weit, die Manuskripte vom Toten Meer als »schlicht und einfach christliche Zeugnisse«[2] zu bezeichnen. Obwohl die Manuskripte teilweise schon aus dem zweiten Jahrhundert vor Christus stammen, bestand er darauf, daß der Führer der Essener, der Lehrer der Gerechtigkeit, kein anderer als Jesus Christus selbst gewesen sei.

Der französische Wissenschaftler André Dupont-Sommer kam nach der Lektüre des *Kommentars zu Habakuk* zu dem Schluß, Jesus erscheine nunmehr als eine »verblüffende Reinkarnation des Lehrers der Gerechtigkeit«. Genau wie bei Jesus, so der Wissenschaftler, sahen die Schüler in ihrem Lehrer den Auserwählten Gottes, den Messias, den Erlöser der Welt. Sowohl zu Jesus wie auch zum Lehrer der Gerechtigkeit trat die Priesterschaft in Opposition; beide wurden verurteilt und getötet; beide prophezeiten ein Strafgericht über Jerusalem; beide gründeten Gemeinschaften, deren Mitglieder ihre Wiederkunft als Weltenrichter erwarteten.[3]

Ein Mitglied des achtköpfigen Forscherteams, das sich mit der Edition der Schriftrollen beschäftigte, war der britische

Semitist John Marco Allegro, Dozent für Alttestamentliche Theologie an der Universität Manchester. Auch er hatte anfangs die Meinung vertreten, Jesus sei mit dem Lehrer der Gerechtigkeit gleichzusetzen. Doch in einem 1970[4] erschienenen Buch trug er die bizarr anmutende These vor, »Jesus« sei der Name eines als heilig verehrten, Rauschzustände hervorrufenden Pilzes, der von den Verfassern der Evangelien in eine historische Persönlichkeit umgebildet worden war.

Der anerkannte amerikanische Kritiker und Verfasser einer allgemeinverständlichen Abhandlung über die Schriftrollen vom Toten Meer, Edmund Wilson, kam zu dem Schluß, die Wiege der Christenheit sei nicht Betlehem, sondern die Mönchsgemeinschaft jener Männer, in deren Umkreis die Schriftrollen entstanden sind. Wilson äußerte auch die Vermutung, christliche Bibelwissenschaftler schreckten davor zurück, sich mit den Schriftrollen zu beschäftigen, da »die Einzigartigkeit von Christus auf dem Spiel stehe«. Er war auf Widerstand gestoßen, als er die Vermutung äußerte, »die Sittenlehre und der Mystizismus der Evangelien kann ohne weiteres als das Werk mehrerer Generationen von Juden nachgewiesen werden, die abgeschlossen und für sich lebten und ihre eigenen religiösen Traditionen ausarbeiteten ...«[5]

Mit der Untersuchung der Schriftrollen beschäftigen sich hauptsächlich römisch-katholische Priester der *École Biblique et Archéologique* in Jerusalem. Die *École* wiederum steht in enger Verbindung zur Päpstlichen Bibelkommission, die um die Jahrhundertwende vom Vatikan gegründet wurde, um »das Wort Gottes« vor »vorschnellen Meinungen« zu schützen, »die Autorität der Schriften zu gewährleisten und ihre richtige Deutung zu befördern«. Seit 1956 war jeder Direktor der *École* zugleich Mitglied der Bibelkommission. Einer von ihnen, der inzwischen verstorbene Roland de Vaux, erklärte gegenüber Edmund Wilson: »Mein Glaube hat von meiner Forschung nichts zu befürchten.« Dieser Satz provozierte die Verfasser eines neueren Buches über die Schriftrollen zu der Replik: »Vielmehr ging es um die Frage, ob seine Wissenschaftlichkeit und Verläßlichkeit etwas von seinem Glauben zu befürchten hatten.«[6]

Daß das Geheimnis, das die (mittlerweile veröffentlichten) Schriftrollen umgab, in ihrem prekären religiösen Inhalt liegt, wird auch durch die Entlassung von Professor John Strugnell nahegelegt, einem britischen Katholiken, der mit der Leitung des Editionsteams der Schriftrollen beauftragt war, an deren Herausgabe er seit 1952 arbeitete. Mangelnde Gesundheit und emotionale Labilität wurden von seiner Forschungsgruppe als Gründe für seine Entlassung im Dezember 1990 angegeben. Ein paar Wochen später wurde bekannt, daß Dr. Strugnell, der auch Theologieprofessor an der Universität Harvard war, in einem Krankenhaus in Massachusetts wegen eines Beinleidens sowie wegen Alkoholismus und psychologischer Probleme behandelt werde. Spekulationen zufolge lag der wahre Grund für seine Entlassung in einem Interview, das er einer israelischen Zeitung gegeben und darin erklärt hatte, das Judentum sei eine »fürchterliche Religion«, sie »basiere auf Folklore« und sei eine »christliche Irrlehre«, die »überlebt hat, obwohl sie längst schon dem Untergang geweiht war«. Die einzige Rettung des Judentums, fügte er hinzu, sei die »massenweise Konversion«.

Das sind maßlose und für gläubige Juden höchst beleidigende Äußerungen. Doch sie stammen von einem Mann, der praktisch sein ganzes Leben der Erforschung der Schriftrollen vom Toten Meer gewidmet hatte. Will er mit solchen Äußerungen etwa sagen, daß jene alten Zeugnisse, die bis vor kurzem vor der Welt versteckt und so eifersüchtig bewacht wurden, auf ganz andere als die bisher angenommenen Ursprünge des Christentums hinweisen?

2
EINE FALSCHE MORGENRÖTE?

Die orthodoxe christliche Lehre basiert auf den Evangelien, die Matthäus, Markus, Lukas und Johannes verfaßten, und zwar mehrere Jahrzehnte nachdem sich die in ihnen beschriebenen Ereignisse zugetragen hatten. Den Evangelien zufolge wurde Jesus zur Zeit Herodes' des Großen (37–4 v. Chr.) in Judäa geboren, trat im Alter von dreißig Jahren öffentlich auf, wurde drei Jahre danach zum Tod verurteilt und erlitt den Tod am Kreuz. Zu jenem Zeitpunkt war Judäa bereits eine römische Provinz, deren Statthalter Pontius Pilatus (26–36 n. Chr.) war. Als dann im vierten Jahrhundert nach Christus das Christentum im Römischen Reich zur Staatsreligion erklärt wurde, legte man einen Zeitpunkt für Jesu Geburt fest, der fortan als der Beginn der christlichen Ära galt.

Judäa – im heutigen Israel – liegt zwischen dem Mittelmeer und der Senke entlang des Jordan, des Toten Meers und des Wadi al-Arabi. Es gilt Juden und Christen als ihr Heiliges Land, und es gilt auch den Muslimen als heilige Stätte. Der strategisch bedeutsamen Lage Judäas auf der Route, die Ägypten mit dem Euphrat-Tal und Kleinasien verband, ist ihr politisches Schicksal im Laufe der Jahrhunderte zuzuschreiben: Judäa geriet unter die Herrschaft Ägyptens, Assyriens, Babyloniens, Persiens, Makedoniens, der Ptolemäer (einer Dynastie makedonischer Könige, die Ägypten eroberten), der Seleukiden (griechischer Könige,

die Babylon und Syrien kontrollierten) und schließlich Roms.
Der römische General Pompejus besiegte im Jahr 64 v. Chr. die griechischen Herrscher Kleinasiens und Syriens und machte diese Gebiete zu neuen römischen Provinzen. Zu jener Zeit konnte Judäa den Status als selbständiger Vasallenstaat unter einem regionalen Herrscher erreichen. Im Jahr 40 v. Chr. jedoch übertrug der römische Senat Herodes dem Großen die Herrschaft über Judäa und Idumäa südlich, über Samaria und Galiläa nördlich sowie über Peräa östlich des Jordan. Herodes war der Sohn von Antipater, dem Berater der letzten jüdischen Hasmonäer-Prinzen, die Judäa regierten. Mark Antonius ernannte nach Antipaters Tod Herodes zum Statthalter, und drei Jahre danach wurde er de facto König. Seine Position wurde im Jahr 31 v. Chr. durch Octavian gestärkt, der Mark Antonius und Kleopatra, die letzte Herrscherin aus dem Geschlecht der Ptolemäer, in der Seeschlacht von Actium besiegte. Vier Jahre danach verlieh der Senat dem siegreichen Octavian den Titel Augustus Caesar. Dies war zugleich das Ende der Römischen Republik und der Beginn des Römischen Kaiserreiches, das sich über den gesamten Mittelmeerraum sowie im Norden bis Britannien und Germanien erstreckte.
Als im Jahr 4 v. Chr. Herodes der Große starb, wurde sein Reich unter seinen drei Söhnen aufgeteilt. Archelaus jedoch, der über das Gebiet Judäa herrschte, wurde im Jahr 6 n. Chr. von den Römern abgesetzt und das Territorium der römischen Herrschaft direkt unterstellt. Von da ab herrschte über Judäa ein römischer Prokurator, der seine Residenz wohl in Cäsarea am Mittelmeer, nordwestlich von Jerusalem, hatte. Der erste jener Prokuratoren wurde im Jahr 6 n. Chr. unter der Oberaufsicht von Quirinius, dem

Statthalter von Syrien, ernannt. Pontius Pilatus war der fünfte, ernannt unter der Regierung von Kaiser Tiberius (14–37 n. Chr.), dem Stiefsohn und Nachfolger des Augustus.

Es sind die Evangelien selbst, die in den Geschichten über Geburt und Tod Jesu den Schluß nahelegen, der bisher angenommene Zeitpunkt des Beginns der christlichen Ära sei eine »falsche Morgenröte«. Nur zwei der vier Evangelien berichten von der Geburt Jesu; und selbst sie weichen in den Einzelheiten voneinander ab.

Matthäus legt die Geburt Jesu genau in die Zeit von Herodes dem Großen: »Als Jesus zur Zeit des Königs Herodes in Betlehem in Judäa geboren wurde« (Matthäus 2,1). Dann erfahren wir, daß König Herodes, als er erfuhr, daß ein König der Juden geboren worden war, erschrak, »sehr zornig [wurde] und ... in Betlehem und der ganzen Umgebung alle Knaben bis zum Alter von zwei Jahren töten« ließ (Matthäus 2,16). Inzwischen jedoch war Josef, der Mann Marias, von einem Engel gewarnt worden: »Steh auf, nimm das Kind und seine Mutter und flieh nach Ägypten; dort bleibe, bis ich dir etwas anderes auftrage« (Matthäus 2,13). Josef tat, wie ihm befohlen wurde, und er blieb in Ägypten, »bis zum Tod des Herodes. Denn es sollte sich erfüllen, was der Herr durch den Propheten gesagt hat: Aus Ägypten habe ich meinen Sohn gerufen« (Matthäus 2,15). Nach dem Tod des Herodes erschien der Engel abermals dem Josef und befahl ihm: »Steh auf, nimm das Kind und seine Mutter, und zieh in das Land Israel: denn die Leute, die dem Kind nach dem Leben getrachtet haben, sind tot. Da stand er auf und zog mit dem Kind und dessen Mutter in das Land Israel« (Matthäus 2,20-21). Diese Geschichte suggeriert, daß wir es mit einer kurzen Zeitspanne zu tun haben; denn Jesus, der bei der Flucht nach Ägypten noch »ein Kind« gewesen war, war noch nicht erwachsen, als die Familie nach dem Tod des Königs Herodes nach Israel zurückkehrte (im Jahre 4 v. Chr.).

Lukas ist der andere Evangelist, der von der Geburt Jesu erzählt. Er verknüpft Jesu Geburt mit dem Auftreten Johannes des Täufers, der ebenfalls »zur Zeit des Herodes, des Königs von Judäa« (Lukas 1,5) geboren wurde, nachdem ein Engel dem Zacharias verkündet hatte: »Fürchte dich nicht, Zacharias ... deine Frau Elisabeth wird dir einen Sohn gebären: dem sollst du den Namen Johannes geben« (Lukas 1,13). Lukas erzählt weiter, daß im sechsten Monat der Schwangerschaft Elisabeths »der Engel Gabriel von Gott in eine Stadt in Galiläa namens Nazaret zu einer Jungfrau gesandt (wurde). Sie war mit einem Mann namens Josef verlobt, der aus dem Hause David stammte. Der Name der Jungfrau war Maria ... Und der Engel sagte: Fürchte dich nicht, Maria; denn du hast Gnade gefunden bei Gott. Du wirst ein Kind empfangen, einen Sohn wirst du gebären: dem sollst du den Namen Jesus geben. Er wird groß sein und Sohn des Höchsten genannt werden. Gott, der Herr, wird ihm den Thron seines Vaters David geben« (Lukas 1,26–27 und 30–32).

Bis hierher stimmen beide Verfasser in der Zeitangabe der Geburt Jesu – der Regierungszeit des Königs Herodes – überein. Nun jedoch verstrickt sich Lukas in Widersprüche, wenn er die bekannte christliche Geschichte der Geburt Jesu erzählt: »In jenen Tagen erließ Kaiser Augustus den Befehl, alle Bewohner des Reiches in Steuerlisten einzutragen. Dies geschah zum erstenmal; damals war Quirinius Statthalter von Syrien. Da ging jeder in seine Stadt, um sich eintragen zu lassen. So zog auch Josef von der Stadt Nazaret in Galiläa hinauf nach Judäa in die Stadt Davids,

die Betlehem heißt; denn er war aus dem Haus und dem Geschlecht Davids« (Lukas 2,1–4).
Wir wissen aus römischen Quellen, daß dieses Ereignis nicht vor dem Jahr sechs nach Christus stattgefunden haben kann, als Quirinius Statthalter von Syrien und Judäa eine römische Provinz wurde. Der Zweck einer solchen Volkszählung im Jahr 6 n. Chr., die von anderen nichtbiblischen Quellen bestätigt wird, war die Festsetzung des Tributs, den die neue Provinz Judäa in Zukunft zu entrichten hatte.
Das nächste Kapitel der Erzählung des Lukas jedoch nennt ein drittes mögliches Datum für die Geburt Jesu. In diesem Kapitel wird die Taufe Jesu durch Johannes beschrieben, die in allen vier Evangelien übereinstimmend unmittelbar vor dem Beginn des öffentlichen Auftretens Jesu liegt: »Es war im fünfzehnten Jahr der Regierung des Kaisers Tiberius; Pontius Pilatus war Statthalter von Judäa ... Hohepriester waren Hannas und Kaiphas. Da erging in der Wüste das Wort Gottes an Johannes, den Sohn des Zacharias. Und er zog in die Gegend am Jordan und verkündigte dort überall Umkehr und Taufe zur Vergebung der Sünden« (Lukas 3,1–3). »... Zusammen mit dem ganzen Volk ließ auch Jesus sich taufen. Und während er betete, öffnete sich der Himmel, und der Heilige Geist kam sichtbar in Gestalt einer Taube auf ihn herab, und eine Stimme aus dem Himmel sprach: Du bist mein geliebter Sohn, an dir habe ich Gefallen gefunden« (Lukas 3,21–22).
Da Tiberius erst im Jahr 14 n. Chr. Kaiser wurde, müßte man die Taufe Jesu auf das Jahr 29 n. Chr. datieren. Lukas aber fährt fort: »Jesus war etwa dreißig Jahre alt, als er zum erstenmal öffentlich auftrat« (Lukas 3,23). Wenn er im Jahr 29 n. Chr. dreißig Jahre alt war, dann ist er nicht schon vor dem Ende der Regierungszeit des Herodes (im Jahr 4 v.

Chr.) und auch nicht zur Zeit der Volkszählung im Jahr 6 n. Chr. geboren, sondern im letzten Jahr vor Beginn der christlichen Zeitrechnung. Zweifellos war es diese Geschichte des Lukas, die die römisch-katholische Kirche dazu bewogen hat, dieses Jahr als den Wendepunkt der Weltgeschichte festzusetzen.

Ähnliche Schwierigkeiten tauchen auf, wenn man den genauen Zeitpunkt für die Kreuzigung bestimmen will. Alle vier Evangelien berichten einmütig, daß sie stattfand, als Pontius Pilatus Statthalter von Judäa war (26–36 n. Chr.), und daß der Hohepriester des jüdischen Jerusalem zu jener Zeit Kaiphas hieß, der aus anderen Quellen als Josephus Kaiphas bekannt ist und das Amt von 18 n. Chr. bis 37 n. Chr. innehatte. Die Sache wird dadurch noch komplizierter, daß die Evangelien über die Dauer des öffentlichen Wirkens Jesu unterschiedliche Angaben machen: Matthäus, Markus und Lukas geben ein Jahr an, Johannes hingegen zwei oder drei.

Die meisten neutestamentlichen Exegeten sind sich darin einig, daß Jesus etwa um das Jahr 30 n. Chr. gestorben ist. Wenn das stimmt, so muß er zu jenem Zeitpunkt sechsunddreißig Jahre alt oder sogar älter gewesen sein – falls er gegen Ende der Regierungszeit des Königs Herodes geboren wurde und wir Herodes mindestens zwei Jahre für die Ermordung aller Kinder bis zum Alter von zwei Jahren zugestehen. Dagegen muß er fünfundzwanzig Jahre alt gewesen sein, falls er im Jahr der Volkszählung (6 v. Chr.) geboren wurde; und einunddreißig, wenn man Lukas' Schilderung der Taufe Jesu und sein Alter zu Beginn seines öffentlichen Wirkens zugrunde legt.

Zusammenfassend läßt sich auf der Basis der historischen Tatsachen über jenen Jesus der Evangelien nur so viel sagen: Er lebte und starb zwischen 27 v. Chr., als der römische Senat Octavian den Titel Kaiser Augustus verlieh, und 37 n. Chr., dem Todesjahr von Augustus' Nachfolger Tiberius.

3
STUMME ZEUGENSCHAFT

Wenn Jesus tatsächlich in der Zeit der römischen Herrschaft über Palästina lebte, litt und starb, so ist es allerdings seltsam, daß sein Name in den Schriften der drei herausragenden zeitgenössischen Geschichtsschreiber nicht auftaucht: gemeint sind Philo von Judäa, Justus von Tiberias und Flavius Josephus.

Diese Lücke ist besonders bei Philo von Judäa auffallend, der ein achtunddreißig Bände umfassendes Werk hinterließ. Er wurde etwa 15 v. Chr. geboren und starb etwa zwei Jahrzehnte nach dem angeblichen Zeitpunkt der Kreuzigung. Philo war eine der bedeutendsten Persönlichkeiten seiner Zeit. Sein Bruder war der Vorsteher der jüdischen Gemeinde in Alexandria, sein Sohn hatte eine Enkelin von König Herodes geheiratet, und Philo selbst war als Sprecher einer Abordnung nach Rom geschickt worden, um mit Caligula, dem dritten römischen Kaiser (37–41 n. Chr.), zu verhandeln. Caligula hielt sich für göttlich, und Ziel der Verhandlungen war es, einen Erlaß rückgängig zu machen, in dem die Juden aufgefordert wurden, das Bildnis des Kaisers in ihrem Tempel in Alexandria aufzustellen und anzubeten.

Obwohl jüdischen Glaubens, war Philo zugleich auch ein Anhänger des griechischen Philosophen Plato. Er gilt als der erste Neuplatoniker, der sich bemühte, die griechische Philosophie mit der Offenbarung des Alten Testaments zu versöhnen. Sein Werk steht dem christlichen Gedankengut sehr nahe, und häufig wird Philo als das Bindeglied zwischen griechischem Denken und dem Neuen Testament gesehen. Manche glauben sogar, der Apostel Paulus sei von der Philosophie Philos beeinflußt gewesen. Eusebius (ca. 260–342 n. Chr.), einer der frühen Kirchenväter und Verfasser einer bis in seine Zeit reichenden Kirchengeschichte, behauptete sogar, Philo habe die Bekanntschaft des Apostels Petrus in Rom gemacht, doch für diese Behauptung gibt es keine Belege.

Obwohl Philo mit Bewunderung über die zu seiner Zeit existierende Mönchsgemeinschaft der Essener schrieb, und trotz seiner großen Nähe zum christlichen Gedankengut, findet nur eine einzige neutestamentliche Gestalt in seinem Werk Erwähnung: Pontius Pilatus.

Ähnlich liegen die Dinge bei Justus aus Tiberias, einem in den Evangelien häufig genannten Ort an der Westküste des Sees von Galiläa. Justus schrieb über die Zeit Herodes' des Großen. An keiner einzigen Stelle jedoch erwähnt er Jesus oder den Befehl des Herodes, alle Kinder unter zwei Jahren töten zu lassen. Sein Werk ist heute verschollen, doch es war Photius, dem Bischof von Konstantinopel, im neunten Jahrhundert n. Chr. noch bekannt, und Photius bestätigt, daß Jesus bei Justus nirgends erwähnt wird.[1]

Unter diesen Voraussetzungen war es – nachdem das Werk des jüdischen Geschichtsschreibers Flavius Josephus aus dem ersten Jahrhundert n. Chr. ins Lateinische übersetzt worden war – für die Christen ein gewisser Trost, daß hierin nicht nur Pontius Pilatus, sondern auch Johannes der Täufer, Jesus und dessen Bruder Jakobus Erwähnung fanden.

Josephus, ein palästinensischer Jude aus priesterlicher Familie, wurde im Jahr 37 n. Chr. geboren, also kurz nach dem vermeintlichen Zeitpunkt der Kreuzigung Christi. In den späteren Jahren seines Lebens, während der Regierungszeit des elften römischen Kaisers Domitian (81–96 n. Chr.), ließ er sich in Rom nieder. Dort schrieb er die *Jüdischen Altertümer*, ein umfangreiches, zwanzig Bücher umfassendes historisches Werk, das noch in Abschriften existiert und in vielen Fällen die einzige Quelle darstellt, die uns Detailkenntnisse von Ereignissen im Raum Syrien/Palästina im ersten Jahrhundert der christlichen Zeitrechnung vermittelt.

So enthält Buch achtzehn eine Schilderung des Krieges zwischen Aretas, dem arabischen König von Nabatea, im Süden und Osten des Toten Meeres, und Herodes Antipas, dem Tetrarchen von Galiläa und Sohn Herodes' des Großen. Die Ursache für jenen Konflikt lag in der Tatsache, daß Herodes Antipas, der mit der Tochter des Aretas verheiratet war, diese zu ihrem Vater zurückgeschickt und seine Schwägerin Herodias zur Frau genommen hatte. Im Zuge der kriegerischen Auseinandersetzungen, die darauf folgten, wurde die Armee des Herodes zerschlagen. Die Juden betrachteten diese Niederlage als Strafe Gottes für das, was Herodes »Johannes, dem Täufer [angetan hatte]. Den letzteren nämlich hatte Herodes hinrichten lassen, obwohl er ein edler Mann war, der die Juden anhielt, nach Vollkommenheit zu streben, indem er sie ermahnte, Gerechtigkeit gegeneinander und Frömmigkeit gegen Gott zu üben und zur Taufe zu kommen. Dann werde, verkündigte er, die Taufe Gottes angenehm sein, weil sie dieselbe nur zur Heiligung des Leibes, nicht aber zur Sühne für ihre Sünden anwendeten; die Seele nämlich sei dann ja schon vorher durch ein gerechtes Leben entsündigt.«

Dies ist keine sehr präzise Beschreibung der Taufe Johannes' des Täufers. Das griechische Wort für »taufen« ist *baptizein*, was soviel wie eintauchen, untertauchen oder waschen bedeutet. Der symbolische Gehalt der Taufe und die ihr zugrundeliegende psychologische Absicht wird als das eigentliche Wesen des Taufritus betrachtet, der gewöhnlich eine religiöse Initiation bedeutet. Johannes der Täufer verband das Eintauchen in fließendes Wasser mit dem Reinwaschen von Sünde. Seine Taufe war ein Zeichen göttlicher Vergebung und scheint ein Ersatz für die gängige Praxis gewesen zu sein, ein Sühneopfer für die Sünden zu bringen. Jedoch unterschied sie sich, wie wir noch sehen werden, ganz beträchtlich sowohl von der Taufpraxis der Essener als auch von der Taufe der christlichen Kirche.

Es kann nicht überraschen, daß das Angebot Johannes' des Täufers, Sünden zu vergeben, ihm bei den Israeliten viele Anhänger eintrug; sein Wirken drang sogar bis zu Herodes, der beunruhigt war von den begeisterten Menschenmengen, die sich versammelten, um ihn predigen zu hören: »Da nun infolge der wunderbaren Anziehungskraft solcher Reden eine gewaltige Menschenmenge zu Johannes strömte, fürchtete Herodes, das Ansehen des Mannes, dessen Rat allgemein befolgt zu werden schien, möchte das Volk zu Aufruhr treiben, und hielt es daher für besser, ihn rechtzeitig aus dem Wege zu räumen, als bei Eintritt einer Wendung der Dinge in Gefahr zu geraten und dann, wenn es zu spät sei, Reue empfinden zu müssen. Auf diesen Verdacht hin ließ also Herodes den Johannes in Ketten legen, nach der Festung Machaerus [an der Grenze zu Nabatea im Osten des Toten Meeres am Rande des Herrschaftsgebiets des Herodes] bringen und dort hinrichten.«[2] Dies berichtet Josephus, der Johannes den Täufer damit als historische Gestalt bestätigt, gleichzeitig aber in mancherlei Hinsicht von den Evangelien abweicht. So gibt es zum Beispiel keinen Hinweis auf Jesus, nichts, was die Behauptung der Evangelien bestätigt, Johannes »bereite« Jesus

»den Weg«. Im Unterschied zu den Evangelien schreibt Josephus auch nicht, daß die Verurteilung der neuen Eheschließung des Herodes durch Johannes den Ausschlag für dessen Hinrichtung gegeben hat:
»Herodes hatte nämlich Johannes festnehmen und ins Gefängnis werfen lassen. Schuld daran war Herodias, die Frau seines Bruders Philippus, die er geheiratet hatte« (Markus 6,17). Josephus beschreibt Herodias auch nicht als Frau des Philippus, sondern als Frau eines anderen Bruders mit Namen Herodes, »der sein Bruder war, jedoch von einer anderen Mutter stammte«.[3]
Im dritten Kapitel von Buch achtzehn wird auch Jesus erwähnt: »Um diese Zeit lebte Jesus, ein weiser Mensch – wenn man ihn überhaupt einen Menschen nennen darf. Er war nämlich der Vollbringer ganz unglaublicher Taten und der Lehrer aller Menschen, die mit Freude die Wahrheit aufnahmen. So zog er viele Juden und auch viele Heiden an sich. Er war der Christus. Und obgleich ihn Pilatus auf Betreiben der Vornehmen unseres Volkes zum Kreuzestod verurteilte, wurden doch seine früheren Anhänger ihm nicht untreu. Denn er erschien ihnen am dritten Tage wieder lebend, wie gottgesandte Propheten dies und tausend andere wunderbare Dinge von ihm vorher verkündet hatten. Und noch bis auf den heutigen Tag besteht das Volk der Christen, die sich nach ihm nennen, fort.«[4]
Dieser Abschnitt erfreute sich insbesondere im Mittelalter höchster Wertschätzung, ist es doch das einzige Zeugnis eines Außenstehenden aus dem ersten nachchristlichen Jahrhundert, das Hinweise darauf gibt, daß Jesus zu jener Zeit wirklich gelebt hat. Leider wurde dieser Abschnitt dann aber – peinlich genug – als Fälschung entlarvt, als Einfügung eines christlichen Autors oder Redakteurs, der enttäuscht war über das Stillschweigen des Historikers zu

Geburt, Leiden und Tod Jesu. Der Fälschungsverdacht kam zum erstenmal auf, als die *Jüdischen Altertümer* im sechzehnten Jahrhundert ins Englische und Französische übersetzt wurden – was die Aufmerksamkeit einiger bedeutender Kritiker weckte. Die Authentizität des oben zitierten Abschnitts wurde aus zwei Gründen in Frage gestellt: zum einen deshalb, weil kein einziger früherer Autor sich über Jesus geäußert hatte; und zum anderen wegen der Wortwahl.

Bis zum Jahr 320 n. Chr., zweieinviertel Jahrhunderte nach der Veröffentlichung des Werks des Josephus, wurde dieser Abschnitt nirgends erwähnt. Origenes (185–254 n. Chr.), einer der frühen Kirchenväter, dessen Schriften die christliche Lehre in allen Einzelheiten behandeln, kannte das Werk des Josephus, ja er bezog sich in seinen eigenen Schriften auf den Bericht von Leben und Tod Johannes' des Täufers, wie er in Buch achtzehn der *Jüdischen Altertümer* beschrieben wird. Doch an keiner Stelle nimmt Origenes Bezug auf Jesus – eine seltsame Unterlassung für jemanden, der an ihn glaubte. Der erste, der sich auf das Zeugnis des Josephus beruft, war Eusebius in seiner *Evangelica Praeparatio*, entstanden um 320 n. Chr.

Die literarische Kritik der Textpassage läßt sich in drei Kategorien einteilen. Erstens erscheint der Satz »...wenn es überhaupt gerechtfertigt ist, ihn einen Menschen zu nennen« als der Versuch eines orthodoxen Christen, die Leser daran zu erinnern, daß Jesus göttlicher Natur war. Zweitens ist der Satz »Er war (der) Christus« ein unverhülltes Bekenntnis des Glaubens an Jesus als jüdischen Messias. Doch eine solche Äußerung kann wohl kaum aus der Feder des Josephus stammen – zumal schon Origenes in seiner Schrift *Contra Celsum* den jüdischen Historiker als einen Mann beschreibt, der »unseren Jesus nicht als Christus anerkennt«. Drittens erweckt die Erwähnung der Auferstehung den Eindruck, daß der Verfasser selbst daran glaubt. Aus all diesen Gründen ist die Wissenschaft zu dem Ergebnis gekommen, daß dieser Abschnitt von einem christlichen Autor oder Redakteur eingefügt worden ist – und zwar im Zeitraum zwischen Origenes im dritten Jahrhundert und Eusebius hundert Jahre später.

Der britische Bibelkritiker Howell Smith meinte zusammenfassend, dieser Abschnitt »paßt tatsächlich schlecht zu dem, was vorausgeht und was danach kommt, und er scheint darüber hinaus im Text an wechselnden Stellen gestanden zu haben ... seine Echtheit ist wissenschaftlich unhaltbar. Nur ein christlicher Verfasser konnte ein solches Loblied auf Jesus als den Christus schreiben und ihn als einen Wundertäter darstellen, der die Prophezeiungen der alttestamentarischen Propheten erfüllte; der auferstanden ist, nachdem er durch Pontius Pilatus zum Tod am Kreuz verurteilt worden war.«[5]

Im Jahr 1906 sorgte eine lange verschollene, aus dem Mittelalter stammende, slawonische (altrussische) Version des *Jüdischen Krieges*, einem weiteren Werk des Flavius Josephus, für einiges Aufsehen. Der *Jüdische Krieg* war nicht nur zwanzig Jahre älter als die *Jüdischen Altertümer*, in dieser Schrift fand sich vielmehr ein weiterer Hinweis auf Jesus. Er wurde beschrieben als »Wundertäter«, der von seinen Anhängern zum Aufstand gegen die Römer gedrängt wurde. Zuerst meinte man, diese russische Übersetzung habe den verschollenen ursprünglichen, in aramäischer Sprache verfaßten Text des Josephus zur Grundlage. Doch nach eingehender Prüfung kam man zu dem eindeutigen Ergebnis, daß die Übersetzung im 12. Jahrhundert n. Chr. auf der Grundlage des griechischen Textes angefertigt worden sein mußte. Die Übersetzung lieferte keine Hinweise auf das semitisch-aramäische Original, und der Anfang des Abschnittes, der von Jesus handelt, ist eindeutig eine erweiterte Version jenes interpolierten Zeugnisses, das oben zitiert wurde: »In der Tat, es gibt im Bereich der literarischen Textkritik keinen Zweifel daran, daß diese Passagen nicht von Josephus stammten, sondern ins griechische Manuskript, welches die Grundlage der altrussischen Übersetzung bildete, interpoliert wurden.«[6]

Eine weitere Erwähnung Jesu findet sich in Buch zwanzig der *Jüdischen Altertümer*, wo Josephus berichtet, daß der römische Prokurator Festus etwa im Jahr 62 n. Chr. plötzlich verstarb und erst drei Monate später sein Nachfolger Albinus in Judäa eintraf. Daraufhin versammelte der Hohepriester Ananus »den hohen Rat zum Gericht und stellte vor dasselbe den Bruder des Jesus, der Christus genannt wird, mit Namen Jakobus, sowie noch einige andere, die er der Gesetzesübertretung anklagte und zur Steinigung führen ließ«.[7]

Die Beschreibung des Jakobus als des Bruders Jesu stimmt überein mit dem, was der heilige Paulus im Brief an die Galater sagt: »Von den anderen Aposteln habe ich keinen gesehen, nur Jakobus, den Bruder des Herrn« (Galater 1,19). Auch dies wurde von Bibelwissenschaftlern als eine spätere Einfügung in das Werk des Josephus erkannt. Doch muß diese Interpolation, wie Origenes im 3. Jahrhundert erkannte, früher als die oben genannte datiert werden.

Wir stehen also vor folgender Situation: Der Bericht vom Leben und von der Hinrichtung Johannes des Täufers bei Josephus wird von den Bibelwissenschaftlern als Beschreibung aktueller historischer Ereignisse bewertet. Jedoch gibt es keinen Grund, ihn, wie es üblich ist, als »Wegbereiter« Jesu zu sehen. Und wenn wir jene Einfügungen in die

Schriften des jüdischen Historikers außer acht lassen, bleibt uns kein zeitgenössisches Zeugnis über Jesu Leben, sein Leiden und seinen Tod.

4
EIN SCHÄDLICHER ABERGLAUBE

Über Jesus und seine Kreuzigung existiert kein offizieller Bericht des Pontius Pilatus, wenn auch einige hundert Jahre später unter dem Namen *Pilatus-Akten* gefälschte Schriften auftauchten, die einen Bericht über Jesus von Nazaret enthalten. Ihre Urheber sind entweder Christen, die die Historizität ihres Herrn unter Beweis stellten wollten, oder Feinde des Christentums, die die Religion angreifen wollten.

Die frühesten Hinweise auf das Christentum in römischer Zeit sind in den Schriften der Historiker Sueton und Tacitus zu finden sowie bei Plinius dem Jüngeren, die alle drei miteinander befreundet waren und unter den römischen Kaisern wirkten.

Sueton, geboren etwa 69 n. Chr., war Sekretär unter Hadrian, dem vierzehnten römischen Kaiser (117–38 n. Chr.), und besaß Zutritt zu den kaiserlichen Archiven. Sein historisches Hauptwerk, *Vitae Caesarum*, veröffentlicht etwa 120 n. Chr., berichtet über die Regierungszeit Julius Cäsars und jener elf Kaiser, die auf ihn folgten. Eine Erwähnung Christi findet sich im fünfundzwanzigsten Kapitel, in dem der Verfasser Ereignisse der Regierungszeit des Kaisers Claudius (41–54 n. Chr.) beschreibt, der als vierter Kaiser nach der Ermordung des Caligula regierte. Sueton beschreibt in wenigen Worten die Aufstände, die in Rom im Jahr 49 n. Chr. stattfanden: »Da die Juden, angestiftet von

Chrestus, ständig Aufstände organisierten, vertrieb er (Claudius) sie aus Rom.«[1]

Chrestus, in Rom ein häufig gebrauchter Name, muß die lateinische Fassung des griechischen Christus sein, denn diese beiden Namen wurden gleichartig ausgesprochen, und Sueton nahm – fälschlicherweise – an, daß ein gewisser Christus im Rom jener Zeit die Aufstände angezettelt hatte. Diese Unruhen in Rom waren allerdings nicht das Ergebnis römischer Unterdrückung, sondern müssen auf Konflikte innerhalb der jüdischen Gemeinde zurückgeführt werden. Auf der einen Seite standen die Juden (Christen), die glaubten, der Messias (Christus) sei schon gekommen, auf der anderen die Juden, die meinten, er werde erst noch kommen. Ein Hinweis auf jene Unruhen findet sich in der Apostelgeschichte (18,2–3), wo von einem Juden namens Aquila und seiner Frau Priscilla die Rede ist, die durch ein Edikt des Kaisers Claudius aus Rom vertrieben wurden, sich daraufhin in Korinth niederließen und dort im Zeltmacherhandwerk tätig waren, wo sie Paulus begegneten.

Später jedoch mäßigte sich die Haltung des Claudius gegenüber den Juden, was insbesondere dem Einfluß seines engen Freundes Agrippa zuzuschreiben ist, dem Enkel Herodes' des Großen. Der Kaiser erließ ein Edikt, in dem er den Juden Alexandrias die gleichen Privilegien wie den griechischen Bewohnern der Stadt zusicherte und es ihnen erlaubte, ihre Sitten und Gebräuche auszuüben. Ein weiteres Edikt wurde nach Syrien geschickt und garantierte den Juden im gesamten römischen Reich die gleichen Rechte und Privilegien.

Wenn das Werk Suetons auch das älteste schriftliche Zeugnis über die Anhänger Christi in Rom darstellt, bezieht es sich nicht auf den historischen Jesus, sondern nur auf die Überzeugung seiner Anhänger, daß der Messias schon gekommen sei, und auf die Tatsache, daß die übrigen Juden dies ablehnten. Es gibt kein Datum und keine Ortsangabe, geschweige denn einen Namen für den Messias (Christus) – ein Begriff, der lediglich einen Titel oder Beinamen bezeichnet.

Nach dreizehnjähriger Herrschaft wurde Claudius von seiner Frau Agrippina getötet. Sie vergiftete ihn, um Nero, ihrem Sohn aus erster Ehe, die Thronnachfolge zu sichern. Nero (54–68 n. Chr.) war ein Sadist, der bald nach seiner Machtübernahme seine Mutter für ihre Hilfsbereitschaft mit der öffentlichen Hinrichtung belohnte und auch seine Frau tötete. Im Jahr 64 n. Chr. wurde Rom durch ein verheerendes Feuer verwüstet, und der Verdacht wurde laut, Nero selbst habe den Brand gelegt, um die Stadt nach seinen eigenen Vorstellungen neu aufbauen zu können. Auf diesen Vorwurf reagierte Nero, indem er die Christen der Brandstiftung beschuldigte. Sueton geht noch einmal kurz auf die Christen ein, und zwar in jenem Kapitel, das von Nero handelt: »Die Christen, eine Gruppe von Personen, die einem neuartigen und schädlichen Aberglauben anhingen, wurden bestraft.«

Auch hier bezieht sich Sueton nicht auf Jesus von Nazaret, sondern nur auf die Christen, die in Rom lebten. Das gleiche gilt für Tacitus, der in seinen *Annalen* über diese Ereignisse folgendermaßen schreibt: »Nero verdächtigte gewisse Personen als Urheber des Verbrechens und bestrafte sie mit der grausamsten Folter. Es waren diejenigen, die, verhaßt wegen ihrer Niedertracht, im Volk Christen genannt wurden. Dieser Name leitet sich ab von einem gewissen Christus, der in der Regierungszeit des Kaisers Tiberius durch den Prokurator Pontius Pilatus zum Tode verurteilt worden war.«

Zu der Zeit, als Tacitus seine *Annalen* schrieb, existierte keine historische Quelle, die die Behauptung gestützt hätte, Pontius Pilatus habe Jesus in der Regierungszeit des Kaisers Tiberius zum Tod verurteilt. Auf welche Grundlage stellte Tacitus also seine Ausführungen? Im zweiten Jahrhundert nach Christus lebten viele Christen, die an einen schon erschienenen Messias glaubten, bereits eine beträchtliche Zeit in Rom, und die traditionelle Version des Evangeliums hatte sich schon etabliert. Der französische Wissenschaftler P. L. Couchoud meinte, Tacitus habe lediglich die damals schon etablierte und bis heute weithin gültige Überlieferung zitiert, der zufolge Jesus unter Pontius Pilatus gelitten hat: »... Wahrscheinlich bringt er (Tacitus) nur den Glauben der Christen zum Ausdruck, wenn er die Herkunft ihres Namens erläutert ... Es wäre ziemlich kühn, Tacitus als unabhängigen Zeugen der Existenz Jesu zu betrachten.«[2]

Plinius der Jüngere, der dritte römische Autor, erwähnt Christus ebenfalls. Im Jahr 102 n. Chr. schickte ihn der dreizehnte Kaiser Trajan (97–117 n. Chr.) als Regenten nach Bithynien und Pontus, eine Provinz im nördlichen Kleinasien am Schwarzen Meer. Man brachte ihm Christen zur Verurteilung, und da er unsicher war, wie er sie behandeln sollte, schrieb er nach Rom und bat um Rat: »... Dies ist die Art und Weise, wie ich mit denjenigen verfahren bin, die als Christen angeklagt worden sind. Ich fragte sie, ob sie Christen seien ... unter Androhung von Strafe. Falls sie daran festhielten, befahl ich ihre Hinrichtung ... Diejenigen, die antworteten, sie seien niemals Christen gewesen, entließ ich ungestraft, wenn sie mir ein Gebet an die Götter nachsprachen und mit Brandopfer und Wein vor Eurer Statue niederknieten ... und darüber hinaus Christus verfluchten – alles Dinge, zu denen sich wirkliche Christen nicht zwingen lassen würden.«

Plinius der Jüngere ist ein Zeuge für die Existenz von christlichen Gemeinden in Kleinasien und für deren Verehrung Christi als Gott. Aber ebensowenig wie bei den beiden anderen römischen Historikern finden wir auch hier einen Bezug zur historischen Gestalt Jesu. Dies ist de facto alles, was wir aus römischen Quellen über Christus und das Christentum erfahren können. Erst mit den Kirchenvätern änderte sich diese Situation.

Was machten die Juden mit Jesus? Das Evangelium beschreibt, daß der jüdische Hohepriester Kaiphas und andere Priester und Ältesten jener Zeit an den Anklagen gegen Jesus und an seiner Verhaftung, Verurteilung und Hinrichtung maßgeblich beteiligt waren. Es heißt sogar, sie hätten das Angebot des Pilatus abgelehnt, ihn aus Anlaß des Paschafests freizulassen, das zum Gedenken an die Befreiung der Israeliten aus der ägyptischen Knechtschaft gefeiert wurde. Statt dessen forderten sie die Freilassung eines anderen Gefangenen mit Namen Barabbas. Unter diesen Umständen sollten wir erwarten, daß im jüdischen Schrifttum irgendein Hinweis auf ihn erhalten ist.

Das komplizierte und zusammenhanglose rabbinische Schrifttum, das aus den ersten fünf Jahrhunderten nach Christus stammt, zeigt, daß die Juden Jesus tatsächlich gut kannten, es aber vermieden, ihr *ganzes* Wissen über ihn preiszugeben. Sein Name Yeschu, die hebräische Form des griechischen Jesus, findet sich mindestens zwanzigmal im Talmud, dem Kompendium jüdischer Kommentare und Interpretationen, die zu jener Zeit entstanden, im Vergleich zu den Schriften des Alten Testaments jedoch als zweitrangig eingestuft werden. In jenen talmudischen Schriften also ist zu beobachten, daß in der Regel von Jesus als einer »gewissen Person« gesprochen und sein Name möglichst vermieden wird. In einigen Abschnitten wird er auch Balaam oder Ben Pandira, »der Sohn von Pandira«, genannt. Da die Juden die Behauptung, Jesu sei der Sohn Gottes, anzweifelten, erklärten sie, Pandira sei ein Liebhaber und nicht der Ehemann Marias; ihr Name jedoch wird bestätigt als »Miriam (hebräisch Maria) ... die Mutter einer ›gewissen Person‹« (b. Hag. 4b).

Dies ist nur eine von vielen Übereinstimmungen zwischen den vier Evangelien einerseits und dem Talmud und dem Midrasch, den alten jüdischen Kommentaren zum Alten Testament. Gleichzeitig jedoch gibt es eine Menge von Ungereimtheiten und Widersprüchen, insbesondere an jenen Stellen, wo es um die Lebenszeit Jesu geht. Doch betrachten wir zunächst die Übereinstimmungen:

Die königliche Abstammung Jesu:

»Jesus Christus, der Sohn (des Königs) Davids« (Matthäus 1,1).	Jesu Mutter stammte »von Fürsten und Herrschern ab« (b. Sanh., 106a).

Sein Aufenthalt in Ägypten:

»Aus Ägypten habe ich meinen Sohn gerufen« (Matthäus 2,15).	Im Talmud heißt es, Jesus sei im frühen Mannesalter in Ägypten gewesen; erwähnt wird auch »Jesus der Nazarener«, der »Zauberei in Ägypten trieb« (b. Sanh., 107b).

Zeichen und Wunder:

»Damals brachte man zu ihm einen Besessenen, der blind und stumm war. Jesus heilte ihn« (Matthäus 12,22).	Was die Bibel Zeichen und Wunder nennt, nannten die Rabbinen ägyptische Magie und nicht durch Gottes Kraft gewirkte Wunder:

»Jesus der Nazarener trieb Zauberei und verführte [Israel] und machte [es] abtrünnig« (b. Sanh., 107b).

Der Konflikt mit Schriftgelehrten und Pharisäern:

Als die Pharisäer seine Wunder als Werk des Teufels bezeichneten, verspottete Jesus die Pharisäer: »Ihr Schlangenbrut, wie könnt ihr Gutes reden, wenn ihr böse seid?« (Matthäus 12,34).

Die Rabbinen beschrieben Jesus folgendermaßen: »Wer über die Worte der Weisen spottet, wird mit siedendem Kot gerichtet« (b. Gitt., 57a).

Der Menschensohn:

»Als Jesus nach Jerusalem hinaufzog, nahm er unterwegs die zwölf Jünger beiseite und sagte zu ihnen: … Dort wird der Menschensohn … ausgeliefert werden« (Matthäus 20,17-18).

»(Er sagt: ›Ich bin) der Menschensohn‹« (j. Taanith, 65b).

Jünger:

Jesus sagte zu Simon dem Fischer und zu dessen Bruder Andreas: Kommt her, folgt mir nach! Ich werde euch zu Menschenfischern machen« (Markus 1,17).

»Jesus (der Nazarener) hatte fünf Jünger« (b. Sanh., 43b).

Jesus als Prophet:

»Als er in Jerusalem einzog, geriet die ganze Stadt in Aufregung ... Die Leute sagten: Das ist der Prophet Jesus von Nazaret in Galiläa« (Matthäus 21,10-11).

»Anfangs war er ein Prophet, nachher ein Zauberer« (b. Sanh., 106a).

Verurteilung zum Tod durch die Priesterschaft:

»... dort wird der Menschensohn den Hohenpriestern und Schriftgelehrten ausgeliefert; sie werden ihn zum Tod verurteilen« (Matthäus 20,18).

Zwar wird ein Prozeß gegen Jesus im Talmud nirgends erwähnt, jedoch übernahmen die jüdischen Rabbinen die volle Verantwortung für seine Hinrichtung: »... Sie verurteilten Jesus (den Nazarener) ... da er Zauberei getrieben und Jisrael abtrünnig gemacht hat« (b. Sanh., 43a).

Die Hinrichtung am Paschafest:

»Es war am Rüsttag des Paschafests« (Johannes 19,14).

»Am Vorabend des Pesachfestes henkte man Jesus (den Nazarener)« (b. Sanh., 43a).

Jesus starb in jungen Jahren:

Jesus war »etwa dreißig Jahre alt, als er zum erstenmal öffentlich auftrat« (Lukas 3,23). Er starb ein bis drei Jahre später.

»Er starb in jungen Jahren: ›Die Blutgierigen und Falschen werden ihr Leben nicht auf die Hälfte bringen‹« (b. Sanh., 106b, nach Psalm 55,23).

König von Israel:

»Dann legten sie ihm einen Purpurmantel um und flochten einen Dornenkranz; den setzten sie ihm auf und grüßten ihn: Heil dir, König der Juden!« (Markus 15,17-18).

Als Jesus hingerichtet wurde, »sagte jeder, der vorbeiging: ›Dies ist doch der König, der gekreuzigt wurde‹« (T. Sanh., 9,7).

Leben nach dem Tod:

»Auch die Hohenpriester und Schriftgelehrten verhöhnten ihn und sagten zueinander: … Der Messias, der König von Israel! Er soll doch jetzt vom Kreuz herabsteigen, damit wir sehen und glauben« (Markus 15, 31-32). »… er ist doch der König von Israel. Er soll vom Kreuz herabsteigen, dann werden wir an ihn glauben« (Matthäus 27,42). »Und sie werden ihn verspotten, anspucken, geißeln und töten. Aber nach drei Tagen wird er auferstehen« (Markus 10,34).

Zu diesem Anspruch der Auferstehung von den Toten durch die Macht Gottes sagten die Rabbinen: »Wehe dem, der sich durch den Namen Gottes erhält« (b. Sanh., 106a).

Krankenheilung in seinem Namen:

»Dann rief er seine zwölf Jünger zu sich und gab ihnen die Vollmacht, die unreinen Geister auszutreiben und alle Krankheiten und Leiden zu heilen« (Matthäus 10,1).

Die Jünger sollen »im Namen Jesu Ben Pandira« Kranke geheilt haben (T. Hull, 2,22-23).

Wir finden also in jüdischem Schrifttum Bestätigungen für wesentliche Fakten im Leben Jesu, die in den vier Evangelien berichtet werden. Doch die Talmud-Gelehrten, die sowohl die jüdischen Gesetze interpretierten wie auch die Legenden und Kommentare der frühen Jahrhunderte nach dem angeblichen Tod und der Auferstehung Jesu zusammenstellten, verließen sich nicht einfach auf die christlichen Traditionen jener Zeit, sondern bezogen sich außerdem auf jüdische Autoritäten der Vergangenheit – und zwar sowohl in den Einzelheiten, denen sie nicht widersprachen, als auch in jenen, die sie ablehnten.

5
DER NAZORÄER

Die Autorität, auf die sich die Rabbinen bei der Zusammenstellung des Talmuds stützten, war das Gesetz des Mose, wie es im Pentateuch geschrieben steht, den ersten fünf Büchern des Alten Testaments, die die Juden Tora nennen. Nach jüdischem Gesetz waren selbst geringfügige Veränderungen untersagt; allerdings hatten die Juden das Recht, diese alten Überlieferungen, die ursprünglich von einer Generation zur nächsten mündlich weitergegeben worden waren, zu erläutern und unklare und widersprüchliche Aussagen zu interpretieren.

Im Hinblick auf die Frage, wann Jesus wirklich gelebt hat, ist es bemerkenswert, daß sich im rabbinischen Schrifttum nirgendwo ein Hinweis darauf findet, die Kreuzigung Jesu habe zur Regierungszeit Herodes' oder zur Zeit des Hohepriesters Kaiphas stattgefunden, obwohl der Talmud weitere chronologische Angaben in großer Zahl enthält. Dies ist um so befremdlicher, als die Rabbinen, die eifrig an ihrer eigenen Version der Geschehnisse arbeiteten, die Darstellung in den vier Evangelien gekannt haben müssen. Ebensowenig werden im Talmud Personen genannt, die in der Zeit des Herodes lebten, wie etwa Johannes der Täufer. Vor diesem Hintergrund ist der Tatsache, daß sich so viele Passagen des Talmud in der einen oder anderen Form auf Jesus beziehen, noch größere Bedeutung beizumessen.

Der Talmud widerspricht den Evangelien auch in wesentlichen Punkten hinsichtlich der Person Jesu. Beispielsweise wird nirgendwo erwähnt, er sei ein Galiläer oder stamme aus der Stadt Nazaret. Zwar wird er darin »Nazoräer« (griechisch: *Nazoraios*) genannt, doch dieses Wort bezeichnet eine religiöse Sekte, keinen geographischen Ort. Dies geht auch aus der Apostelgeschichte 24,5 hervor, als die Juden dem römischen Statthalter Felix ihre Klage über Paulus vortragen, der »ein Unruhestifter bei allen Juden in der Welt und ein Rädelsführer der Nazoräersekte« sei. In der Tat spricht Paulus selbst immer von Jesus als »dem Nazoräer« und schreibt nie, daß Jesus aus Nazaret stamme. An anderer Stelle in der Apostelgeschichte wird in der englischen Version des Neuen Testaments Nazoräer mit »von Nazaret« übersetzt [entsprechend auch in der deutschen Fassung – Anm. d. Übers.], was unzutreffend und für den Leser irreführend ist.

Die Nazoräer waren eine gnostische Sekte (d. h. sie suchten Erkenntnis in der spirituellen Erfahrung) wie auch die Essener, und mit dem Begriff »Nazoräer« bezeichnen die hebräischen Juden noch heute die Christen. Auch im Koran wird Jesus zwar als Messias (Christus) anerkannt, seine Anhänger werden jedoch Nasara genannt, d. h. Nazoräer: »Eine der Umschreibungen, mit denen sich die Gemeinde von Qumran selbst bezeichnete, hieß: ›Wahrer des Bundes‹, hebräisch *Nozrei ha-Brit*. Von diesem Ausdruck leitet sich das Wort *Nazrim* her, welches eine der frühesten Bezeichnungen für die später als Christen bekanntgewordene Sekte ist.«[1]

Das semitische Wort ist vom Stamm *nsr* abgeleitet, was soviel wie »bewachen« oder »beschützen« bedeutet und »Eiferer« impliziert. Die Existenz der Nazoräersekte wird sowohl von klassischen wie auch christlichen Autoren bezeugt. Plinius der Ältere, der römische Geograph aus der zweiten Hälfte des ersten Jahrhunderts vor Christus, spricht von einer Tetrarchie (dem Viertel eines Landes oder einer Provinz) der Nazoräer in Syria Coele, dem Gebiet um Damaskus.[2]

Der Name Nazaret taucht weder in der Apostelgeschichte oder in den Briefen der Apostel auf, noch in den Büchern des Alten Testaments, im Talmud oder in den Schriften des Josephus, dem zur Zeit des jüdischen Aufstands gegen die Römer im Jahre 66 v. Chr. die Herrschaft über Galiläa übertragen war. Erstmals hören wir von diesem Ort in den Schriften des Markus, dem Verfasser des ältesten Evangeliums. Im Anschluß an einen Abschnitt, in dem es um Johannes den Täufer geht, heißt es: »In jenen Tagen kam Jesus aus Nazaret in Galiläa und ließ sich von Johannes im Jordan taufen« (Markus 1,9).

Dem Vorbild des Markus folgten Matthäus und Lukas. Doch sie widersprechen einander in ihren Darstellungen. Matthäus berichtet, aus Furcht vor Herodes' Sohn Archelaus sei Josef mit Maria und dem Kind Jesus »in das Gebiet von Galiläa« gezogen und habe sich in einer Stadt namens Nazaret niedergelassen. »Denn es sollte sich erfüllen, was durch die Propheten gesagt worden ist: Er wird Nazoräer genannt werden« (Matthäus 2,22-23). Nach Lukas dagegen lebten Josef und Maria zum Zeitpunkt von Mariä Verkündigung bereits in Nazaret: »Im sechsten Monat wurde der Engel Gabriel von Gott in eine Stadt in Galiläa namens Nazaret zu einer Jungfrau gesandt. Sie war mit einem Mann namens Josef verlobt ... Der Name der Jungfrau war Maria« (Lukas 1,26-27).

Wir besitzen keine sichere Kenntnis darüber, wann das Markusevangelium verfaßt worden ist, doch Bibelforscher datieren es auf etwa 75 n. Chr. In jener Zeit war Nazaret ein kleines Dorf im unteren Galiläa in den Bergen nördlich der Ebene von Esdraelon, etwa fünfundzwanzig Kilometer westlich des Sees von Galiläa. Daß Markus den Begriff »Nazoräer« nicht mit einer Sekte, sondern mit einem geographischen Ort in Zusammenhang brachte, ist darauf zurückzuführen, daß er die Darstellung von Leben und Tod Jesu in einen römischen Kontext stellen wollte. Das hatte später zur Folge, daß Nazaret zu einem Pilgerort wurde – doch erst im sechsten Jahrhundert nach Christus.

Das Kreuz gilt als Symbol für Christus. In allen vier Evangelien finden wir übereinstimmend die Aussage, daß Jesus gekreuzigt worden ist: »Nachdem sie ihn gekreuzigt hatten …« (Matthäus 27,35); »dann kreuzigten sie ihn …« (Markus 15,24); »sie kamen zur Schädelhöhe; dort kreuzigten sie ihn …« (Lukas 23,33); »nachdem die Soldaten Jesus ans Kreuz geschlagen hatten …« (Johannes 19,23). Auch Paulus schreibt, daß Jesus auf diese Weise ums Leben kam: »… diesen Jesus, den ihr gekreuzigt habt« (Apostelgeschichte 2,36).

Dieser Sachverhalt wäre plausibel, wenn Jesus tatsächlich zur Zeit der Römer vor Gericht gestellt und zum Tode verurteilt worden wäre. Denn die Kreuzigung – das Annageln an ein Kreuz – war eine römische, keine israelitische Form der Exekution. Nach alter Tradition der Israeliten wurde der Verurteilte an einem Baum aufgehängt: »Wenn jemand ein Verbrechen begangen hat, auf das die Todesstrafe steht, wenn er hingerichtet wird und du den Toten an einen Pfahl hängst …« (Deuteronomium 21,22).

Im Talmud, in dem geschrieben steht, daß Jesus gekreuzigt wurde (»Anscheinend ist der König [Jesus] gekreuzigt worden«, T. Sanh., 9,7), wird auch behauptet, er sei gehängt worden: »… so hängte man ihn am Vorabend des Pesahfestes« (b. Sanh., 43a). Dies scheint ein extremer Widerspruch zu sein, würde man nicht auch im Neuen Testament Hin-

weise darauf finden, daß Jesus wohl eher durch den Strick als am Kreuz gestorben ist. Beispielsweise liest sich Petrus' Darstellung vom Tod Jesu folgendermaßen: »... Ihn haben sie an den Pfahl gehängt und getötet« (Apostelgeschichte 10,39). Und Paulus, der in einem früheren Text den Ausdruck »gekreuzigt« verwendet hat, erklärt nun: »... nahmen sie ihn vom Holz und legten ihn ins Grab« (Apostelgeschichte 13,29) [In der englischen Bibelfassung wird von *tree* gesprochen, was sowohl »Baum« wie auch »Balken« oder »Holzgestell« heißen kann – Anm. d. Übers.].
Hinsichtlich der Wortwahl kann man also durchaus annehmen, daß in der Darstellung vom Tod Jesu nicht zwingend ein Widerspruch zwischen den Versionen des Talmuds und denen der Evangelisten besteht; »Kreuzigung« könnte demnach gleichbedeutend mit »Hängen« sein. Später wurde allerdings ein entschlossener Versuch unternommen, die Geschichte Jesu in die römische Zeit zu verlegen. Johannes, der historisch fragwürdigste unter den Evangelisten, fügte weitere Einzelheiten hinzu, wonach Jesus die römische Todesstrafe des Annagelns an ein Kreuz erlitten hat, nicht die israelitische des Hängens. Diese Details findet man in der Geschichte vom ungläubigen Thomas, der einen sichtbaren Beweis für die Wiederauferstehung Christi verlangte: »... er (Thomas) entgegnete ihnen: Wenn ich nicht die Male der Nägel an seinen Händen sehe und wenn ich meinen Finger nicht in die Male der Nägel und meine Hand nicht in seine Seite lege, glaube ich nicht« (Johannes 20,25).
Die Angleichung der Geschichte Jesu an die Gegebenheiten des römischen Zeitalters hat zu gegensätzlichen Darstellungen geführt, und zwar nicht nur hinsichtlich seiner Todesart, sondern auch der Frage, wer für seinen Tod verantwortlich sei – die israelitischen Priester oder die

römische Obrigkeit. Das Neue Testament gibt die Schuld durchweg den israelitischen Priestern: »... dort (in Jerusalem) wird der Menschensohn den Hohenpriestern und Schriftgelehrten ausgeliefert; sie werden ihn zum Tod verurteilen« (Matthäus 20,18); Petrus sagt zu den Priestern von Jerusalem: »... Jesus ..., den ihr ans Holz gehängt und ermordet habt« (Apostelgeschichte 5,30); in bezug auf die Juden erklärt Paulus: »Diese haben sogar Jesus, den Herrn, und die Propheten getötet ...« (Erster Brief an die Thessalonicher 2,15), und an anderer Stelle spricht er zum »ganzen Haus Israel«: »... Jesus, den ihr gekreuzigt habt« (Apostelgeschichte 2,36).
Zwar erkannten die Rabbinen an, daß die israelitischen Priester für die Verurteilung Jesu verantwortlich waren und dies die Strafe dafür war, daß er Israel auf Abwege geleitet hatte. Doch in der Überlieferung des Talmuds findet man nirgendwo sonst einen Hinweis auf die Rolle, die Pontius Pilatus oder ein anderer römischer Machthaber im Zusammenhang mit dem Tod Jesu gespielt haben soll. Statt dessen zeigen die Rabbinen anklagend auf Pinhas – einen israelitischen Priester, der im vierzehnten Jahrhundert vor Christus lebte und ein Zeitgenosse des Mose war.

6
EIN ANDERER ORT, EINE ANDERE ZEIT

Der Talmud stellt unzweideutig fest: »Der Mörder Pinhas tötete [ihn] (Jesus)« (b. Sanh., 106b). Pinhas war der Priester, der Sohn Eleasars, des Sohnes Aarons, der im Buch Numeri als Zeitgenosse des Mose beschrieben wird; in dieser Passage teilt Gott dem jüdischen Gesetzgeber mit, daß er Pinhas und seinen Nachkommen den »Bund des ewigen Priestertums« (Numeri 25,10–13) versprochen hat. Für die Annahme, daß der Tod Jesu tausendvierhundert Jahre vor dem in den Evangelien genannten Zeitpunkt stattfand, sprechen nicht nur Belege aus dem Talmud, sondern auch aus der Bibel und dem Koran.

Als Erklärung für diesen offensichtlichen Widerspruch zu den Evangelien haben manche Bibelwissenschaftler argumentiert, der Name Pinhas könnte eine Verfälschung des Namens Pilatus sein. Das wäre einleuchtend, würde der Talmud das Leben Jesu nicht durchweg in der Zeit von Pinhas und Mose ansiedeln. Beispielsweise finden wir im Buch Deuteronomium beschrieben, welches Los falschen Propheten bestimmt ist: »Wenn in deiner Mitte ein Prophet oder ein Traumseher auftritt und dir ein Zeichen oder Wunder ankündigt, wobei er sagt: Folgen wir anderen Göttern nach, die du bisher nicht kanntest, und verpflichten wir uns, ihnen zu dienen!, und wenn das Zeichen und Wunder, das er dir angekündigt hatte, eintrifft, dann sollst du nicht auf die Worte dieses Propheten oder Traumsehers hören ... Der Prophet oder Traumseher ... soll mit dem Tod bestraft werden ... du [sollst] nicht nachgeben und nicht auf ihn hören. Du sollst in dir kein Mitleid mit ihm aufsteigen lassen, sollst keine Nachsicht für ihn kennen und die Sache nicht vertuschen« (Deuteronomium 13,2–4 und 6,9).

Diese Verse werden im Talmud im Zusammenhang mit Jesus wiedergegeben, und das Deuteronomium wird sogar zitiert: »... und [es] wird gelehrt: Am Vorabend des Peshafestes henkte man Jesu (den Nazoräer) ... weil er Zauberei getrieben und Jisrael verführt und abtrünnig gemacht hat ... Er war ja ein Verführer, und der Allbarmherzige sagt (Deuteronomium 13,9): du sollst seiner nicht schonen und seine Schuld nicht verheimlichen« (b. Sanh., 43a). Wie wir später sehen werden, predigte der historische Jesus zwar nicht, andere Götter anzubeten, doch er widersprach den Geboten Mose in zwei Punkten: Er drängte den Gott der Israeliten anderen Völkern nicht auf, sondern erlaubte ihnen, ihre eigenen Götter zu verehren, die dann den Rang von Engeln und Heiligen einnahmen. Außerdem glaubte er an die Wiederauferstehung und an ein Leben nach dem Tod.

Ein weiterer Vers aus dem Deuteronomium wird im Talmud (T. Sanh., 9,7) in Beziehung zum Tod Jesu gesetzt: Wenn jemand hingerichtet worden ist, »dann soll die Leiche nicht über Nacht am Pfahl hängen bleiben, sondern du sollst ihn noch am gleichen Tag begraben; denn ein Gehenkter ist ein von Gott Verfluchter ...« (Deuteronomium 21,23). An zahlreichen Stellen des Talmud wird Jesus auch in Verbindung mit Bileam oder Balaam gebracht, einem nicht-israelitischen Seher, der zur Zeit von Mose lebte. Das Buch Numeri (22–24), das vierte Buch des Pentateuch, erzählt ausführlich, wie der König von Moab Bileam darum bittet, ihm vorherzusagen, welchen Ausgang die kriegerischen Auseinandersetzungen mit den Israeliten haben werden; zu seiner Enttäuschung prophezeit ihm Bileam, daß die Israeliten einen glorreichen Sieg über das Volk von Moab davontragen werden.

Der Name Bileam oder Balaam wird im Talmud manchmal als Synonym für Jesus verwendet. So heißt es beispielsweise von der Mutter Balaams (hier ist Jesus gemeint): »Sie … stammt von Fürsten und Herrschern« (b. Sanh., 106a). Der Name Bileam taucht auch auf, als das Alter Jesu zum Zeitpunkt seines Todes angegeben wird: »Dreiunddreißig [oder vierunddreißig] Jahre war … Bileam alt, als ihn der Mörder Pinhas tötete« (b. Sanh., 106b). Doch der Talmud stellt auch fest, daß es sich bei Jesus und Balaam um zwei verschiedene Personen handelt, da mitunter beide in ein und derselben Passage namentlich genannt werden.[1]

In einem merkwürdigen Abschnitt des Talmud schienen die Verfasser mit besonderem Nachdruck hervorheben zu wollen, daß die Geschichten von Jesus/Balaam aus der Zeit Moses und des Buches Exodus stammen: »Mose schrieb sein Buch, den Abschnitt von Bileam [u. a.]« (b. B. Bathr., 14b). Warum wurde eigens erwähnt, was ohnehin auf der Hand lag? Bekanntlich gehört das Buch Numeri, das die Geschichte von Bileam/Balaam enthält, zu den fünf Büchern des Alten Testaments, deren Urheberschaft Mose zugeschrieben wird. Hier wurde zweifellos versucht, die Darstellung in den Evangelien indirekt zu widerlegen; durch die Rückdatierung der Jesus/Balaam-Geschichten wird auch die Lebenszeit Jesu aus der Zeit von Pontius Pilatus im ersten Jahrhundert vor Christus in eine viel frühere Epoche verlegt.

Wenn Jesus tatsächlich tausendvierhundert Jahre früher gelebt hat, als gemeinhin angenommen wird, erscheint ein in den Evangelien von Matthäus, Markus und Lukas beschriebenes Ereignis in einem völlig neuen Licht: die Begegnung von Jesus und Mose, die die Verklärung Jesu genannt wird: »Sechs Tage danach nahm Jesus Petrus, Jakobus und Johannes beiseite und führte sie auf einen hohen Berg, aber nur sie allein. Und er wurde vor ihren Augen verwandelt; seine Kleider wurden strahlend weiß, so weiß, wie sie auf Erden kein Bleicher machen kann. Da erschien vor ihren Augen Elija und mit ihm Mose, und sie redeten mit Jesus. Petrus sagte zu Jesus: Rabbi, es ist gut, daß wir hier sind. Wir wollen drei Hütten bauen, eine für dich, eine für Mose und eine für Elija ... Da kam eine Wolke und warf ihren Schatten auf sie, und aus der Wolke rief eine Stimme: Das ist mein geliebter Sohn; auf ihn sollt ihr hören. Als sie dann um sich blickten, sahen sie auf einmal niemand mehr bei sich außer Jesus« (Markus 9,2–5 und 7–8). Bis ins neunzehnte Jahrhundert hinein unternahm kein christlicher Theologe den Versuch, diese Verse zu interpretieren. Und danach redete man sich darauf hinaus, sie seien keine Beschreibung tatsächlicher historischer Ereignisse, sondern eine psychologische Darstellung von Jesus und seinen Jüngern oder die Geschichte einer »spirituellen Erfahrung«. Eine derartige Auslegung ist jedoch mit dem sachlich-nüchternen Ton der Evangelien kaum vereinbar. Im Unterschied zur Auseinandersetzung Jesu mit dem Satan in der Wüste kann die Verklärung nicht als symbolhaft oder als Beschreibung einer Vision interpretiert werden. Schließlich ist hier von drei Jüngern die Rede, die den Schriften zufolge Zeugen der Begegnung zwischen Jesus und Mose waren. In den Evangelien gibt uns einzig dieses Ereignis einen Anhaltspunkt darauf, wann Jesus tatsächlich gelebt hat.

An einer Stelle des Korans wird indirekt eine Verbindung zwischen Mose und Jesus hergestellt, wonach sie nicht nur Zeitgenossen waren, sondern auch blutsverwandt. Es wird hier beschrieben, wie Maria, nachdem sie das Kind geboren hat, zu ihren Angehörigen zurückkehrt, welche ihr das Los als unverheiratete Mutter vorhalten:

> O Schwester Aarons,
> dein Vater war kein Bösewicht
> und deine Mutter keine Dirne.
> (Sure 19,28)[2]

Hier betrachtet der Koran Maria, die Mutter Jesu, als identisch mit Maria, der Schwester von Aaron und Mose. Für diesen scheinbar krassen Widerspruch zu den Evangelien haben muslimische Theologen eine logische Erklärung zu finden versucht. Manche meinten, die Passage sei im übertragenen Sinn zu verstehen: Maria sei *wie* eine Schwester Aarons. Andere vermuteten die Mutter Jesu in der Abstammungslinie von Aaron. Doch keiner dieser Erklärungsversuche ist überzeugend, zumal der Koran selbst die geschwisterliche Verwandtschaft zwischen Maria und Aaron bestätigt, indem er Imram als deren gemeinsamen Vater erwähnt (Sure 3,35).

Über die Lebenszeit Jesu gibt es also zwei widersprüchliche Angaben – einerseits die Darstellung in den Evangelien, wonach Jesus in der Zeit zwischen den letzten Jahren des ersten Jahrhunderts vor Christus und dem Ende der dreißiger Jahre des ersten Jahrhunderts nach Christus gewirkt hat; ansonsten spricht aber nichts für diese Datierung. Andererseits deutet die im Koran sowie im Neuen Testament erzählte Geschichte von der Verklärung Jesu auf einen Zeitraum hin, der tausendvierhundert Jahre weiter zurück liegt; entsprechende Hinweise finden sich auch im Talmud. Worauf ist nun dieser Widerspruch zurückzuführen? Wir kommen der Antwort näher, wenn wir uns eingehender mit der Geschichte und den religiösen Anschauungen der Gnostiker befassen, jenen kleinen Geheimsekten, zu denen auch die Essener zählten und die schon Jahrhunderte vor der christlichen Zeitrechnung in Palästina/Syrien und in Ägypten weit verbreitet waren.

7
DER MENSCH, DER VON GOTT GESANDT WAR

Die Gnostikersekten betrachteten Jesus Christus als eine historische Gestalt, als einen Nachfolger Moses. Ihrem Glauben nach war der Messias bereits gekommen, doch jener Jesus war von der israelitischen Priesterschaft nicht anerkannt und vom Frevelpriester getötet worden. Zu diesen Sekten gehörten auch die Essener von Qumran, von denen die bereits erwähnten Schriftrollen vom Toten Meer stammen. Sie wurden im zweiten Jahrhundert vor Christus verfaßt, enthalten aber schon einige Elemente jener Darstellung von Geburt und Leben Jesu, wie wir sie aus den Evangelien kennen.

Bereits der Name »Essener« oder »Essäer« deutet darauf hin, daß sie Anhänger Jesu waren. Philon von Alexandria, der um 30 n. Chr. die erste Schrift über diese Religionsgemeinschaft verfaßte, benannte sie nach dem griechischen *Essaios*, machte jedoch darauf aufmerksam, daß dieses Wort ursprünglich nicht aus dem Griechischen stammte. Ein halbes Jahrhundert später rechnete Josephus sie zu den jüdischen Untergruppen seiner Zeit und bezeichnete sie als Essener. Heute vermutet man allerdings, daß dieser Begriff aus dem Semitischen stammt. Erstaunlicherweise hat man unter all den unbefriedigenden Vorschlägen zur Etymologie die naheliegendste Erklärung übersehen – *Essa* ist die arabische Bezeichnung für Jesus, die einzige, die im Koran auftaucht. »Essaioi« bedeutet demnach »ein Anhänger von

Essa«. Der Grund, warum diese Bedeutung ignoriert worden ist, ist augenfällig: Wenn die Essener schon vor Jesus existiert haben, können sie nicht dessen Anhänger sein. Essa war im übrigen auch der für Jesus gebräuchliche Ausdruck in der koptischen ägyptischen Sprache im ersten Jahrhundert nach Christus.

Alle essenischen Gemeinden waren geschlossene, geheime Sekten. Zwar gehörten sie zum jüdischen Volk, führten jedoch ein abgeschiedenes Dasein und beteiligten sich weder an jüdischen Festen noch an Tempelzeremonien; nach ihrem Glauben war der Lehrer der Gerechtigkeit nämlich Jahrhunderte zuvor von den israelitischen Priestern zurückgewiesen und getötet worden. Josephus beschreibt, welch großen Wert die Essener auf Geheimhaltung legten: »Jene aber, die in ihre Sekte aufgenommen werden wollen, können nicht sofort eintreten, sondern sie bleiben ein Jahr außerhalb der Gemeinschaft und müssen während dieser Zeit die gleiche Lebensweise einhalten ... Besteht der Kandidat während dieser Zeit die Prüfung der Enthaltsamkeit, so darf er dem Leben der Gemeinschaft nähertreten und darf teilnehmen an den heiligen Bädern, die noch größere Reinheit bewirken ... (er) wird ... während der beiden nächsten Jahre auf seinen Charakter geprüft, und erst, wenn er sich darin bewährt hat, wird er für würdig befunden, in die Gemeinschaft einzutreten«[1], d. h. das Gelübde abzulegen, das vor allen Dingen absolute Verschwiegenheit in sämtlichen Angelegenheiten des Ordens verlangte.

Im ersten Jahrhundert nach christlicher Zeitrechnung erwarteten die Essener die Rückkehr Jesu, den Jüngsten Tag und das Ende der Welt. Johannes, der »Mensch ..., der von Gott gesandt war« (Johannes, 1,6), trat als erster Essener an die Öffentlichkeit und forderte alle Juden dazu auf, sich taufen zu lassen, ihre Sünden zu bekennen und zu bereuen,

um sich so moralisch zu reinigen und symbolisch Vergebung zu erlangen. Er ermahnte die Juden, »zur Taufe zu kommen; denn das Waschen (mit Wasser) würde ihn (Gott) günstig stimmen ...«[2]. Doch Johannes der Täufer war nicht der Wegbereiter für die Geburt Jesu, sondern für dessen zweites Kommen: »In jenen Tagen trat Johannes der Täufer auf und verkündete in der Wüste von Judäa: Kehrt um, denn das Himmelreich ist nahe. Er war es, von dem der Prophet Jesaja gesagt hat: Eine Stimme ruft in der Wüste: Bereitet dem Herrn den Weg! Ebnet ihm die Straßen!« (Matthäus 3,1–3). Johannes war der Prophet der Endzeit, der eschatologische Bote aus den alttestamentlichen Büchern der Propheten.
Die neue Bewegung von Johannes dem Täufer wurde begeistert aufgenommen und erfuhr einen so starken Zulauf, daß der bereits erwähnte Herodes Antipas, der Tetrarch von Galiläa und Sohn Herodes' des Großen, fürchtete, Johannes könnte zu einer zentralen Figur der jüdischen Widerstandsbewegung werden; aus diesem Grund ließ er ihn festnehmen, einsperren und später hinrichten. Hätte Herodes Antipas nicht diese Entscheidung getroffen, wäre die Geschichte des Jesus von Nazaret höchstwahrscheinlich niemals geschrieben worden – denn der Grundstein dafür wurde mit dem Leben und dem gewaltsamen Ende von Johannes dem Täufer gelegt.

Zu jener Zeit traten viele aufrührerische jüdische Führer, zweifelsohne beseelt von der Erwartung der Ankunft des Messias, gegen die Hohenpriester in Jerusalem sowie gegen die römische Besatzungsmacht auf. Unter ihnen befand sich Judas, ein Galiläer, dem die vier Evangelisten eine Generation später eine ganz andere Rolle zuschrieben. Judas ist, wie ich glaube, identisch mit Ben Stada. Im Talmud wird er mit denselben Worten charakterisiert wie Jesus: »ein Betrüger«. Hier erfahren wir auch Näheres über sein Gerichtsverfahren und seine Hinrichtung: »Und so verfuhren sie mit Ben Stada in Lud (der Stadt Lydda in der palästinensischen Ebene südöstlich von Jaffa) ... und sie brachten ihn zu Beth Din (dem jüdischen Gerichtshof) und steinigten ihn.«

Zeitgenössische Bibelforscher sehen in Ben Stada einen der zahlreichen falschen Propheten des ersten Jahrhunderts nach Christus. Man vermutet, daß er mit einem ägyptischen Aufrührer gleichzusetzen ist, der den Angaben Josephus' zufolge um die Mitte jenes Jahrhunderts einen Aufstand gegen die Römer anführte.[3] Ich bezweifle das jedoch, denn Josephus versichert uns, dieser Aufrührer sei nie gefaßt worden: »Felix (Antonius Felix, der römische Prokurator, 52–60 n. Chr.) ... (trat) ihm mit römischen Schwerbewaffneten in den Weg, ... der Ägypter (konnte) bei der bewaffneten Auseinandersetzung wohl mit einer kleinen Schar fliehen ..., während der größte Teil seiner Gefolgsleute umgebracht wurde oder in Gefangenschaft geriet.«[4]

Für diese Annahme spricht auch die neutestamentliche Schilderung der Verhaftung des Paulus durch die Römer; diese fand mindestens zwanzig Jahre nach dem mutmaßlichen Zeitpunkt der Kreuzigung Jesu statt: »Als man Paulus in die Kaserne bringen wollte, sagte er zum Obersten: Darf ich ein Wort mit dir reden? Der antwortete: Du verstehst Griechisch? Dann bist du also nicht der Ägypter, der vor einiger Zeit die viertausend Sikarier [d. h. ›Dolchmänner‹; jüdische Freiheitskämpfer] aufgewiegelt und in die Wüste hinausgeführt hat?« (Apostelgeschichte 21,37–38).

Es ist deshalb viel wahrscheinlicher, daß Ben Stada mit dem Propheten Judas identisch ist, einem Galiläer, der in den Tagen der Volkszählung auftrat: »... er brachte viel

Volk hinter sich und verleitete es zum Aufruhr. Auch er kam um, und alle seine Anhänger wurden zerstreut« (Apostelgeschichte 5,37). Josephus schreibt, wie Judas die Juden dazu aufrief, die Zahlung der Steuern zu verweigern, die die Römer im Jahre 6 n. Chr. erhoben, als die Volkszählung zur Festsetzung der Steuern durchgeführt wurde. »Diese Besteuerung ist nicht besser als der Verkauf in die Sklaverei«, sagte Judas. Obwohl der Hohepriester von Jerusalem die Juden zur Zahlung der Steuern aufrief, fand die Opposition um Judas zahlreiche Anhänger, wie Josephus berichtet. Dieser galiläische Prophet scheint in der Tat einen bedeutenden Einfluß auf die jüdische Geschichte gehabt und in der ersten Hälfte des ersten Jahrhunderts nach Christus einen grundlegenden Wandel in der jüdischen Denkweise bewirkt zu haben. Damals gab es unter den Juden drei philosophische Schulen, die Sadduzäer, die Pharisäer und die Essener, doch »Judas ... begründete eine vierte philosophische Schule unter uns und hatte viele Anhänger«.[5] Josephus macht keine Angaben darüber, was aus Judas nach der Niederschlagung seines Aufstands wurde, doch man weiß, daß zwei seiner Söhne, Jakobus und Simon, zwischen 46 und 48 n. Chr. von den Römern gekreuzigt wurden, weil sie in die Fußstapfen ihres Vaters traten.

Die Hinrichtung Johannes' des Täufers war ein schwerer Schlag für seine Anhänger, insbesondere für seine Schüler, die darauf bedacht waren zu beweisen, daß seine Botschaft von der Wiederkehr des Messias richtig war. Deshalb verbreiteten sie nicht nur weiterhin seine Lehren, sondern behaupteten, seine Prophezeiung habe sich erfüllt, denn sie hätten Jesus gesehen.

Da niemand sonst Jesus gesehen hatte, glaubte man ihnen

nicht und nahm allgemein an, der von den Toten Wiederauferstandene sei in Wirklichkeit Johannes. Im Evangelium nach Markus finden wir zwei Belege für diese Ansicht: Jesus sandte seine Jünger jeweils zu zweien aus, um die Menschen zur Umkehr aufzurufen, und »der König Herodes hörte von Jesus; denn sein Name war bekannt geworden, und man sagte: Johannes der Täufer ist von den Toten auferstanden …« (6,14). Danach heißt es: »Als aber Herodes von ihm hörte, sagte er: Johannes, den ich enthaupten ließ, ist auferstanden« (6,16).

Bei Markus findet sich auch das bedeutsame Eingeständnis, daß niemand außer den Jüngern Jesus kannte: Auf dem Weg zu den Dörfern bei Cäsarea Philippi »… fragte er (Jesus) die Jünger: Für wen halten mich die Menschen? Sie sagten zu ihm: Einige für Johannes den Täufer, andere für Elija, wieder andere für sonst einen von den Propheten. Da fragte er sie: Ihr aber, für wen haltet ihr mich? Simon Petrus antwortete ihm: Du bist der Messias! Doch er verbot ihnen, mit jemand über ihn zu sprechen« (8,27–30). Aber diese Passage ist nicht nur ein bemerkenswertes Bekenntnis: Verwunderlich ist auch Petrus' Antwort. Warum wird berichtet, er habe »Messias«, nicht »Jesus« gesagt? Jesus war der Name Gottes; seine Jünger konnten erst nach seinem Tod und seiner Auferstehung von den Toten erkannt haben, daß er der Messias, der Erlöser, war.

Johannes behauptete nie, der Messias zu sein. Und da die Schüler des Johannes erklärten, Jesus habe zur selben Zeit wie Johannes gelebt, und sie hätten ihn gesehen, blieb ihnen nur eine Wahl: Sie mußten Jesus, dessen Ankunft in den überlieferten Büchern der Propheten seit Jahrhunderten angekündigt war, »wiederauferstehen« lassen und das Alte Testament als Grundlage für seine Heilslehre heranziehen. Ihrer Version Glaubwürdigkeit zu verleihen erwies sich als mühseliges Unterfangen. Um das Jahr 53 n. Chr. kam »ein Jude namens Apollos ... nach Ephesus. Er stammte aus Alexandria, war redekundig und in der Schrift bewandert. Er war unterwiesen im Weg des Herrn. Er sprach mit glühendem Geist und trug die Lehre von Jesus genau vor; doch er kannte nur die Taufe des Johannes« (Apostelgeschichte 18, 24–25).

Die Taufe des Johannes unterschied sich sowohl von der Taufe der Essener wie auch von der Taufe durch Jesus. Johannes versprach, durch das rituelle Eintauchen in Wasser würde der Mensch von Sünde reingewaschen. Dagegen glaubten die Essener, bei der Taufe – zu der ebenfalls die symbolhafte Verwendung von Wasser gehörte – komme der Heilige Geist auf den Getauften herab, besiegle nach einer gewissen Probezeit den Neuen Bund in der Gemeinschaft mit ihm und schenke ihm das Ewige Leben. Nach den in den Qumranschriften überlieferten »Gemeinderegeln« wird der neue Anhänger des Glaubens »durch heiligmäßigen Geist für die Einung in Seiner Wahrheit ... gereinigt von all seinen Sünden ... Durch seine Unterwerfung unter alle Gesetze Gottes wird gereinigt sein Fleisch, so daß er sich besprengen kann mit Reinigungswasser und sich heiligen mit Wasser der Reinheit.«[6]

Diese Form der Taufe, die für jedes neue Mitglied der essenischen Gemeinschaft unabdingbar war, wurde von der neugegründeten christlichen Kirche übernommen. Die Apostel, die sowohl Juden wie auch Heiden bekehren wollten, spendeten die Taufe auf dieselbe Weise, die in ihrer essenischen Gemeinde üblich war. Nach der Apostelgeschichte sagte Jesus: »Johannes hat mit Wasser getauft, ihr aber werdet schon in wenigen Tagen mit dem Heiligen Geist getauft« (1,5). Nach den Angaben in den Evangelien vollzogen die Apostel die Taufe weiterhin mit Wasser und nach dem Vorbild des Johannes, betonten jedoch, daß ihr ein innerer Wandel vorausgehen müsse. Als Paulus bekehrt wurde, sagte Hananias, einer der Jünger, zu ihm: »Bruder Saul, der Herr hat mich gesandt ...; du sollst wieder sehen und mit dem Heiligen Geist erfüllt werden ... und er sah wieder; er stand auf und ließ sich taufen« (Apostelgeschichte 9,17-18).

Folglich kannte Apollos Johannes den Täufer und dessen Form der bußfertigen Taufe sowie die Heilslehre Jesu. Wenn er aber Jesus von Nazaret gekannt hätte, der angeblich ein Zeitgenosse von Johannes war, hätte er auch gewußt, daß die Kirche in Palästina der Taufe eine neue Bedeutung gegeben hatte – sie war das Symbol für die spirituelle Einheit von Christus und seiner Kirche. Auch von anderen Anhängern Jesu wird berichtet, daß sie nur die Taufe des Johannes kannten: »... Paulus [durchwanderte] das Hochland und kam nach Ephesus hinab. Er traf einige Jünger und fragte sie: Habt ihr den Heiligen Geist empfangen, als ihr gläubig wurdet? Sie antworteten ihm: Wir haben noch nicht einmal gehört, daß es einen Heiligen Geist gibt. Da fragte er: Mit welcher Taufe seid ihr denn getauft worden? Sie antworteten: Mit der Taufe des Johannes« (Apostelgeschichte 19,1–3).

Es scheint demnach, als sei die Erkenntnis des Heiligen Geistes das neue Element der frühchristlichen Taufe. Paulus hat als erster deren symbolische Bedeutung als Aufnahmeritual für den Glauben an die Auferstehung Christi definiert. Somit war die Taufe die Initiation für das spirituelle Leben mit Christus: Das Mal der Sünde wird nicht mit Wasser weggewaschen, sondern durch den Tod Jesu und den Glauben an seine Auferstehung. Die christliche Taufe unterschied sich von der essenischen im wesentlichen nur durch den Zeitpunkt der Aufnahme in die Gemeinschaft;

während die Essener eine Zeit der Prüfung verlangten, war man nach der christlichen Taufe sofort Mitglied der Kirche. Es ist in diesem Zusammenhang merkwürdig, daß drei der vier Evangelisten schreiben, Jesus sei von Johannes getauft worden. Kein Christ, der an Jesus von Nazaret glaubte, geschweige denn Jesus selbst, der Sohn des Heiligen Geistes, hätte die Taufe durch Johannes der christlichen Taufe vorgezogen, weil sie in ihrer Bedeutung grundverschieden waren. Die christliche Taufe, die das Bekenntnis zum Ewigen Leben in Christus ist, war erst nach dem Tod des historischen Jesus und nach seiner vorgeblichen Auferstehung von den Toten möglich. Hingegen war die Taufe bei Johannes ein Zeichen der Vergebung für jene, die für den tatsächlichen Tod Jesu verantwortlich waren. Die Geschichte von Johannes dem Täufer legt folgenden Schluß nahe: Die Anhänger des Johannes griffen auf den Jesus der Essener zurück, welcher zur Zeit Moses gelebt hatte, verlegten seine Lebensdaten ins erste Jahrhundert nach Christus, und um der historischen Glaubwürdigkeit willen verknüpften sie die Ereignisse in seinem Leben mit denen von Johannes dem Täufer.

8
DER LEIDENDE GOTTESDIENER

Jeder, der das alte Testament aufmerksam liest, wird feststellen, daß die Erzählungen in den Evangelien maßgeblich davon beeinflußt sind. »Zugegebenermaßen machen ... die Evangelisten, vor allem Matthäus, auf die Erfüllung von Prophezeiungen aufmerksam (z. B. Matthäus 2,15; 21,4–7) ... Doch selbst wenn wir alle Aussagen außer acht lassen, die mit ›es steht geschrieben ...‹ beginnen, bleiben immer noch die Passagen mit ›Kelch‹ und ›Taufe‹ übrig; wie Jesus gesagt haben soll, stellten diese Schlüsselbegriffe einen Teil seiner Bestimmung dar (Markus 10,38ff.; 14,36; Lukas 12,50 und parallele; vgl. auch Markus, 14,41: ›Die Stunde ist gekommen‹ und parallele). Aus der Sicht Jesu war sein Tod weder eine Konsequenz der Lebensumstände, in denen er sich befand, noch eine Folge seines Handelns. Sein Schicksal war ihm unwiderruflich vorherbestimmt ... Und die Antwort auf die Frage, wie er zu dieser Überzeugung gelangt sein mag, lautet schlicht: Jesus hat dies höchstwahrscheinlich aus der Heiligen Schrift herausgelesen, wie es auch die Evangelisten von ihm berichten.«[1]

»Es hat den Anschein, als orientierten sich die Evangelien in ihrer Darstellung Jesu an einem früheren Text des Alten Testaments, und zwar nicht nur hinsichtlich seiner Taten, sondern auch seiner Worte: In diesem Zusammenhang scheinen die Worte über die Taufe, die in ihrer ursprünglichen Form bei Markus 1,11 lauten: ›Du bist mein geliebter Sohn, an dir habe ich Gefallen gefunden‹, sehr aufschlußreich und von grundlegender Bedeutung für das weitere geistliche Wirken Jesu ... Sie sind lediglich eine Zusammenfassung von Psalm 2,7, ›mein Sohn bist du‹, und von dem Vers Jesaja, 42,1: ›an ihm finde ich Gefallen‹ (wörtlich: ›an ihm erfreut sich mein Herz‹).«[2]

1924 konnte der französische Gelehrte Couchoud in seinem Buch *The Enigma of Jesus* nachweisen, auf welche alttestamentlichen Wurzeln zahlreiche wesentliche Ereignisse aus dem Leben Jesu zurückzuführen sind, die die Evangelisten niedergeschrieben haben. Dazu gehören unter anderem die jungfräuliche Geburt (»Seht, die Jungfrau wird ein Kind empfangen, sie wird einen Sohn gebären, und sie wird ihm den Namen Immanuel geben«, Jesaja), der Verrat (»Auch mein Freund, dem ich vertraue, der mein Brot aß, hat gegen mich geprahlt«, Psalmen), das Würfeln um seine Kleider (»Sie verteilen unter sich meine Kleider und werfen das Los um mein Gewand«, Psalmen) und der letzte Ausruf des gekreuzigten Jesus (»Mein Gott, mein Gott, warum hast du mich verlassen ...«, Psalmen) (siehe Anhang A).

Die Rolle, die die Evangelisten Jesus zuschreiben, ist in erster Linie die eines Sendboten Gottes, des »Lichts für die Völker« und des Erlösers, der Leiden auf sich nehmen und wie ein Lamm geopfert werden muß, um die Sünden seines Volkes zu tilgen. Eine derartige Gestalt gab es bereits in den alttestamentlichen Schriften Jesajas, eines Propheten aus der zweiten Hälfte des achten Jahrhunderts vor Christus. Unter den Büchern der Propheten ist sein Buch mit sechsundsechzig Kapiteln das umfangreichste. Bibelforscher sind zu dem Schluß gekommen, daß das Buch Jesaja mindestens zwei Autoren gehabt haben muß, einen Jesaja (I), der die Kapitel 1–39 verfaßt hat, und einen Jesaja (II), dem der Rest des Buches zugeschrieben wird. Darüber hinaus vertreten einige Wissenschaftler die Ansicht, daß ein dritter Urheber die letzten elf Kapitel geschrieben hat, die in die zweite Hälfte des sechsten Jahrhunderts vor Christus, in die Zeit nach dem Babylonischen Exil, eingeordnet werden.

Die Beschreibung des Gottesknechts in den Liedern des Jesaja, die zu Jesaja (II) gehören, enthält den ursprünglichen Gedanken vom leidenden Christus:

»Seht, das ist mein Knecht, den ich stütze; das ist mein Erwählter, an ihm finde ich Gefallen. Ich habe meinen Geist auf ihn gelegt, er bringt den Völkern das Recht« (42,1).

»Und er sagte: Es ist zu wenig, daß du mein Knecht bist, nur um die Stämme Jakobs wieder aufzurichten und die Verschonten Israels heimzuführen. Ich mache dich zum Licht für die Völker; damit mein Heil bis ans Ende der Erde reicht« (49,6).

»Wir hatten uns alle verirrt wie Schafe, jeder ging für sich seinen Weg. Doch der Herr lud auf ihn die Schuld von uns allen. Er wurde mißhandelt und niedergedrückt, aber er tat seinen Mund nicht auf. Wie ein Lamm, das man zum Schlachten führt, und wie ein Schaf angesichts seiner Scherer, so tat auch er seinen Mund nicht auf. Durch Haft und Gericht wurde er dahingerafft, doch wen kümmerte sein Geschick? Er wurde vom Land der Lebenden abgeschnitten und wegen der Verbrechen seines Volkes zu Tode getroffen. Bei den Ruchlosen gab man ihm sein Grab, bei den Verbrechern seine Ruhestätte, obwohl er kein Unrecht getan hat und kein trügerisches Wort in seinem Mund war. Doch der Herr fand Gefallen an seinem zerschlagenen (Knecht), er rettete den, der sein Leben als Sühneopfer hingab. Er wird Nachkommen sehen und lange leben. Der Plan des Herrn wird durch ihn gelingen. Nachdem er so vieles ertrug, erblickt er das Licht. Er sättigt sich an Erkenntnis. Mein Knecht, der gerechte, macht die vielen gerecht; er lädt ihre Schuld auf sich« (53, 6–11).

Die Bezeichnung »Knecht« wird in den Schriften als Titel für einen Propheten oder König verwendet, während die in den Liedern auftretende Bezeichnung »der Erwählte« sich in der Mehrzahlform auf das Volk Israels bezieht; die Verwendung in der Einzahl war allerdings auf Mose und David beschränkt. Daraus ist ersichtlich, daß dem »Knecht« ein ganz besonderer Rang zugewiesen wird, der zu den Titeln von Propheten wie auch von Königen in Beziehung steht. Außerdem sei er mit dem Geist Gottes gesegnet, schreibt der Koran über Jesus.

Aus den Versen Jesajas wird auch deutlich, daß die geschichtliche Existenz des »Knechts« bereits in der Vergangenheit lag: Er mußte Mißhandlungen ertragen, wurde verurteilt und »vom Land der Lebenden abgeschnitten«, obwohl er sich keines Verbrechens oder Betrugs schuldig gemacht hatte. Wie ein unschuldiges Lamm wurde er für die Sünden des Volkes geopfert. Dennoch hat er eine eschatologische Aufgabe in der Zukunft zu erfüllen, wenn Gott ihn sendet, um die Stämme Israels aufzurichten, den Völkern ein Licht zu sein und ihnen das Recht und das Heil zu bringen.

Einige Wissenschaftler neigen zu der Interpretation, der »Knecht« sei nicht als historisches Individuum aufzufassen, sondern stünde für das Volk Israels als Ganzes. Das kann aus dem Text jedoch nicht geschlossen werden, denn es ist von einer Person die Rede, die Leiden und Unterdrückung durch das Volk Israel erfahren hat und in einer

künftigen eschatologischen Mission zu diesem und zu allen Völkern gesandt wird.
In Anlehnung an Jesajas Worte über den leidenden Gottesknecht berichtet der Evangelist Markus, Jesus habe gesagt, daß es »... vom Menschensohn in der Schrift [heißt], er werde viel leiden müssen und verachtet werden« (9,12). Tatsächlich wird in den Evangelien immer dann auf diese Worte zurückgegriffen, wenn Jesus von den Leiden des Menschensohnes spricht. Matthäus zum Beispiel zitiert aus den Liedern des Jesaja, nachdem er erzählt hat, wie Jesus die Pharisäer verärgerte, weil er am Sabbat einen Kranken heilte: »Auf diese Weise sollte sich erfüllen, was durch den Propheten Jesaja gesagt worden ist: Seht, das ist mein Knecht, den ich erwählt habe, mein Geliebter, an dem ich Gefallen gefunden habe. Ich werde meinen Geist auf ihn legen, und er wird den Völkern das Recht verkünden. Er wird nicht zanken und nicht schreien, und man wird seine Stimme nicht auf den Straßen hören. Das geknickte Rohr wird er nicht zerbrechen und den glimmenden Docht nicht auslöschen, bis er dem Recht zum Sieg verholfen hat. Und auf seinen Namen werden die Völker ihre Hoffnung setzen« (Matthäus 12,17–21).
Als Lukas schildert, wie Jesus in der Synagoge liest, läßt er ihn sogar selbst aus den Prophezeiungen des Jesaja zitieren: »Er schlug das Buch auf und fand die Stelle, wo es heißt: ›Der Geist des Herrn ruht auf mir: denn der Herr hat mich gesalbt. Er hat mich gesandt, damit ich den Armen eine gute Nachricht bringe; damit ich den Gefangenen die Entlassung verkünde und den Blinden das Augenlicht: damit ich die Zerschlagenen in Freiheit setze und ein Gnadenjahr des Herrn ausrufe.‹« (Lukas 4,17–19).
Um hervorzuheben, daß mit dieser Prophezeiung Jesus gemeint war, erzählt Lukas dann, wie Jesus sich setzte und

»begann ..., ihnen darzulegen: Heute hat sich das Schriftwort, das ihr eben gehört habt, erfüllt« (Lukas 4,21). Daß Lukas hier in Abweichung von Jesajas Original von »gesalbt« spricht, ist besonders bedeutsam, weil in den Evangelien sonst nirgendwo erwähnt wird, Jesus sei gesalbt worden – dieser Brauch ist grundlegend verschieden von der Taufe und hat eine völlig andere Bedeutung als diese. Dies und die Tatsache, daß Jesus in den Anfangsversen des Matthäus-Evangeliums »Jesus Christus, der Sohn Davids« genannt und von einfachen Leuten häufig als »Sohn Davids« angesprochen wird, deutet auf eine königliche Abstammung des historischen Christus hin.

Weitere indirekte Bezüge zu Jesajas Gottesknecht finden sich im Evangelium nach Johannes: »Am nächsten Tag sah er (Johannes der Täufer) Jesus auf sich zukommen und sagte: Seht, das Lamm Gottes, das die Sünde der Welt hinwegnimmt« (1,29); auch in der Apostelgeschichte, die von einem äthiopischen Kämmerer erzählt, welcher Philippus, einen der Apostel, fragt, wen Jesaja mit »Gottesknecht« meine: »Da begann Philippus zu reden, und ausgehend von diesem Schriftwort verkündete er ihm das Evangelium von Jesus« (8,35); ebenso im ersten Brief des Petrus, der nichts darüber aussagt, was Petrus mit Jesus, seinem Leben, seiner Lehre oder seinem Tod zu tun gehabt hat, sondern lediglich Jesajas Verse über den Gottesknecht wiedergibt: »Er hat keine Sünde begangen, und in seinem Mund war kein trügerisches Wort. Er wurde geschmäht, schmähte aber nicht; er litt, drohte aber nicht, sondern überließ seine Sache dem gerechten Richter. Er hat unsere Sünden mit seinem Leib auf das Holz des Kreuzes getragen, damit wir tot seien für die Sünden und für die Gerechtigkeit leben. Durch seine Wunden seid ihr geheilt« (2,22–24).

9
DAS LEBEN NACH DEM TOD

Jesaja war der erste Prophet Israels, der Christus als den von Gott gesandten Erlöser darstellte. Vor ihm war der Erlöser der Juden immer als der siegreiche Sohn Davids beschrieben worden, als ein wirklicher König, der die Feinde Israels niederschlagen werde. Die Israeliten glaubten, das Leben sei zu Ende, wenn der Mensch in den Scheol, die Unterwelt oder das Grab, hinabsteige. Im Lied Jesajas vom Gottesknecht (Deuterojesaja oder Zweiter Jesaja) ist auch zum erstenmal im Alten Testament von der spirituellen Erlösung und von einem Leben nach dem Tod die Rede.

Daß der Gottesknecht von den Toten aufersteht, wird in den folgenden Versen deutlich formuliert: »Er wurde vom Land der Lebenden abgeschnitten ...« (Jesaja 53,8), »bei den Ruchlosen gab man ihm sein Grab« (53,9); doch »der Herr ... rettete den, der sein Leben als Sühneopfer hingab. Er wird Nachkommen sehen und lange leben. Der Plan des Herrn wird durch ihn gelingen« (53,10). Woher kamen solche neuen Gedanken? Auf welche Autorität berief sich der Prophet mit diesen Aussagen?

Die Antwort, Jesaja (II) sei hierbei vom mesopotamischen Glauben an Tammuz, eine Jahr für Jahr sterbende und wieder auferstehende Gottheit, beeinflußt gewesen, kann nicht ernstgenommen werden: Tammuz-Rituale wurden als Mittel zur Genesung von Krankheit vollzogen und

hatten keinerlei Bezug zu einer spirituellen Erlösung oder zu einem Leben nach dem Tod.
Die talmudischen Rabbinen kannten, wie wir bereits gesehen haben, eine mündliche Tradition, die das Leiden Jesu zum Gegenstand hatte. Jesaja (II) nun schöpfte bereits mehr als sechshundert Jahre früher aus derselben Quelle. Wenn wir auch aus der Art und Weise seiner Darstellung schließen müssen, daß er die Wahrheit dessen, wovon er erzählt, nicht in Frage stellte, so kann der Glaube an die spirituelle Erlösung und an das Leben nach dem Tod nur mit dem Gottesknecht selbst entstanden sein. Jesaja konnte dies nicht erfunden haben.
Die Lieder vom Gottesknecht in Deuterojesaja wurden während des babylonischen Exils geschrieben. Die Babylonier zerstörten im Jahr 587 v. Chr. Jerusalem, womit auch das Ende des jüdischen Königtums besiegelt war. Ein großer Teil der Bevölkerung wurde nach Babylonien ins Exil verschleppt – eine Situation, die sich erst wieder änderte, als der persische König Kyros im Jahr 538 v. Chr. Babylonien besiegte, die Juden befreite und ihnen gestattete, ihren Tempel in Jerusalem wieder aufzubauen. Jesaja (II) stellte die Niederlage und die Demütigung der Israeliten als eine Strafe Gottes für ein Verbrechen dar, das sie bereits lange Zeit vorher begangen hatten. Im gesamten Alten Testament ist eine Verschleierungstaktik zu spüren, das Bemühen, die Spuren eines Verbrechens zu verwischen, für das die Führung der Israeliten verantwortlich war.
So glaubte zum Beispiel der deutsche Bibelwissenschaftler Ernst Sellin Anzeichen dafür gefunden zu haben, daß ein Anführer der Israeliten während der Zeit des Exodus in der Wüste getötet worden war. Er behauptete deshalb – fälschlicherweise, wie wir gleich sehen werden –, daß der Gottesknecht mit Mose gleichzusetzen und von seinen eigenen

Gefolgsleuten ermordet worden sei. Und er fährt fort: »Trotz der Bemühungen der Priesterschaft, diese blutbefleckte Episode in Vergessenheit geraten zu lassen, lebte sie in prophetischen Kreisen fort. Aus ihr entwickelte Jesaja (II) die Erwartung, der ermordete Anführer werde von den Toten zurückkehren, sein Volk durch die Wüste führen und der ganzen Welt Gottes Erlösung verkünden ...« Sellin kommt zu dem Schluß, daß dies der »rote Faden« ist, der bei den meisten Propheten zu finden sei und sie miteinander verbinde.[1]

Sigmund Freud, der Sellins Theorie von Mose als Opfer eines Mordes übernahm, brachte dieses Ereignis mit dem später entstandenen christlichen Gedanken der Erlösung in Verbindung: »Es scheint, daß ein wachsendes Schuldbewußtsein sich des jüdischen Volkes, vielleicht der ganzen damaligen Kulturwelt, bemächtigt hatte. Paulus, ein römischer Jude aus Tarsus, griff dieses Schuldbewußtsein auf und führte es richtig auf seine urgeschichtliche Quelle zurück. Er nannte diese die ›Erbsünde‹ ... Aber es wurde nicht die Mordtat erinnert, sondern anstatt diesem ihre Sühnung phantasiert ... Ein Sohn Gottes hatte sich als Unschuldiger töten lassen und damit die Schuld aller auf sich genommen.«[2]

Doch wieviel man sich in den schriftlichen Berichten auch um Veränderungen und Auslassungen bemühte, die Erinnerung an jene Ereignisse blieb in der mündlichen Überlieferung immer lebendig, wenn auch nur verworren und in allegorischer Verschlüsselung. Jesaja (II), der ein heimlicher Anhänger des Gottesknechts (das heißt, Christus) gewesen sein könnte, glaubte wohl, es sei an der Zeit, an die Öffentlichkeit zu treten und zu erklären, was aus seiner Sicht die Ursache für den Zorn Gottes auf sein Volk gewesen sein könnte. Deshalb sind seine Lieder auch nicht die

Vision oder der Glaube eines einzelnen, sondern sie beziehen sich auf eine historische Persönlichkeit, die wegen der Blindheit der Menschen leiden mußte.

Die Tatsache, daß der auferstandene Gottesknecht einer alten, sterbenden und wieder auferstehenden Gottheit ähnelt, hat einige Wissenschaftler zu der Schlußfolgerung verleitet, Jesajas Christus sei eine mythologische Figur, die jeder historischen Grundlage entbehrte. Dies kann aber unmöglich der Fall sein. Als Mose seinem Volk am Berg Sinai die Gesetzestafeln übergab und die Einheit Gottes verkündete, der kein in Stein gehauenes Abbild besitzt, forderte er seine Anhänger auf, den alten Göttern abzuschwören und von nun an nur noch an den lebendigen Herrn zu glauben.

Zu jener Zeit gab es in Ägypten eine Vielzahl verschiedener Götter und als heilig verehrter Tiere, die Mose und seine Anhänger ablehnten. Der Gott des Mose erklärte: »... Über alle Götter Ägyptens halte ich Gericht, ich, der Herr« (Exodus 12,12).

Eine jener ägyptischen Gottheiten, die Mose verwarf, war Osiris. Schon sehr früh in ihrer Geschichte, im einunddreißigsten Jahrhundert vor Christus, glaubten die Ägypter, daß das menschliche Wesen aus spirituellen und aus physischen Elementen zusammengesetzt sei. Sie betrachteten den Tod als den Austritt des geistigen Elements aus dem Körper, glaubten auch, daß irgendwann in der Zukunft der Geist in den Körper zurückkehre und die betreffende Person ein zweites Leben führen werde, falls das physische Wesen unversehrt bleibe und mit Hilfe magischer Formeln beschützt werde. Deshalb verwendeten sie auch so viel Mühe auf die Mumifizierung des Leichnams und bauten festverschlossene Grabkammern für ihre Toten.

Osiris, den sie als einen ihrer alten Könige betrachteten, soll an einem Freitag durch seinen Bruder Seth getötet worden sein. Seth soll den Körper des Osiris verstümmelt haben, damit er nicht zu einem zweiten Leben auferstehen könne. Doch Isis, seiner Frau, gelang es, die Gliedmaßen wieder zusammenzusetzen und ihn mit ihrer Zauberkraft nach drei Tagen wieder ins Leben zurückzurufen – jedoch nicht zu einem Leben auf der Erde, sondern in der Unterwelt, wo er Gott und Totenrichter wurde. Sobald ein Pharao starb, wurden rituelle Handlungen im Rahmen des Leichenbegängnisses durchgeführt, die ihm ewiges Leben gewährleisten sollten. Am Ende dieser Rituale, so glaubten die Ägypter, werde der tote König dem Osiris gleichgesetzt.

Die Geschichte von der Auferstehung Jesu ist in vielerlei Hinsicht der des Osiris ähnlich. Wie Osiris, so soll auch er am dritten Tag auferstanden sein. »Die Anhänger des Osiris-Kults im alten Ägypten glaubten genau wie die frühen Christen (Hebräer 4,14), daß ›der Mensch nicht gerettet werden kann‹ durch eine ferne allmächtige Gottheit, sondern durch einen, der mit den Menschen die Erfahrung von Leiden und Tod geteilt hat.«[3] »Osiris … wurde zum Erlöser, an den sich die Männer und Frauen wandten, um sich ihrer Unsterblichkeit zu vergewissern.«[4]

Nach Apuleius[5], einem römischen Autor des zweiten Jahrhunderts nach Christus, versicherten sich die mystae (die Teilnehmer des Isis-Kults) in einer kultischen Handlung zu Ehren der Isis – der alten ägyptischen Göttin, die insbesondere in ihrer Eigenschaft als Gemahlin und Gottesmutter verehrt wurde –, daß sie die Göttin in ihrem späteren Leben sehen und anbeten würden. Dies ist eine deutliche Parallele zu den Christen, die ein Wiedersehen mit Gott in der anderen Welt erwarten: »Selig, die ein reines Herz haben, denn sie werden Gott schauen« (Matthäus 5,8).

Die Tatsache, daß das Alte Testament vor Jesaja (II), der im sechsten Jahrhundert schrieb, keine Auferstehung kennt, legt den Schluß nahe, daß Jesaja in seinen Texten vom auferstandenen Christus eine andere, nichtbiblische Tradition heranzieht: »Vermutlich wurde der Gedanke von der Auferstehung des Gottesknechts von den Toten, der der zeitgenössischen jüdischen Religion fremd war, von außen angeregt.«[6] Dies heißt jedoch nicht, daß die Erlöserfigur selbst mythologischen Ursprungs sein muß. Denn genau wie bei den Osiris-Königen wird die historische Gestalt erst in ihrem zweiten Leben als eschatologisches Wesen betrachtet.

Mose sprach zwar nie von einer Auferstehung, doch die Anhänger Christi, unter ihnen die Essener, glaubten – im Gegensatz zu den übrigen Juden – an ein Leben nach dem Tod. Dieser Glaube an die Unvergänglichkeit des Geistes und an ein Gericht nach dem Tod kann bis zum historischen Jesus selbst zurückverfolgt werden. Einen Hinweis darauf gibt das *Damaskus-Dokument*, eine der Schriftrollen vom Toten Meer, die verdeutlicht, daß der messianische Führer der Essener seinen Anhängern die Gebote Gottes überbrachte, genau wie Mose: »... denn sie (die israelitischen Anführer) haben den Aufruhr gegen Gottes Gebote gepredigt, (die) durch Mose (verkündet wurden) und auch durch den Gesalbten [den Messias] der Heiligkeit«.[7] Diese Gebote mußten befolgt werden – und Gehorsam wurde belohnt.

Flavius Josephus beschreibt die Essener folgendermaßen: »Sie hegen nämlich den festen Glauben, daß der Körper zwar der Verwesung anheimfalle und vergänglich sei, die Seele dagegen in Ewigkeit fortlebe und daß sie, aus dem feinsten Äther stammend, durch einen natürlichen Zauberreiz herabgezogen und in den Körper gleichwie in ein Gefängnis eingeschlossen werde. Sobald die Seele aber von den Banden des Fleisches befreit sei, entschwebe sie, wie aus einer langen Knechtschaft erlöst, in seeliger Wonne zur Höhe.«[8] Alle, die »an den Geboten Gottes festgehalten hatten, die durch den Messias der Heiligkeit enthüllt worden sind, werden teilhaben am Neuen Bund, wie es im *Damaskus-Dokument* der Essener heißt, ihnen wird »ewiges Leben« verheißen, und »aller Ruhm des Menschen wird ihnen gehören«.[9] Der »Messias der Heiligkeit« hat sie diese Gebote gelehrt und ihnen das ewige Leben versprochen. So erwarteten sie »das Auftreten des Lehrers der Gerechtigkeit am Ende der Tage«[10] als die Einlösung dieses Versprechens.

Der historische Messias also übergab, wie es auch Mose getan hatte, die Gebote Gottes an die Israeliten und versprach ihnen ewiges Leben. Christi Vision eines Weiterlebens nach dem Tod unterschied sich von der Vorstellung der alten Ägypter in einem Punkt: Während es für die Ägypter von großer Bedeutung war, den physischen Körper durch Mumifizierung und geschützte Gräber zu erhalten – was nur Königen und Reichen möglich war –, wurde in der Verkündigung Christi allein der Glaube für notwendig erachtet, um das spirituelle Überleben zu garantieren.

Verständlicherweise verbreitete sich nach dem öffentlichen Auftreten der Anhänger Jesu, ihrem Bruch mit den Juden und ihren Predigten für die Nichtjuden der Glaube an Jesus in der ganzen Welt wie ein Lauffeuer, insbesondere unter den Armen.

10
ERINNERUNGEN AN DIE VERGANGENHEIT

Das Neue Testament belegt nicht nur, daß die Geschichten der Evangelien auf dem Alten Testament basieren. Vielmehr geht aus dem Neuen Testament hervor, daß die Ereignisse, die es beschreibt, lange vor dem Beginn der christlichen Zeit stattfanden.

So schildert etwa der Verfasser des vierten Evangeliums nach einem kurzen Hinweis auf Jesaja einige Taten Jesu und fährt dann fort: »Das sagte Jesaja, weil er Jesu Herrlichkeit gesehen hatte; über ihn nämlich hat er gesprochen« (Johannes 12,41). An dieser Stelle bringt der Evangelist zum Ausdruck, daß der Prophet Jesaja, der sechshundert Jahre vor dem Beginn der christlichen Zeit lebte, Christus gesehen und von ihm gesprochen hat. Viele Wissenschaftler waren von den weitreichenden Schlußfolgerungen, die dieser Vers nahelegt, verblüfft und vermuteten, Jesus habe in alttestamentarischer Zeit eine spirituelle Präexistenz geführt: »Die Stelle, an der Johannes anscheinend sagen will, Jesaja habe Jesu Herrlichkeit gesehen …, wurde von den meisten Exegeten so interpretiert, daß sich der Autor hier eine Präexistenz Christi in den Ereignissen des Alten Testaments vorgestellt habe.«[1]

Historische Beweise lassen den Schluß zu, daß wir es nicht mit einem bloß spirituellen, »präexistenten« Christus zu tun haben, sondern daß Christus tatsächlich viele Jahrhunderte früher gelebt hatte und daß nach seinem Tod die Gläubigen an eine Art von spiritueller Begegnung mit ihm

gewohnt waren. So auch Paulus, der aus seinen eigenen Erfahrungen schreibt: »Ich habe es nicht von einem Menschen übernommen« (Galater 1,12). In gleicher Weise spricht Johannes davon, Jesaja habe »die Herrlichkeit« Jesu gesehen. Die »Herrlichkeit« Christi verweist auf dessen Ewigkeit und Spiritualität, denn von Jesus wird gesagt, er habe »die Herrlichkeit« erst nach seinem Tod und seiner Auferstehung erlangt: »Gott, der ihn von den Toten auferweckt und ihm die Herrlichkeit gegeben hat ...« (1 Petrus 1,21) und an einer anderen Stelle: «... das Leiden Christi und die darauf folgende Herrlichkeit« (1 Petrus 1,11).
Was die Hinweise auf Jesus im Talmud betrifft, so gibt es überzeugende Belege im Neuen Testament dafür, daß der historische Jesus zur Zeit des Exodus unter den Israeliten in der Wüste Sinai anwesend war. Paulus spricht davon in seinem Ersten Brief an die Korinther: »Ihr sollt wissen, Brüder, daß unsere Väter alle unter der Wolke waren, alle durch das Meer zogen und alle auf Mose getauft wurden in der Wolke und im Meer. Alle aßen auch die gleiche gottgeschenkte Speise, und alle tranken den gleichen gottgeschenkten Trank: denn sie tranken aus dem lebenspendenden Felsen, der mit ihnen zog. Und dieser Fels war Christus« (1 Korinther 10,1–4). Für Bibelwissenschaftler stand außer Zweifel, was Paulus damit meinte: »Es ist sehr wahrscheinlich, daß Paulus hier sagen will, der Felsen sei tatsächlich Christus gewesen ... Das bedeutet, er glaubte, daß der Messias während jener schwierigen Periode in der Wüste in irgendeiner Weise im Volk präsent war ...«[2] A. T. Hanson, nach dem Krieg Professor für Theologie an der Universität Hull, ging sogar noch einen Schritt weiter: »Paulus verblüfft uns häufig, indem er die Taten Christi ins Alte Testament zurückverlegt ... er scheint gar nicht sagen zu wollen: ›Diese Aussagen haben sich Jahrhunderte spä-

ter in Christus erfüllt.‹ Vielmehr scheint er sagen zu wollen: ›Das sagt Christus selbst.‹«[3] Weiterhin nimmt Hanson Bezug auf den Zweiten Korintherbrief (3, 7–18). Dort verweist Paulus auf eine Stelle im Buch Exodus (24, 27–35), in dem der Abstieg des Mose vom Berg Sinai mit den Gesetzestafeln in der Hand beschrieben wird. Hanson meint dazu: »Paulus interpretiert diesen Abschnitt als den Bericht über das Gespräch des Mose mit dem präexistenten Christus im heiligen Zelt, und mit höchster Wahrscheinlichkeit zog er daraus den Schluß, daß es Christus gewesen war, der dem Mose auf dem Berg Sinai erschienen war ...«[4] Damit würde aber nicht nur die neutestamentliche Darstellung der Begegnung zwischen Jesus und Mose auf dem Berg bestätigt, sondern es würde eine weitere Begegnung im heiligen Zelt nahegelegt, das Mose am Fuß des Berges Sinai zur Anbetung Gottes errichtet hatte.

Der Gedanke einer Präsenz Jesu unter den Israeliten in der Wüste Sinai wird von Paulus in seinem Brief an die Hebräer bestätigt, als er, Bezug nehmend auf die Ungehorsamkeit der Israeliten, »die Ägypten unter Mose verlassen« haben, schreibt: »Denn uns ist die gleiche Freudenbotschaft verkündet worden wie jenen; doch hat ihnen das Wort, das sie hörten, nichts genützt, weil es sich nicht durch den Glauben mit den Hörern verband« (Hebräer 4,2). Hier »kehrt sich überraschenderweise um, was wir eigentlich erwarten: Es würde uns einleuchten, wenn der Verfasser gesagt hätte, die Israeliten hätten damals das Evangelium (das heißt, die frohe Botschaft) gehört, so wie wir. Statt dessen sagt er, daß auch wir das Evangelium gehört haben, genau wie sie ...«.[5] Paulus will hier sagen, daß das Evangelium, das im ersten Jahrhundert nach Christus verkündet wurde, schon vorher einmal verkündet worden war.

Auch Johannes bestätigt, daß Jesus ein Zeitgenosse des Mose war, wenn er Jesus zitiert, der in Jerusalem den Juden gegenüber äußert: »Wenn ihr Mose glauben würdet, müßtet ihr auch mir glauben; denn über mich hat er geschrieben« (Johannes 5,46). Im gleichen Zusammenhang legt Johannes Philippus, einem der Jünger, folgende Worte in den Mund: »Philippus traf Nathanael und sagte zu ihm: Wir haben den gefunden, über den Mose im Gesetz und auch die Propheten geschrieben haben: Jesus aus Nazaret, den Sohn Josefs« (Johannes 1,45). Deshalb, so Johannes, hat Mose auch nicht Jesus prophezeit, sondern schrieb über ihn im Pentateuch, dem ersten der fünf Bücher des Alten Testaments.

Jesus – und dies ist von besonderer Bedeutung – wird in der Bibel mit Josua gleichgesetzt, der dem Mose als Führer der Israeliten nachfolgte. Der am häufigsten zitierte Text des Pentateuch, der über Christus berichtet, findet sich im Buch Deuteronomium: »Einen Propheten wie mich wird dir der Herr, dein Gott, aus deiner Mitte, unter deinen Brüdern, erstehen lassen. Auf ihn sollt ihr hören« (18,15). Diese Formel wird in leicht abgewandelter Form im Neuen Testament wiederholt: »Mose hat euch gesagt: Einen Propheten wie mich wird euch der Herr, euer Gott, aus euren Brüdern erwecken. Auf ihn sollt ihr hören, in allem, was er zu euch sagt« (Apostelgeschichte 3,22).

Die Bibel selbst bestätigt, daß Mose sich hier auf seinen Nachfolger Josua bezieht, was schon früh christliche Autoren dazu verleitete, diese alttestamentarische Figur mit dem historischen Christus gleichzusetzen. Der Brief an die Hebräer ist das erste Buch des Neuen Testaments, das seinen Namen nennt: »... die aber, die früher die Freudenbotschaft empfangen haben, wegen ihres Ungehorsams nicht hineingekommen sind ... Heute, wenn ihr seine Stimme hört, verhärtet euer Herz nicht! ... Denn hätte schon Josua sie in das Land der Ruhe geführt, so wäre nicht von einem anderen, späteren Tag die Rede« (Hebräer 4,6-8). Dieser Abschnitt spricht eine messianische Erwartung aus und nennt zwei Daten dafür. Es gab eine frühere Zeit, in der die frohe Botschaft (über Josua) abgelehnt worden ist. Jene aber, die heute seine Stimme hören (seine Worte), sollten sich nicht ebenso abweisend verhalten und ihre Herzen gegen seine Lehren verhärten.

Die Ähnlichkeit der Namen Josua (*Je-ho-schua* in hebräischer Sprache) und Jesus (*Je-schua* in der Kurzform), die beide gleichermaßen »Jahwe (der Herr) ist die Erlösung« bedeuten, muß bei der Gleichsetzung eine Rolle gespielt haben. Griechische Bibelübersetzer geben beide Namen mit Jesus wieder; in der späteren nachexilischen Zeit – nach der Rückkehr aus Babylon nach Jerusalem im fünften Jahrhundert vor Christus – und in den Büchern der Chronik, im Buch Esra sowie im Buch Nehemia wird manchmal die Kurzform Jesus anstelle von Josua benutzt; die Bibel des englischen Königs James spricht in ihren Randbemerkungen von Jesus, wenn im Text Josua steht und umgekehrt, und viele der frühen Kirchenväter des zweiten und dritten Jahrhunderts nach Christus gehen davon aus, daß es sich um ein und dieselbe Person handelt, so auch Justin der Märtyrer, Irenäus, der Bischof von Lyon, Tertullian, Eusebius, der Bischof von Caesarea und »Vater der Kirchengeschichte«, sowie auch Origenes, der brillanteste Theologe des dritten nachchristlichen Jahrhunderts. In einem Kommentar zu dem Abschnitt (Exodus 17,9), in dem Mose zum erstenmal im Zusammenhang mit Josua erwähnt wird, verdeutlicht Origenes, daß er Josua und Jesus als ein und dieselbe Person betrachtet: »... Betrachten wir, welche Anweisungen Mose gab, als der Krieg drohte. Es heißt: ›Er sagte zu Jesus‹ – die King-James-Bibel vermerkt am Rande, Jesus sei gleich mit Josua – ›wähle selbst Männer und geh und kämpfe morgen mit Amalek‹. Bis zu diesem Punkt war der gottgesegnete Mann Jesus nirgendwo erwähnt. Hier scheint zum erstenmal der Glanz dieses Namens durch.«[6] Jesus und Josua sind außerdem durch eine Reihe von Stellen, an denen Josua als »Sohn des Nun« erwähnt wird, im Pentateuch miteinander verbunden. Dies sind auch die einzigen Bezüge der Bibel zu »Nun«, was soviel wie »Fisch« bedeutet, das traditionelle Symbol für Christus.

11
TOD IN DER WÜSTE

In der Bibel gibt es zwei Erzählungen, in denen von Jesus, Mose, einem Berg und von Stiftshütten oder Zelten die Rede ist – eine im Neuen Testament und eine im Alten Testament. Beide sind als verschiedene Versionen derselben Ereignisse anzusehen.

Nach der neutestamentlichen Darstellung der Verklärung führte Jesus kurz vor seinem Tod die Jünger Petrus, Jakobus und Johannes auf einen hohen Berg, wo »er ... vor ihren Augen verwandelt [wurde]«; die Jünger sahen, wie er mit Mose und Elija sprach, und Petrus schlug vor, die Jünger sollten drei Hütten bauen, eine für Jesus, eine für Mose und eine für Elija. In der alttestamentlichen Geschichte geht es darum, wie Gott dem Mose auf dem Sinai, dem heiligen Berg in der Wüste, die Zehn Gebote übermittelte.

Der Bibel zufolge schlugen die Israeliten drei Monate nach dem Auszug aus Ägypten ihr Lager am Fuß des Berges Sinai auf. Dort, so heißt es im Buch Exodus, habe der Herr Mose zu sich auf den Berg gerufen, um ihm die Steintafeln mit den Zehn Geboten zu übergeben. Und »da erhob sich Mose mit seinem Diener Josua (Jesus) und stieg den Gottesberg hinauf« (24,13). Während Moses Abwesenheit, so wird weiter erzählt, trugen die Israeliten all ihre Ohrringe zusammen, schmolzen sie ein und gossen ein goldenes Kalb daraus, das sie anbeteten. Als Mose und Josua vom Berg Sinai herabstiegen, hörten sie das Lärmen und Schreien des feiernden Volkes. Mose war so wütend über das, was während seines Aufenthalts auf dem Berg geschehen war, daß er die Tafeln mit den Zehn Geboten fortschleuderte und zerschmetterte (32,19). Daraufhin rief der Herr Mose ein weiteres Mal zu sich auf den Berg, um ihm die Gebote auf neue Tafeln zu schreiben.

Der Gott des Mose hatte weder Gestalt noch Gesicht. Mose begegnete dem Herrn bereits vor dem vermuteten Zeitpunkt des Exodus auf demselben Berg. Dabei wurde Mose auf einen brennenden Busch aufmerksam, der nicht vom Feuer verbrannt wurde, und er hörte im Geiste die Stimme des Herrn (3,4). Doch in der Beschreibung der Reise, die Mose unternahm, um neue Tafeln mit der Inschrift der Zehn Gebote zu erhalten, findet sich ein Hinweis auf eine physische Anwesenheit: »Der Herr aber stieg in der Wolke herab und stellte sich dort neben ihn hin ... Der Herr ging an ihm vorüber ...« (34,5–6).

Hier *steht* der Herr also neben Mose. Das hebräische und das griechische Wort für »Herr« (*Adon* bzw. *Kyrios*) kann entweder »Gott der Herr« oder »Herr, Meister« bedeuten. Viele Bibelwissenschaftler und – wie wir im vorigen Kapitel gesehen haben – auch der Apostel Paulus haben das Wort in dieser zweiten Bedeutung verstanden und auf Jesus bezogen.

Als Mose die neuen Tafeln empfing, wurde ihm folgendes aufgetragen: »Du sollst das Fest der Ungesäuerten Brote« – das Paschafest – »halten. Im Monat Abib (dem babylonischen Nisan) sollst du zur festgesetzten Zeit sieben Tage lang ungesäuertes Brot essen, wie ich es dir gegeben habe. Denn im Monat Abib bist du aus Ägypten ausgezogen« (34,18). Wieder hat es den Anschein, als sei Mose nicht allein gewesen, als er mit den beiden, neu beschriebenen Tafeln vom Berg herunterkam. Nach dem Abstieg ging

Josua ins Zelt, und Mose folgte ihm, wobei er mehrmals wieder heraustrat, um den Israeliten zu berichten, was im Zelt vor sich ging. Die Darstellung dieser Ereignisse klingt wie eine Nacherzählung der Geschichte der Verklärung, die später im Neuen Testament auftaucht: »... Während Mose vom Berg herunterstieg, wußte er nicht, daß die Haut seines Gesichtes Licht ausstrahlte, *weil er mit dem Herrn geredet hatte* (Hervorhebung von mir). Als Aaron und alle Israeliten Mose sahen, strahlte die Haut seines Gesichtes Licht aus ... und Mose redete mit ihnen ... Als Mose aufhörte, mit ihnen zu reden, legte er über sein Gesicht einen Schleier. Wenn Mose zum Herrn hineinging, um mit ihm zu reden, nahm er den Schleier ab, bis er wieder herauskam. Wenn er herauskam, trug er den Israeliten alles vor, was ihm aufgetragen worden war ... [Mose] legte ... den Schleier über sein Gesicht, bis er wieder hineinging, um mit dem Herrn zu reden« (34,29–31 und 33–35).

Meiner Meinung nach wurde Jesus zu diesem Zeitpunkt getötet, *vor*, nicht nach dem eigentlichen Auszug aus Ägypten, als Mose sich mit nur einer Handvoll Anhänger und einigen midianitischen Verbündeten im Sinai aufhielt. Die große Mehrheit der Israeliten befand sich noch in Ägypten – und kann nicht im mindesten für jene Geschehnisse verantwortlich gemacht werden, von denen die meisten Israeliten gar nichts gewußt haben konnten und die dem Judentum seit mehr als dreitausend Jahren zur Last gelegt werden. Für die Annahme, daß Jesus zu jener Zeit und an jenem Ort getötet wurde, spricht auch die rabbinische Überlieferung, in der es über den Tod Jesu heißt: »Nach ... (Bava Batra 121a) ist es der Tag, an dem Mose mit den zweiten Gesetzestafeln vom Berg Sinai herabstieg.«[1]

Um die näheren Umstände zu begreifen, ist es an dieser Stelle erforderlich, die Beziehungen zwischen den Israeliten und dem ägyptischen Königshaus zu beleuchten und einigen der wichtigsten biblischen Figuren ihre ägyptischen Namen zuzuordnen.

Josef, der Patriarch mit den farbenprächtigen Kleidern, der ursprünglich den Stamm Israel – seine Familie – im fünfzehnten Jahrhundert vor Christus von Ägypten nach Kanaan führte, war der Enkel Isaaks und der Lieblingssohn Jakobs. Er wurde von seinen eifersüchtigen Halbbrüdern nach Ägypten in die Sklaverei verkauft und später unter dem Pharao Thutmosis IV. (ca. 1413–1405 v. Chr.) zum Verwalter ernannt, nachdem er – wie das Alte Testament erzählt – sieben gute Jahre vorhergesagt hatte, auf die eine siebenjährige Hungersnot folgen würde. Josef ist identisch mit Juja, der sowohl Thutmosis IV. als auch seinem Nachfolger Amenophis III. (ca. 1405–1367 v. Chr.) als Verwalter diente.[2] Zwar gibt es keinen Beleg dafür, daß er königlicher Abstammung war, doch Anfang dieses Jahrhunderts wurden die Gräber von Juja und seiner Frau im Tal der Könige entdeckt.

Aufgrund seiner Stellung lebte Juja in den königlichen Palästen. Der junge Prinz, der als Amenophis III. den Thron besteigen sollte, lernte Jujas Tochter Teje kennen, die zu jener Zeit noch ein Kind war, und verliebte sich in sie. Nach dem Tod seines Vaters heiratete er gemäß ägyptischer Sitte seine Schwester Sitamun, um den Thron zu erben. Doch kurz darauf verheiratete er sich ebenfalls mit Teje und machte sie, nicht Sitamun, zu seiner königlichen Gemahlin. Teje brachte einen Sohn zur Welt, Thutmosis, der unter mysteriösen Umständen verschwand. Ihr zweiter Sohn – der den Namen Amenophis erhielt, doch allgemein unter Mose bekannt ist[3] – wurde vermutlich 1394 v. Chr. in der befestigten Grenzstadt Zarw an der Ostgrenze Ägyptens

geboren. Der König hatte Teje Zarw als eine Art Sommerresidenz überlassen; hier konnte sie in der Nähe ihrer israelitischen Verwandten sein, die sich bei Goschen im Ostdelta hatten niederlassen dürfen. In Ägypten selbst durften sie sich allerdings nicht ansiedeln, denn asiatische Hirtenvölker waren den Ägyptern ein Greuel, seit die Hyksos im siebzehnten Jahrhundert vor Christus das Land überfallen hatten.
Der König gab den Hebammen Anweisung, daß das Kind, das Teje erwartete, bei der Geburt getötet werden sollte, falls es ein Knabe war. Der Grund für diese Feindseligkeit des Königs lag darin, daß Teje nicht die rechtmäßige Erbin war und deshalb gemäß ägyptischer Sitte als Gattin des Reichsgottes Amun nicht akzeptabel war. Außerdem war sie gemischtrassiger Abstammung, halb Ägypterin, halb Israelitin; nach ägyptischem Brauch kamen ihre Kinder deshalb als Thronerben nicht in Frage. Würde ihr Sohn Nachfolger des Königs werden, so würde dies als Gründung einer neuen Dynastie nichtägyptischer, nichtamunitischer und halbisraelitischer Herrscher angesehen werden. Doch die Hebammen führten den Befehl des Pharao nicht aus, und als Teje – vielleicht von den Hebammen – erfuhr, welche Gefahr ihrem Neugeborenen drohte, setzte sie es auf dem Wasser aus, um es der Obhut ihrer israelitischen Verwandten in der Nähe von Goschen zu überlassen. Dies ist die Quelle der biblischen Geschichte, wonach Mose von einer Prinzessin im Schilf des Nilgestades gefunden wurde: Zarw war von zahlreichen Seen sowie von einem Nebenarm des Nils umgeben und hatte eine Wasserverbindung mit Goschen.
Amenophis verbrachte seine Jugend überwiegend im Ostdelta und in Heliopolis, wo er von den Priestern des Re, des altägyptischen Sonnengottes, erzogen wurde. Aber er

übernahm auch den traditionellen israelitischen Glauben an einen gestaltlosen Gott. Aton, der Gott, den er später in Ägypten einführte, wurde in Gemälden und Skulpturen als ein Kreis dargestellt, von dem Strahlen ausgingen. Diese Strahlen endeten in Händen, die das ägyptische Kreuz, den Schlüssel des Lebens, an die Nasen der Mitglieder der königlichen Familie hielten. Dies ist keine gestalthafte Darstellung der Gottheit, sondern ein Symbol wie das christliche Kreuz oder der Davidstern, das Errettung bedeutete (wie im Christentum); die Sonne im wörtlichen Sinn ist nicht gemeint. Die Darstellung Gottes im Tempel des Aton war ebensowenig ein konkretes Gottesbildnis wie die Bundeslade im Allerheiligsten im Tempel von Jerusalem. Und Aton kann auch nicht mit dem Sonnengott gleichgesetzt werden, denn dieser war entweder Re oder Atum.
Erst als Amenophis älter als zehn Jahre war, durfte er schließlich nach Theben übersiedeln, der Hauptstadt Oberägyptens und der bedeutendsten Kultstätte des offiziellen Reichsgottes Amun. Mittlerweile hatte sich der Gesundheitszustand seines Vaters verschlechtert und Teje entsprechend an Macht gewonnen. Um ihrem Sohn letztlich das Thronerbe zu sichern, arrangierte sie die Eheschließung zwischen Amenophis und seiner Halbschwester Nofretete – die aus der Ehe mit Amenophis III. und dessen Halbschwester Sitamun hervorgegangen war und rechtmäßige Thronerbin war – sowie die Mitregentschaft ihres Sohnes. Dabei betonte sie besonders die Rolle Nofretetes, um die Priester und Adligen zu besänftigen.
Der junge Amenophis, dessen monotheistische Glaubensauffassung bereits sehr stark ausgeprägt war, stieß schon zu Anfang seiner Mitregentschaft die amunitische Priesterschaft vor den Kopf, indem er seinem Gott Aton Tempel in Karnak und Luxor errichten ließ. Angesichts des zuneh-

mend feindseligen Klimas überredete Teje ihn schließlich, Theben zu verlassen und eine neue Hauptstadt bei Tell el-Amarna zu gründen, etwa dreihundert Kilometer weiter nördlich, ungefähr auf halber Strecke zwischen Theben und dem heutigen Kairo. Zu Ehren seines neuen Gottes nannte er die Stadt Achetaton – die Stadt des Horizonts des Aton. In Amarna wurden seine monotheistischen Ideen weiterentwickelt, und zu Ehren der Gottheit benannte er sich von Amenophis IV. in Echnaton um. Die Mitregentschaft endete mit dem Tod seines Vaters im zwölften Regierungsjahr Echnatons. Zu Beginn seiner fünfjährigen Alleinherrschaft 1367 v. Chr. ließ Echnaton die Tempel der alten ägyptischen Götter schließen, strich sämtliche Mittel, die für sie aufgewendet wurden, und schickte die Priester nach Hause. Diese Handlungen riefen so heftigen Unmut hervor, daß Echnaton sich im fünfzehnten Regierungsjahr gezwungen sah, seinen Bruder Semenchkare als Mitherrscher in Theben einzusetzen. Doch mit diesem Schachzug schob er die unvermeidliche Krise nur hinaus. Obwohl manche Ägypter zum Glauben an Aton konvertiert waren, wurde Echnaton im Jahr 17 von seinem Verwalter Eje – der zugleich sein Onkel war, der zweite Sohn Jujas – vor einem möglichen Aufstand der Armee sowie vor einem Anschlag auf das Leben des Königs gewarnt. Eje riet, einzulenken und zu erlauben, daß die alten Götter Ägyptens neben Aton weiterhin verehrt werden durften. Aber der König lehnte dies ab. Statt dessen dankte er ab – und floh in den Sinai, begleitet von einer kleinen Gruppe Ergebener. Das Symbol seiner pharaonischen Macht hatte er mitgenommen, einen Stab, der mit einer Bronzeschlange gekrönt war. Der Sinai war zu jener Zeit ein Steinbruchgebiet. Nach seiner Ankunft schlug Echnaton (Mose) am Fuß des heiligen Bergs sein Zelt auf, das Offenbarungszelt.

Echnatons Nachfolger Semenchkare überlebte ihn kaum – wahrscheinlich nur wenige Tage –, und nach ihm bestieg der junge Tutanchaton den Thron, der Sohn Echnatons (Moses). Aus der Szene auf der Lehne des Thronstuhls, der in Tutanchatons Grab im Tal der Könige gefunden wurde, geht hervor, daß der neue Pharao wie sein Vater den Aton als einzigen Gott verehrte, er ließ jedoch die alten Tempel wieder öffnen, gestattete die Anbetung der alten ägyptischen Götter und benannte sich zu Ehren des Reichsgottes Amun in Tutanchamun um.

Tutanchamun regierte mindestens neun, vielleicht auch zehn Jahre (ca. 1361–1352 v. Chr.), ehe er eines frühen Todes starb. Sein Nachfolger war Eje (Efraim), sein Großonkel und der letzte der vier Amarna-Könige. Ejes Regierungszeit betrug lediglich vier Jahre. Über seinen Tod weiß man nicht viel, da seine Mumie nie gefunden wurde – falls er überhaupt mumifiziert worden war. Die Grabstätte, die er sich im Tal der Könige unweit von der des Tutanchamun ausheben ließ, wurde von seinem Nachfolger beansprucht, dem General Haremhab; dieser sicherte sich den Thron, indem er Mutnesmet, die Schwester der Königin Nofretete, heiratete.

Die Bitterkeit, die in jener Epoche das Land entzweite, wird an den Taten des Haremhab sichtbar; er ist als jener biblische Pharao zu betrachten, der die Israeliten unterdrückte. Die Anbetung des Gottes Aton wurde abgeschafft. In einer großangelegten Aktion wurden die Namen aller Amarna-Könige von den Königslisten und Denkmälern getilgt, um jede Erinnerung an ihre Herrschaft auszulöschen. Und es war bei Todesstrafe verboten, den Namen Echnaton auch nur auszusprechen. Deshalb nannten seine Anhänger ihn *Mos* – ein Begriff aus der ägyptischen Rechtssprache jener Zeit, der für den rechtmäßigen Sohn und Erben steht.

Zu der kleinen Gruppe der Getreuen, die Mose ins Exil nach Sinai begleiteten (nicht zu verwechseln mit dem späteren Auszug aus Ägypten), gehörte auch die Priesterschaft von Amarna. Einer dieser Priester war Panhesi, der in Echnatons Tempel in Amarna Oberster Diener und Zweiter Priester des Aton (des Herrn) war. Auf hebräisch lautet sein Name Phineas (Pinchas); er ist der im Talmud genannte Priester, der Jesus erschlagen haben soll.

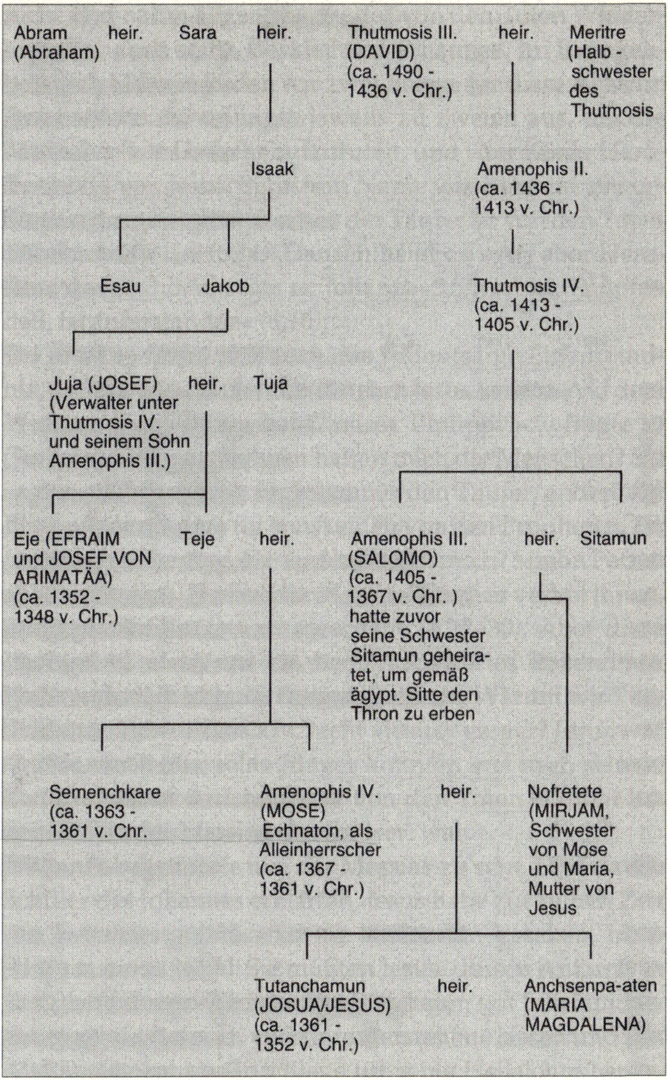

Die Israeliten und das ägyptische Königshaus

12
DER ROTE FADEN

Daß in der Wüste Sinai ein israelitischer Anführer getötet wurde – ein Ereignis, das der deutsche Bibelwissenschaftler Ernst Sellin als den »roten Faden« bezeichnet hat, der sich durch die israelitische Geschichte zieht –, ist keine neue Erkenntnis. Doch die Identität des Opfers wurde bewußt verschleiert, um die Wahrheit zu verheimlichen. Dies läßt sich besonders deutlich aus einem Kapitel des Buches Numeri schließen, das wesentlich zu Sellins Überzeugung beigetragen hat, daß die besagte Ermordung in der Zeit des Auszugs aus Ägypten stattfand und daß Mose das Opfer war.

Die Geschichte im Buch Numeri folgt auf die Schilderung, wie Israel sich in einem unentschiedenen Krieg mit Moab und Midian (Stämme, die südlich und östlich des Toten Meers und im Sinai lebten) befand und Bileam den Sieg über die Moabiter prophezeite. Nachfolgend heißt es, einige Israeliten hätten begonnen, »mit den Moabiterinnen Unzucht zu treiben. Sie luden das Volk (Israel) zu den Opferfesten ihrer Götter ein, das Volk aß mit ihnen und fiel vor ihren Göttern nieder« (25,1–2). Das habe den Herrn erzürnt (25,3). Dann sei unter den Israeliten einer gewesen, »der zu seinen Brüdern kam und eine Midianiterin mitbrachte, und zwar vor den Augen des Mose und der ganzen Gemeinde der Israeliten, während sie am Eingang des Offenbarungszeltes weinten. Als das der Priester Pinhas, der Sohn Eleasars, des Sohnes Aarons, sah, stand er mitten in der Gemeinde auf, ergriff einen Speer, ging dem Israeliten in den Frauenraum nach und durchbohrte beide, den Israeliten und die Frau ...« (25,6–8). [Eine andere Übersetzungsmöglichkeit anstelle von »Frauenraum« ist nach Angaben des Autors »Stiftshütte« oder »Heiligtum« – Anm. d. Übers.]

Durch diese Tat wird Pinhas uns als Held vorgeführt. Die Folge war, daß die »Plage«, die vierundzwanzigtausend Menschen das Leben gekostet hatte, ein Ende nahm, und der Herr sprach zu Mose: »Der Priester Pinhas, der Sohn Eleasars, des Sohnes Aarons, hat meinen Zorn von den Israeliten abgewendet dadurch, daß er sich bei ihnen für mich ereiferte. So mußte ich die Israeliten nicht in meinem leidenschaftlichen Eifer umbringen. Darum sage ich: Hiermit gewähre ich ihm meinen Friedensbund. Ihm und seinen Nachkommen wird der Bund des ewigen Priestertums zuteil, weil er sich für seinen Gott ereifert und die Israeliten entsühnt hat« (25,11–13). Einige Verse weiter werden die beiden Opfer als unbedeutende Personen identifiziert – Simri und Kosbi, Sohn bzw. Tochter von Oberhäuptern größerer Familien.

Wenn man diese Geschichte analysiert, ist es leicht nachzuvollziehen, warum Sellin vermutet, daß die Priester bei der Bearbeitung einen Kunstgriff vorgenommen hatten, der die tatsächlichen Geschehnisse im dunkeln lassen sollte. Ein gewöhnlicher Israelit hätte keine fremde Frau ins Innere der Stiftshütte geführt, die nur Könige und Hohepriester betreten durften; mit keinem Wort wird erwähnt, der besagte Mann habe einen anderen Gott angebetet; der Verkehr mit einer Frau wurde nicht mit dem Tod bestraft; Mose, der Anführer der Israeliten, erteilte auch keinen Befehl, gegen den Mann vorzugehen. Und wenn der Mann wirklich so unbedeutend war, warum sollte dann die Ra-

che des Herrn vierundzwanzigtausend Menschenleben fordern? Sellins Kommentar zu dieser Darstellung ist somit nicht verwunderlich: »Trotz der Bemühungen der Priester, diese schmutzige Geschichte zu unterdrücken, lebte sie dennoch in Prophetenkreisen weiter.«
Da die sogenannte »Plage« erst erwähnt wird, nachdem Pinhas das Paar getötet hat, liegt es auf der Hand, daß sie die Strafe für die Morde war, nicht für den Verkehr mit fremden Frauen. Auch Paulus war sich dessen bewußt: Nachdem er darauf hingewiesen hat, daß Christus bei den Israeliten im Sinai anwesend war, fährt er fort: »Gott aber hatte an den meisten von ihnen keinen Gefallen … Damals kamen an einem einzigen Tag dreiundzwanzigtausend Menschen um« (1 Korinther 10,5 und 8). Diese Sichtweise wird durch eine Passage aus den Schriftrollen vom Toten Meer untermauert. Im *Habakuk-Kommentar*, einem der Qumran-Texte, wird berichtet, nachdem der Frevelpriester den Lehrer der Gerechtigkeit getötet hatte, »[erschien] er (der Lehrer) ihnen …, um sie zu verschlingen …«[1]
»Verschlingen« ist im Hebräischen eine Metapher für »beseitigen« oder »töten«. Und was das Erscheinen des Lehrers nach seinem Tod betrifft, so könnte »das hier gebrauchte hebräische Verb … auch übersetzt werden: ›und er offenbarte sich ihnen‹«[2], also eher eine spirituelle als eine physisch-historische Erfahrung gemeint sein.
Ein weiterer Hinweis darauf, daß die »Plage« eine Form der Bestrafung für die Morde war, findet sich im Buch Hosea, wo es heißt, diese Strafe sei von Efraim ausgeführt worden: »Wenn Efraim redete, zitterten alle. Er war in Israel mächtig« (13,1).
Merkwürdig ist überdies, daß Pinhas mit dem »Bund des ewigen Priestertums« für sich und seine Nachkommen belohnt worden sein soll, da es doch im vorausgehenden

Buch des Pentateuch, dem Buch Levitikus, heißt, Gott habe dieses Versprechen bereits Aaron und seinen Nachkommen gegeben.

Zwar war Sellins zeitliche Einordnung dieser Ereignisse korrekt, doch bei der Identität des Getöteten irrte er sich. Jene Geschehnisse fanden *vor* dem Auszug aus Ägypten statt, und Mose wurde erst zwei Jahrzehnte später umgebracht. Er war vierunddreißig oder fünfunddreißig, als er nach seiner Abdankung im Jahre 1361 v. Chr. in den Sinai flüchtete. Nach alttestamentlichen Angaben schloß er dort ein Bündnis mit den Midianitern, die mit den in der ägyptischen Geschichte erwähnten Schasu[3] gleichzusetzen sind, nomadischen Beduinenstämmen im Sinai, von denen einige den Glauben an Aton annahmen.
In Ägypten hatte mittlerweile Haremhab, der Pharao der Fron der Israeliten[4], die Gegend um die befestigte Grenzstadt Zarw, in der Mose geboren worden war, in ein Gefängnis umgewandelt.
Hier hielt er zahlreiche Anhänger Echnatons einschließlich der Israeliten fest, die dessen monotheistisches Gedankengut begeistert aufgenommen hatten und zusammen mit verschiedenen Verbrechern in den Dörfern außerhalb der Stadtmauern lebten. Haremhab ernannte Pa-Ramses, den Befehlshaber seiner Armee, zum Stadtverwalter von Zarw und übertrug ihm auch das Kommando über die örtliche Militärgarnison. Es war Pa-Ramses, der auf Geheiß Haremhabs den Israeliten und anderen Gefangenen harte Frondienste auferlegte und sie zwang, Zarw umzubauen; außerdem mußten sie ihm eine Residenz erbauen, die später als Pi-Ramses (Ramsesstadt) bekannt wurde und gemäß dem Alten Testament der Ausgangspunkt des Auszugs aus Ägypten war. Pi-Ramses diente auch den Pharaonen

der Neunzehnten und Zwanzigsten Dynastie als Hauptwohnsitz im Ostdelta.
Als Haremhab starb, hinterließ er keinen rechtmäßigen Thronerben der Achtzehnten Dynastie. Pa-Ramses, inzwischen ein alter Mann, beanspruchte deshalb den Thron für sich als den ersten Herrscher eines neuen Geschlechts, der Neunzehnten Dynastie. Mose jedoch, der sich mehr als ein Vierteljahrhundert in der Wüste verborgen gehalten hatte, beschloß, seinen Anspruch auf den Thron gegen Ramses geltend zu machen, gegen jenen König, von dem es im Alten Testament heißt, er habe »Josef nicht gekannt«. So zog Mose nach Zarw, wo seine Behauptung, der rechtmäßige Erbe zu sein, von ägyptischen Priestern und Ältesten überprüft wurde. Durch sein Zepter mit der Bronzeschlange darauf, das Symbol der pharaonischen Macht, konnte Mose seine Identität als Sohn des Amenophis III. beweisen, und die ägyptischen Priester und Ältesten – in der Bibel »Magier« genannt –, bestätigten die Rechtmäßigkeit seines Anspruchs. Doch da Ramses die Befehlsgewalt über das Militär innehatte, war er ein zu mächtiger Gegenspieler; durch eine Art Staatsstreich gelangte er an die Macht und wurde der erste Herrscher der Neunzehnten Dynastie. Als Mose erkannte, daß sein Leben in Gefahr war, flüchtete er erneut. Seine Anhänger nahm er mit, einschließlich der israelitischen Stämme aus den Dörfern außerhalb von Zarw. *Das* war der biblische Auszug aus Ägypten.
Mose und seine Anhänger zogen durch das Sumpfgebiet südlich von Zarw und nördlich des Schilfmeers und durch das heutige Ismailia in Richtung Sinai. Diese Strecke wurde gewählt, um die Verfolger abzuschütteln: Die ägyptischen Streitwagen würden im Schlamm steckenbleiben, während die zu Fuß reisenden Israeliten das Gebiet gefahrlos durchqueren konnten. Möglicherweise bezieht sich die bi-

blische Geschichte, in der der Pharao die Israeliten verfolgte und dabei ertrank, auf diesen Ort und diese Zeit. Ägyptische Quellen liefern dafür zwar keinen Beweis, doch es ist bekannt, daß die kurze Herrschaftsperiode von Ramses I. (ca. 1335–1333 v. Chr.) zu genau dieser Zeit mit seinem Tod endete.

Da Mose nun mit dem Problem konfrontiert war, eine große Anzahl von Gefolgsleuten mit Nahrung und Wasser versorgen zu müssen, änderte er seine Pläne und wanderte nicht zum Berg Sinai, sondern wandte sich auf der alten Straße des Horus, die von Zarw an der ägyptischen Grenze zu der kanaanitischen Stadt Gaza führte, in Richtung Norden. Entlang der Straße gab es Siedlungen mit Brunnen, die von Soldaten bewacht wurden. Nach dem Buch Deuteronomium war es Mose am Ende nicht gestattet, das Gelobte Land zu betreten, und der Herr tötete ihn, »denn ihr seid mir untreu gewesen ... beim Haderwasser von Kadesch in der Wüste Zin ...« (32,51). Es war Mose nicht verboten gewesen, seinen Anhängern Wasser zu beschaffen; das kann in keinem Fall als sündhafte Tat angesehen werden. Die eigentliche Bedeutung liegt darin, daß Mose sich Zugang zu den Brunnen an der Straße des Horus verschaffte. Dies hätte er ohne weiteres mit Waffengewalt erreichen können, obwohl es wahrscheinlicher ist, daß Gewalt gar nicht nötig war: Er besaß noch immer sein Bronzezepter, und es ist kaum denkbar, daß ein Garnisonsbefehlshaber einem ehemaligen König, den er als Sohn des Re betrachtete, einen Wunsch ausschlug.

In dem Wissen, daß nur ein fruchtbares Land seine große Gefolgschaft ernähren konnte, marschierte Mose weiter in Richtung Norden nach Gaza und versuchte, die Stadt einzunehmen; dabei wurde er anscheinend von seinen beduinischen Verbündeten, den Schasu, unterstützt. Als die

Kunde davon Ägypten erreichte, wartete Sethos I., der Sohn und Nachfolger von Ramses I., nicht einmal mehr die siebzig Tage dauernde Mumifizierung seines verstorbenen Vaters ab. Unverzüglich zog er gegen Mose, die Israeliten und die Schasu und besiegte sie in zahlreichen Schlachten entlang der Straße des Horus sowie in Sinai. Unter den Schasu wurde ein wahres Gemetzel angerichtet, sie wurden in großer Zahl gefangengenommen, nach Ägypten zurückgebracht und im Tempel von Karnak dem Gott Amun-Re geopfert. Wahrscheinlich wurde Mose im Laufe dieser kriegerischen Auseinandersetzungen von Sethos eigenhändig getötet.

Daß Efraim, den ich als Eje identifiziert habe[5], in der Geschichte von der Schlacht eingeführt wird, die auf die Ermordung des Israelitenführers im Sinai folgte, ist ein weiterer Hinweis darauf, wann diese Ereignisse stattfanden – nach der Abdankung Echnatons (Moses) und seiner Flucht in den Sinai, und vor seiner Rückkehr nach Ägypten und seinem vergeblichen Versuch, den Thron wiederzuerlangen. Eje verschwand in Ägypten im Jahre 1348 v. Chr. von der Bildfläche, dreizehn Jahre vor der Thronbesteigung von Ramses I. Unter der Herrschaft des jungen Königs Tutanchamun, als Eje Wesir und Oberstallmeister des Königs sowie Oberbefehlshaber über die Wagenlenker und Bogenschützen war, und auch später, als er selbst den Thron bestieg, war er der mächtigste Mann in Ägypten und somit in der Lage, schwere Strafen über diejenigen zu verhängen, die für den Tod Jesu verantwortlich waren.
Wenn wir uns mit einigen im Buch Exodus beschriebenen Ereignissen näher befassen, finden wir weitere Anhaltspunkte, wer jener israelitische Führer, der am Fuß des Berges Sinai umgebracht wurde, in Wirklichkeit war. In

der Zeit, als Mose in Begleitung des Josua (Jesus) erstmals den Berg erklomm, um die Zehn Gebote in Empfang zu nehmen, scheint es zu einer Art Eklat gekommen zu sein, der auf das Verhalten der Bewohner des israelitischen Lagers zurückzuführen war. So soll der Herr zu Mose gesagt haben: »Ich habe dieses Volk durchschaut: Ein störrisches Volk ist es« (32,9).

Die Nichterwähnung des Josua (Jesus) in der Darstellung von Moses zweiter Bergbesteigung, bei der er Ersatz für die zerbrochenen Steintafeln bekommen sollte, ist verdächtig, zumal angedeutet wird, Mose habe den Herrn auf dem Berg getroffen und mit ihm gesprochen. Es scheint dies ein etwas unbeholfener Versuch zu sein, Josua von der Bildfläche verschwinden zu lassen, obwohl gleichzeitig versichert wird: »Josua ... [wich] nicht vom Zelt (von der Stiftshütte).« Daß der Herr Mose bei dieser Gelegenheit ermahnte, »sieben Tage lang ungesäuertes Brot [zu] essen«, paßt zu der Geschichte in der Bibel sowie im Talmud, wonach Jesus am Vorabend des Paschafests (der jüdische Tag reichte jeweils von einem Sonnenuntergang bis zum nächsten) ums Leben kam.

Als die Rückkehr des Mose ins israelitische Lager beschrieben wird, bricht der Versuch, die Person des Josua (Jesus) zu unterschlagen, endgültig zusammen. Mose, dessen Gesicht Licht ausstrahlte und verhüllt war, wird als eine Art Mittelsmann dargestellt, der mit verhülltem Gesicht zu den Israeliten vor dem Zelt sprach, den Schleier jedoch ablegte, als er wieder das Zelt betrat. Mit wem sprach er in diesem geheiligten Zelt? Wie wir bereits erfahren haben, »wich ... Josua (Jesus) ... nicht vom Zelt (der Stiftshütte)«. Doch aus der Chronologie der Ereignisse geht hervor, daß die Person im Zelt eine größere Autorität besaß als Mose, anderenfalls hätte letzterer nicht als Mittelsmann fungiert. Wenn Mose

der anerkannte Führer der Israeliten war, wer, wenn nicht Jesus, hätte dann die Person im Zelt sein können?
Seltsam ist schließlich auch, daß von da an Josua wie auch Pinhas im Buch Exodus nicht mehr erwähnt werden, obwohl letzterem doch versprochen wurde, ihm und seinen Nachfahren werde der Bund des ewigen Priestertums zuteil. Allerdings tauchen die beiden später wieder auf, in einem wohldurchdachten Versuch der Priester, zu verschleiern, was sich am Fuß des Berges Sinai im vierzehnten Jahrhundert vor Christus tatsächlich zutrug.

13
DIE VERSCHLEIERUNGS-
TAKTIK

Die Erinnerung an die Tötung Josuas (Jesu) blieb für jene, die an ihn glaubten und später seine Anhänger wurden, stets lebendig. Die offizielle Priesterschaft hingegen unternahm in der Folgezeit gezielte Versuche, sowohl die Umstände als auch den Zeitpunkt seines Todes zu verheimlichen.

Nachdem Mose und seine engsten Gefolgsleute Ägypten verlassen hatten, begingen sie regelmäßig das Paschafest, wie ihnen der Herr befohlen hatte: »Du sollst das Fest der Ungesäuerten Brote halten: (Im Monat Abib [Nisan] sollst du zur festgesetzten Zeit sieben Tage lang ungesäuertes Brot essen ... Denn in diesem Monat bist du aus Ägypten ausgezogen ...)« (Exodus 23,15). Das Paschafest, ursprünglich ein ägyptisches Frühlingsfest, dauerte sieben Tage, vom fünfzehnten bis zum einundzwanzigsten Tag des Abib, des babylonischen Nisan, der zu jener Zeit der erste Monat des israelitischen Kalenders war. Später, nach dem Tod Jesu, opferten die Israeliten am Vorabend des Pascha, dem vierzehnten Tag des Abib, nach der Anweisung Moses ein Lamm als Sühne für die Tötung des Messias und baten Gott um Vergebung: »Als Paschatiere für den Herrn, deinen Gott, sollst du Schafe, Ziegen oder Rinder schlachten ... sollst du das Paschatier schlachten, am Abend bei Sonnenuntergang, zu der Stunde, in der du aus Ägypten ausgezogen bist« (Deuteronomium 16, 2 und 6).

Die Essener, die der Ansicht waren, daß sie keine Schuld trügen, und Christus als ihr Opferlamm betrachteten, brachten kein Sühneopfer dar. Statt dessen hielten sie am selben Tag – dem vierzehnten Tag des Abib – ein messianisches Mahl ab als Vorwegnahme der Wiederkunft ihres verstorbenen Lehrers der Gerechtigkeit, der am Ende der Welt mit ihnen das Mahl feiern würde. Dieses messianische Mahl hatte eine große Ähnlichkeit mit dem letzten Abendmahl am Gründonnerstag, dem Vorabend der Kreuzigung, bei dem Christus das Sakrament der Kommunion eingesetzt haben soll. In den Qumranschriften heißt es, daß der Priester das erste Brot und den ersten Wei[n seg]nen [wird und viermal] seine Hand über dem Brot [ausstrecken wird], [und dann wird] der Messias seine Hand über das Brot hal[ten] [und dann wird] die ganze Versammlung der Gemeinde [ihren Se]gen [geben], jeder [nach] seiner Stellung. Und an diese Vorschrift sollen sie sich bei jeder Ver[sammlung] halten, [bei der] mindestens zehn Menschen zusammenkommen.«[1] Auch die Christen sagten sich später vom Tieropfer los, weil sie Jesus selbst als das Opfer betrachteten: »Denn auch der Menschensohn ist nicht gekommen, um sich dienen zu lassen, sondern um zu dienen und sein Leben hinzugeben als Lösegeld für viele« (Markus 10,45) und »… Seht das Lamm Gottes, das die Sünde der Welt wegnimmt« (Johannes 1,29).

Nach dem Tod Moses und ihrer Ankunft im Gelobten Land lebten die Israeliten jahrhundertelang in kleinen Gruppen ohne eine zentrale Regierung und ohne zentrale Kultstätte über ganz Kanaan verstreut. In dieser Zeit gaben die meisten Israeliten den Gott Moses zugunsten kanaanäischer und phönizischer Gottheiten auf, und das Paschafest wurde nur noch von wenigen – und auch nur im privaten Kreis – gefeiert. Dies änderte sich jedoch nach dem babyloni-

schen Exil im sechsten Jahrhundert vor Christus. Im Exil stellten die priesterlichen Schreiber die Bücher des Pentateuch, die aus der Zeit Moses stammten, in der Form zusammen, wie sie uns heute vorliegen. Einige von ihnen bezeichneten das Datum des Paschafestes als »den ersten Monat«, andere als Nisan. Diese Unstimmigkeit wäre nicht weiter von Belang gewesen, hätten die Priester im Exil nicht den babylonischen Mondkalender anstelle des vorher gebräuchlichen Sonnenkalenders übernommen. Daraus ergab sich, daß Tischri (September-Oktober), ursprünglich der siebte Monat des israelitischen Kalenders, nun zum ersten Monat des neuen Kalenders wurde.
Ursprünglich wurden der Tag der Sühne und das Paschafest als ein einziges Fest im Abib (Nisan), dem zuvor ersten Monat, gefeiert, der nun der siebte Monat war. Ezechiel, der vor der Zerstörung des Jerusalemer Tempels durch die Babylonier im Jahre 586 v. Chr. als Priester und Prophet dort diente, unterscheidet in seiner Aufzählung nicht zwischen Sühneopfer und Paschafest (Ezechiel 45, 18-25). Doch Ezechiel hatte offensichtlich erkannt, daß Unklarheit darüber bestand, welches der *richtige* Monat für die Feier der beiden religiösen Anlässe war – der alte erste Monat, also Nisan, oder der neue erste Monat Tischri. Deshalb teilt er das Jahr in zwei Hälften, wobei die religiösen Feierlichkeiten des ersten Monats im siebten Monat wiederholt werden sollten. Doch dann, etwa ein halbes Jahrhundert nach der Rückkehr aus Babylon, ergriffen die Priester die Gelegenheit, unabhängig vom Pascha einen eigenen Tag für das Sühneopfer festzulegen. Während das Paschafest weiterhin im Nisan gefeiert wurde, wurde der Tag des Sühneopfers in den Monat Tischri gelegt: »Am vierundzwanzigsten Tag dieses Monats kamen die Israeliten zu einem Fasten zusammen, in Bußgewänder gehüllt

und das Haupt mit Staub bedeckt« (Nehemia 9,1). Auch wurde die Bedeutung des Sühnetages verlagert. Während er ursprünglich der Tag der Buße für die Tötung des Messias war, war er nun Anlaß zur Buße für Sünden allgemein.

Heute wird der Sühnetag Jom Kippur, der wichtigste Tag der Fastenzeit im jüdischen Kalender, am zehnten Tag des Monats Tischri gefeiert. Dies beruht darauf, daß die Redakteure das Pentateuch diesem zwei Passagen hinzugefügt haben, in denen auf den alten Kalender – als Tischri noch der siebte Monat war – zurückgegangen wird: »... Am zehnten Tag dieses siebten Monats ist der Versöhnungstag. Da sollt ihr heilige Versammlung halten. Ihr sollt Euch Enthaltung auferlegen ...« (Levitikus 23, 27)[2] und: »Am zehnten Tag dieses siebten Monats sollt ihr eine heilige Versammlung abhalten. An diesem Tag sollt ihr euch Enthaltung auferlegen ...« (Numeri 29,7). Dieser Versuch, das Verbrechen des Pinhas aufzudecken, wäre wahrscheinlich geglückt, wenn nicht die Essener im verborgenen daran gearbeitet hätten, das Gedächtnis und die Worte ihres Lehrers der Gerechtigkeit bis zum Tag seiner Rückkehr lebendig zu halten.

Wenn Jesus (Josua) am Fuße des Berges Sinai starb, wäre eigentlich nicht zu erwarten, daß nach diesem Zeitpunkt noch von ihm als Lebendigem gesprochen wird. Josua verschwindet danach zwar vollkommen aus dem Blickfeld, jedoch nur bis zum letzten Buch des Pentateuch, dem Deuteronomium, wo er als Anführer der Israeliten in der Nachfolge Moses erwähnt wird: »Und Josua, der Sohn Nuns, war vom Geist der Weisheit erfüllt, denn Mose hatte ihm die Hände aufgelegt. Die Israeliten hörten auf ihn ...« (34,9). Hierauf folgt ein ganzes Buch, das Josuas Heldentaten gewidmet ist, so auch der Eroberung Kanaans nach einem raschen militärischen Feldzug an der Spitze der vereinigten Stämme Israels im dreizehnten Jahrhundert vor Christus.

Obwohl diesem Bericht allgemein großer Glauben geschenkt wird, handelt es sich – wie wir noch sehen werden – um eine reine Fiktion, die keinerlei historischen Wert besitzt. Er ist lediglich Teil des Plans, die Umstände seines Todes zu verdunkeln, und kann weder durch die moderne Bibelkritik noch durch archäologische Funde gestützt werden.

Das Buch Josua ist das erste einer Reihe von Texten, die die »Frühen Propheten« oder »Bücher der Geschichte« genannt werden. Es umfaßt drei Teile – die Eroberung Kanaans (Kapitel 1–12); die Verteilung des eroberten Landes unter die zwölf Stämme Israels (13–21); und schließlich die Verhandlungen mit Stämmen östlich des Jordan, denen das Abkommen von Sichem folgt (22–24). Moderne Bibelwissenschaftler haben beispielsweise erkannt, daß die in den ersten zwölf Kapiteln beschriebenen Feldzüge nicht Teil eines einzigen großen Feldzugs sind, sondern daß es sich vielmehr um eine Sammlung verschiedener älterer Schlachtenerzählungen handelt, die ursprünglich nichts miteinander zu tun hatten und zum Teil der israelitischen Periode vorausgingen.

Der deutsche Bibelwissenschaftler Martin Noth hat als erster auf die Tatsache aufmerksam gemacht, daß die Priesterschaft Sachverhalte vertuschte. Er wies im Jahre 1966 nach, daß Deuteronomium, das fünfte Buch des Pentateuch, und die Bücher der Frühen Propheten beziehungsweise die Bücher der Geschichte, angefangen vom Buch Josua bis hin zum Buch der Könige, das Werk eines Priesterredakteurs sind, der unter dem Namen Redakteur des

Deuteronomium bekannt wurde. Diese Bearbeitung wurde zur Zeit des babylonischen Exils im sechsten Jahrhundert vor Christus vorgenommen, etwa zur selben Zeit, als Jesaja (II) behauptete, Niederlage, Demütigung und Exil der Israeliten seien die Strafe für die Tötung des Gottesdieners, ihres Messias.

Gab es eine bessere Möglichkeit, diesen Vorwurf zurückzuweisen, als den Gottesdiener hervorzubringen, der nach dem Tode des Mose weiterlebte und der siegreiche Eroberer des Landes der Verheißung war? Selbst Pinhas, der sämtlichen Hinweisen zufolge unter jenen Tausenden war, die am Sühnetag hingemetzelt worden sein sollen, wurde am Leben erhalten. Er wird im Bericht über die Eroberung des Gelobten Landes durch Josua als einer von dessen Gefolgsleuten genannt. Es gibt keinen Bericht über seinen Tod, und er taucht sogar im Buch der Richter wieder auf, welches von Ereignissen handelt, die nahezu dreieinhalb Jahrhunderte später stattfanden: »Und Pinhas, der Sohn Eleasars, des Sohnes Aarons, tat in jenen Tagen Dienst vor dem Angesicht des Herrn. Die Israeliten sagten: Sollen wir noch einmal ausrücken zum Kampf mit unserem Bruder Benjamin, oder sollen wir es aufgeben? Der Herr antwortete: Zieht hinauf! Denn morgen gebe ich ihn in eure Gewalt« (20,28).

Obwohl mehr als siebenhundert Jahre vergangen waren, muß der deuteronomistische Redakteur die Überlieferung gekannt haben, die Jesajas Bericht vom Tod des Gottesknechts und der Behauptung der talmudischen Rabbis zugrunde lagen, daß »Pinhas Jesus tötete«. Dennoch entschloß er sich, diese Überlieferung nicht in sein Werk aufzunehmen, und schrieb die Ereignisse um. Er wollte den Eindruck erwecken, Josua habe zur Zeit der Eroberung Kanaans noch gelebt. Neben der modernen Bibelkritik wird auch durch archäologische Funde deutlich, daß der Bericht von der Eroberung des Gelobten Landes durch Josua als Teil eines raschen militärischen Feldzugs keine wahrheitsgetreue Wiedergabe der Ereignisse sein kann.

14
UND DIE MAUERN STÜRZTEN EIN

Die Josua zugeschriebenen militärischen Blitzkriege können nicht im dreizehnten Jahrhundert vor Christus stattgefunden haben, weil zwei der angeblich eingenommenen Städte früher und die anderen erst später zerstört wurden. In den Berichten von diesen Feldzügen in den ersten zwölf Kapiteln des Buches Josua heißt es, daß die Israeliten den Jordan von Osten nach Westen gegenüber der alten Stadt Jericho überquerten, die unter Belagerung stand. Sie nahmen sie ein und: »Mit scharfem Schwert weihten sie alles, was in der Stadt war, dem Untergang«, nachdem auf offenbar wunderbare Weise die Mauern eingestürzt waren (Josua 6, 20–21). Eine andere alte kanaanäische Stadt im Westen von Jericho und nördlich von Jerusalem, Ai, war das nächste Ziel der israelitischen Invasoren. Bei dem ersten Versuch der etwa dreitausend Soldaten, die Stadt einzunehmen, wurden sie geschlagen und waren gezwungen zu fliehen. Daraufhin griff Josua zu einem anderen Plan. Er teilte seine Armee in zwei Hälften; ein Teil lag im Hinterhalt zwischen Bethel, einer weiteren befestigten Stadt ein paar Kilometer nordwestlich von Ai, und Ai. In der nun folgenden Schlacht tat Josua, als seien seine Streitkräfte geschlagen worden, und zog sich, verfolgt von den gegnerischen Soldaten, von Ai zurück. Bei einem bestimmten Zeichen überfiel dann die Armee, die im Hinterhalt wartete, die Stadt von Westen durch das offene und ungeschützte Tor, setzte sie in Brand und plünderte sie. In der Zwischenzeit rückte Josua vor, um die Schlacht gegen den König von Ai und seine Armee wiederaufzunehmen, und schlug sie (Josua 8,21).

Nach diesem Feldzug wurde Josua, wie es heißt, aufgefordert, ein Friedensabkommen mit den Hiwitern zu schließen, die in den vier Städten Gibeons im Südwesten von Ai und im Nordwesten von Jerusalem lebten: Gibeon, Kefira, Beerot und Kirjat-Jearim. Doch kaum daß dieses Abkommen geschlossen war, sah sich Josua mit einer neuerlichen Bedrohung durch Adoni-Zedek, den König von Jerusalem, konfrontiert, der eine Allianz aus fünf amoritischen Königen des Hochlands und der Ebene Judäas aufgestellt hatte – Jerusalem, Hebron, Jarmut, Lachisch und Eglon. Nachdem nun Josua zu seinem Lager in der Stadt Gilgal, ein paar Kilometer nördlich von Jericho, zurückgekehrt war, führte er einen weiteren erfolgreichen Feldzug gegen dieses Bündnis, wobei auch Lachisch zerstört wurde. Er nahm die Stadt »am zweiten Tag ein. Er erschlug alles, was in ihr lebte, mit scharfem Schwert ...« (Josua 10,32).

Als er danach erneut in sein Lager in Gilgal zurückgekehrt war, erfuhr Josua, daß der Widerstand gegen die Israeliten auch jetzt noch nicht gebrochen war. Er sah sich einem neuen Bündnis gegenüber, und zwar seitens der nördlichen Könige von Hazor, Madon, Schimron und Achschaf: »Alle diese Könige taten sich zusammen, rückten heran und bezogen gemeinsam ihr Lager bei den Wassern von Merom, um den Kampf mit Israel aufzunehmen« (Josua 11,5). In der folgenden Schlacht konnte Josua einen weiteren klaren Sieg erringen, in dessen Verlauf er »Hazor ein[nahm]; ihren König erschlug er mit dem Schwert. Hazor hatte früher die Oberherrschaft über alle diese Königreiche. Die Israeliten erschlugen alles, was in der Stadt lebte, mit scharfem Schwert und weihten es dem Untergang. Nichts Lebendiges blieb übrig. Die Stadt selbst steckte man in Brand« (Josua 11, 10–11).

Die Beschreibung dieser Schlachten schließt mit einer Aufzählung der eroberten kanaanäischen Städte und ihrer Könige – insgesamt einunddreißig –, deren Gebiet unter den Stämmen Israels aufgeteilt wurde.

Das alte Jericho, das heutige Tell el-Sultan, befindet sich etwa eineinhalb Kilometer nordwestlich des heutigen Jericho und gut sieben Kilometer westlich des Jordan auf der Straße nach Jerusalem. Jericho war eine sehr alte Stadt, die bis auf das Jahr 8000 v. Chr. zurückgeht. Sie war von einer zwei Meter dicken Steinmauer umgeben und wurde von einem neun Meter hohen steinernen Wachturm überragt. Jericho gilt als frühestes bekanntes Beispiel für eine derartig massiv befestigte Stadt.

Im Laufe ihrer langen Geschichte wurden die Stadt und ihre Mauern mehrmals zerstört und wieder aufgebaut. In der mittleren Bronzezeit II (19.–17. Jh. v. Chr.) zum Beispiel gehörte zu den Verteidigungsanlagen ein riesiger Wall aus festgeklopfter Erde an den Hängen des *tell* (Hügel), der am Fuße von einer massiven, sechs Meter hohen Mauer aus Stein gestützt wurde. Diese Art der Befestigung war typisch für die Zeit der Hyksos, die um 1659 v. Chr. in Ägypten einfielen, kaum mehr als ein Jahrhundert regierten und in dieser Periode auch die Herrschaft über Jericho innehatten. Nachdem die Könige der Achtzehnten Ägyptischen Dynastie die Hyksos vertrieben und bis in den Westen Asiens hinein verfolgt hatten, zerstörten sie Jericho und seine Befestigungen im 15. Jahrhundert vor Christus. Es gibt über Jahrhunderte keinerlei Hinweis darauf, daß die Stadt selbst oder ihre Befestigungsmauern nach dieser Zerstörung wiedererrichtet wurden: »So gab es etwa zwischen 1400 und 1325 v. Chr. Siedlungen auf dem *tell*, vielleicht sogar eine Generation länger. Danach besteht der erste Beweis für eine neuerliche Besiedlung in einzelnen irdenen Schüsseln, die aus dem *elften bis zehnten Jahrhundert* stammen«[1] (Hervorh. d. Autors).

Zur Zeit der angeblichen Invasion durch Josua in der zweiten Hälfte des dreizehnten Jahrhunderts vor Christus existierten also weder die Stadt Jericho noch die Stadtmauern. Daraus zogen einige Wissenschaftler den Schluß, daß es sich bei der biblischen Überlieferung dieser Geschichte um einen Versuch handelt, einen Grund für die frühere Zerstörung der Stadt zu liefern.

Ein ähnliches Problem taucht bei dem nächsten Feldzug Josuas auf – der Eroberung Ais (des heutigen el-Tell). Ausgrabungen haben gezeigt, daß dort in der frühen kanaanäischen Zeit eine große Stadt existierte, die jedoch in der Frühen Eisenzeit, um 2350 v. Chr., zerstört und erst in der Frühen Bronzezeit (zwölftes Jahrhundert v. Chr.) neu besiedelt wurde, als an dieser Stelle ein Dorf entstand. Die Neuankömmlinge waren im wesentlichen Bauern, die sich in den unwirtlichen Hügeln Zentralkanaans eine Existenz aufzubauen versuchten: »Diese Entdeckung weist darauf hin, daß der Ort zur Zeit Josuas verwüstet war (was auch der Name Ai nahelegt, der wörtlich Ruine bedeutet). Die Wissenschaftler erklären diese Diskrepanz unterschiedlich. Einige betrachten die Erzählung von der Eroberung Ais, wie sie im Buch Josua zu finden ist, als ätiologisch, das heißt, sie entwickelte sich aus dem Bedürfnis, eine Erklärung für die alten Ruinen und Befestigungen der Stadt zu finden.«[2]

Nach ersten Ausgrabungen im südkanaanäischen Lachisch (dem heutigen Tell el-Duweir) zwischen 1932 und 1938 glaubte man, aufgrund der Funde die Zerstörung der

Stadt auf die Regierungszeit Merenptahs (ca. 1237–1227 v. Chr.), des vierten Herrschers der Neunzehnten Dynastie, datieren zu können. Damit hätte man ein Argument dafür in der Hand gehabt, daß Josuas Bericht korrekt ist. Doch als »Professor Ussischkin 1973 erneut Ausgrabungen in Lachisch vornahm, war eines seiner Hauptziele die genaue Datierung der Zerstörung der Stadt. In dieser Hinsicht sollte er ungewöhnliches Glück haben. 1978 förderte eine Bodenprobe aus den tiefen Zerstörungsschichten der letzten kanaanäischen Stadt an der Stelle eines Stadttores ein Bronzegußfragment mit dem Namen des ägyptischen Pharaos Ramses III. in der Kartusche aus Bronzegegenständen zutage, die unter Ausgrabungsschutt verborgen lag. Die Zerstörung konnte also nicht vor der Thronbesteigung Ramses' III. (um 1182 v. Chr.) stattgefunden haben ... Ein so handfestes Bronzestück, das wahrscheinlich von einem Gebäude stammte, legt – selbst wenn dieses nur kurze Zeit stand – nahe, daß Lachisch irgendwann im zweiten Viertel des zwölften Jahrhunderts v. Chr. zerstört wurde.«[3]
Nach dem Sieg über Jabin, den König von Hazor und Anführer der Koalition gegen die Israeliten, soll Josua seine Stadt in Brand gesteckt haben – und zwar nur die Stadt (Josua 11,10–13). Hazor (das heutige Tell el-Qidah) war eine große kanaanäische Stadt, fast fünfzehn Kilometer nördlich des Sees von Galiläa und strategisch günstig gelegen, da sie die Hauptstrecken der Straße des Meeres beherrschte, die von Ägypten nach Syrien, Mesopotamien und Anatolien führte. Yigael Yadin, ein israelischer Archäologe und ehemaliger Stabschef der israelischen Streitkräfte, führte in diesem Gebiet von 1955 bis 1958 und noch einmal 1968 Ausgrabungen durch. Er gehört zu jenen Wissenschaftlern, die überzeugt sind, daß jedes Wort der Bibel wörtlich zu nehmen ist.

Auf der Grundlage einiger dürftiger Argumente, die sich auf die Asche eines Brandopferaltars und das Fehlen mykenischer Töpferwaren an dieser Stelle (siehe Anhang B) beziehen, datierte Yadin die Zerstörung Hazors auf einen Zeitpunkt »höchstwahrscheinlich ... irgendwann im zweiten Drittel des dreizehnten Jahrhunderts v. Chr. (in der Regierungszeit Ramses' II.)«.[4] Dies widerspricht sämtlichen historischen Zeugnissen, aus denen hervorgeht, daß ganz Palästina in der fraglichen Periode unter ägyptischer Herrschaft stand und daß es in diesem Gebiet zahlreiche Militärposten gab.

Yadin hat keinerlei Beweis dafür erbracht, daß Hazor in der zweiten Hälfte des dreizehnten Jahrhunderts vor Christus von Josua erobert wurde. Die Tatsache, daß Hazor von Ramses III. (ca. 1182–1151 v. Chr.) in seinem Amuntempel in Karnak erwähnt wurde, weist darauf hin, daß die Stadt während seiner Herrschaft noch existierte und unter seiner Kontrolle stand. Auch ergibt sich daraus die Möglichkeit, daß Hazor wie so viele andere Orte in Syrien/Palästina erst später von den Seevölkern, den Philistern, zerstört wurde, gegen die Ramses III. im selben Gebiet Krieg führte.

Über die Geschichte von Josuas angeblichem militärischem Blitzkrieg heißt es in der *Encyclopaedia Judaica*: »Die meisten Wissenschaftler gehen davon aus, daß sich die Erzählungen von den Schlachten (im Buch Josua) ursprünglich auf einzelne Stämme bezogen und erst zu einem späteren Zeitpunkt mit Josua und mit Israel insgesamt in Verbindung gebracht wurden.«[5]

Und bei dem britischen Archäologen John Romer heißt es 1988 zur Zerstörung der kanaanäischen Städte: »(Kathleen) Kenyon (eine britische Archäologin) entdeckte zudem, daß in der Frühen Eisenzeit, der Zeit also, die als einzige für die ersten israelitischen Siedlungen in Kanaan in Frage kommt, die Stadt Jericho weitgehend verlassen war und seit der Zerstörung der letzten bronzezeitlichen Stadt dreihundert Jahre zuvor in Ruinen lag. Josua und seine Israeliten hätten kaum mehr als ein kleines Dorf auf einem alten Hügel vorgefunden, als sie in Jericho eintrafen. Dieser Sachverhalt ist seitdem durch Ausgrabungen in anderen Städten bestätigt worden, die – so die Bibel – Josua und seine Armee heimsuchten.

»All dies war ein schwerer Schlag für die Historiker, die über lange Zeit sorgfältig archäologisches Beweismaterial für eine systematische Invasion und Zerstörung aller kanaanäischen Städte zusammengetragen und ihre Funde mit den biblischen Berichten von der israelitischen Invasion in Einklang gebracht hatten. Es gab mehrere Versuche, ihre Hypothese zu retten, indem man sozusagen einfach die Zielgerade verlegte: die archäologischen Daten wurden umgeschrieben, so daß Josua und die Israeliten sehr wohl jemanden hätten antreffen können, gegen den sie bei ihrer Ankunft kämpften. Doch die meisten Wissenschaftler waren sich darin einig, daß die inzwischen bekannten archäologischen Fakten eine neue Sichtweise und eine Neuinterpretation dieser biblischen Geschichten notwendig machten.«[6]

Die Zweifel an Josuas Feldzug veranlaßten einige Wissenschaftler zu der Frage, ob Josua überhaupt jemals gelebt habe. Doch angezweifelt werden muß nur der deuteronomistische Bericht. Das Ziel der deuteronomistischen Geschichtsschreibung war es, wie bereits erklärt wurde, zu zeigen, daß sich die Verheißung Gottes, wie sie sich im Pentateuch findet – die Inbesitznahme des Gelobten Landes durch die Israeliten –, erfüllt hatte. Der Kompilator zog alte Überlieferungen hinzu, um Gottes Wirken in der Geschichte zu illustrieren, nicht um die Geschichte selbst darzustellen. Es handelt sich um eine theologische Interpretation mit dem Ziel, in einer Zeit großer Schwierigkeiten den Glauben zu erneuern.

Es ist daher auch kein Wunder, daß die Qumran-Essener zu der Ansicht kamen, die Priester Jerusalems hätten die Schriften verfälscht.

15
DIE EVANGELIEN

Die vier Verfasser der Evangelien waren keine Historiker. Sie wollten vielmehr die Grundelemente der christlichen Botschaft predigen – Christus ist gestorben, Christus ist auferstanden, Christus wird wiederkommen – und zeigen, daß jedes Ereignis im Leben Jesu Christi die Erfüllung einer Prophezeiung des Alten Testaments sei.

Obwohl in der Frühgeschichte der Kirche viele Evangelien von Christus existierten, wurden auf dem Tridentinischen Konzil im Jahre 1546 nur die vier, die in das Neue Testament aufgenommen wurden, als authentisch anerkannt. Selbst das Evangelium von Thomas, welches im Jahr 1945 in der oberägyptischen Stadt Nag Hammadi entdeckt wurde, ist vom Vatikan als häretisch zurückgewiesen worden.

Markus, der in der Apostelgeschichte und in vier Apostelbriefen als Begleiter von Petrus und Paulus genannt wird, gilt als Autor des ersten der vier kanonischen Evangelien. Dessen genaue Entstehungszeit ist nicht bekannt, doch die Bibelwissenschaftler datieren es in der Regel auf das letzte Viertel des ersten Jahrhunderts nach Christus. Und da es Zeugnisse dafür gibt, daß sich sowohl Matthäus als auch Lukas neben anderen Quellen auch auf Markus beziehen, nimmt man allgemein an, daß diese Evangelien später entstanden sind. Das Matthäus-Evangelium ist auf die erste Hälfte des zweiten Jahrhunderts nach Christus datiert worden. Erst ab der zweiten Hälfte jenes Jahrhunderts beziehen sich die Kirchenväter auf Lukas, insbesondere was die Geburt Jesu betrifft. Ihm folgt – im selben Zeitraum – schließlich Johannes, der am wenigsten historisch orientierte der vier Evangelisten.

Es ist aber offensichtlich, daß sich alle vier bei ihren Berichten auf eine frühere gemeinsame Quelle sowie auf verschiedene andere Traditionen bezogen haben müssen. Markus zum Beispiel – wenn er denn der erste der vier Verfasser ist – kann nicht Augenzeuge jener Ereignisse gewesen sein, die er beschreibt. Und ebensowenig Matthäus, Lukas und Johannes, die später folgten. Natürlich könnte Markus Informationen aus zweiter Hand von Petrus und aus dritter Hand von Paulus gehabt haben. Doch sein Evangelium enthält Informationen, die in den Schriften von Petrus und Paulus nicht auftauchen. Woher hatte er sie?

»Seit dem Ende des letzten Jahrhunderts ist argumentiert worden, daß es in der Kirche von Anfang an Sammlungen von Zitaten aus dem Alten Testament gab, die von den Kirchenvätern in Streitgesprächen und beim Unterrichten benutzt wurden. Für diese Theorie sprechen auch ähnliche Sammlungen, die die Kirche in späteren Zeiten benutzte und die möglicherweise ... auf viel früheren Dokumenten beruhen ... Wie es jetzt aussieht, wird durch Qumran der Gedanke einer vorchristlichen Sammlung eschatologischer Zeugnisse untermauert.«[1]

Aus den bisher von uns überprüften Zeugnissen geht klar hervor, daß die vier Verfasser der kanonischen Evangelien verschiedene Quellen zu Hilfe genommen haben müssen – israelitische Überlieferungen, das Alte Testament, die Riten der Essener und ihren Glauben an ein Leben nach dem Tode, das Leben und Sterben Johannes des Täufers, die Behauptung der Anhänger Johannes' des Täufers, sie hätten Jesus gesehen – möglicherweise in einer Vision –, und die politischen Aufstände des ersten Jahrhunderts nach Christus. All dies bildete die Grundlage ihrer Geschichten, in denen sie das Leben Jesu in Galiläa stattfinden ließen und ihn mit Herodes, Kaiphas und Pilatus in Verbindung brachten.

Daß sie Bethlehem als den Geburtsort Jesu angaben, war auf den Wunsch zurückzuführen, zu zeigen, daß sich die Prophezeiungen des Alten Testaments erfüllt hatten. Es gab eine starke jüdische Glaubenstradition, der zufolge Christus als ein Nachkomme König Davids geboren würde, von dem man wußte, daß er selbst in Bethlehem in Judäa geboren war. Daher verlegen sowohl Matthäus als auch Lukas, die von der Geburt Jesu berichten, diese nach Bethlehem, und Matthäus (2,5) zitiert zur Untermauerung seiner Behauptung Micha (5,2). Dies ist ein weiteres Beispiel für das Ausmaß, in dem die Evangelien sich auf das Alte Testament beziehen. Das Alte Testament liefert keinerlei Einzelheiten von der Geburt Jesu: Daher übernahm Matthäus alttestamentarische Berichte von Ereignissen um die Geburt Moses, wobei nun Herodes anstatt des Pharaos den Tod »aller Kinder bis zum Alter von zwei Jahren« befahl.

Die Verbindung von Jesus mit Galiläa, die im Alten Testament nirgendwo hergestellt wird, hängt mit der politischen Situation im ersten Jahrhundert nach Christus zusammen. Paulus, der etwa 35 n. Chr. zum Christentum bekehrt wurde, brachte Jesus niemals mit Galiläa oder Johannes dem Täufer in Verbindung, genausowenig Petrus in seinen Briefen. Erst Markus, der im letzten Viertel des ersten Jahrhunderts nach Christus schrieb und Bethlehem überhaupt nicht erwähnt, verlegt das Wirken Jesu nach Galiläa und beschreibt nur einmal, wie Jesus nach

Judäa zieht – als er Jerusalem betritt, um sein Ende zu erwarten.

Dies aber führt zu dem merkwürdigen Bericht von Judas Ischariot und der Rolle, die er angeblich bei dem Verrat an Jesus gespielt hat. Wir erfahren, daß sich Christus ein paar Tage vor seiner Festnahme in Jerusalem aufhielt, um im Tempel zu lehren. Die jüdischen Behörden konnten ihn daher ergreifen, wann immer sie wollten. Daß sie es nicht taten, kann nicht damit begründet werden, daß sie den Zorn des Volkes fürchteten: Nur einen Tag, nachdem Jesus festgenommen und ins Gefängnis geworfen worden war, stimmte, wie es heißt, eben dieses Volk gegen seine Freilassung und verlangte statt dessen sogar, daß er gekreuzigt werde.

Judas als der Verräter wird in keinem der Apostelbriefe erwähnt, woraus sich schließen läßt, daß diese Zuschreibung auf eine spätere Interpretation der Ereignisse zurückzuführen ist. Darüber hinaus wurde der Name Ischariot verstanden als der Ort, in dem Judas beheimatet war. Doch dies ist nicht die korrekte Bedeutung. Da das entsprechende griechische Verb »ausliefern« bedeutet, kann Ischariot lediglich als Beiname gebraucht worden sein: »Judas der Auslieferer«. Daß es diese Bedeutung hat, wird auch durch die Tatsache erhärtet, daß »das syrische *skariot* ein Beiname ist, der die gleiche Bedeutung hat wie das hebräische *sikkarti*: ich werde ausliefern«.[2]

Alles deutet darauf hin, daß Judas ein Anführer der Essener war. Wie das letzte Abendmahl mit der Segnung von Brot und Wein das messianische Mahl der Essener wiederaufnimmt, spiegeln auch die zwölf Apostel, die in den Evangelien erwähnt werden, ein Ritual derselben Sekte wider, die lange vor der christlichen Zeit existierte. Ihre *Gemeinschaftsregel*, eins der in Qumran gefundenen Dokumente, besagt, daß damals: »Im Rat der Gemeinschaft (sollen sein) zwölf Männer und drei Priester« – der mehrdeutige Text erlaubt hier zwei Interpretationen: entweder daß drei der zwölf Männer Priester sein oder daß zusätzlich drei Priester teilnehmen sollten –, »um Wahrheit und Gerechtigkeit und Recht und zärtliche Liebe und Bescheidenheit des Wandels aneinander zu üben, um den Glauben auf der Erde zu bewahren mit fester Neigung und mit zerknirschtem Geist und den Frevel zu sühnen unter denen, die Recht üben und die Bedrängnis der Prüfung aushalten, und um mit allen im Maß der Wahrheit und in der Ordnung der Zeit zu wandeln«.[3]

Dies aber waren die Anführer, die für die Bewahrung und Verbreitung der Wahrheit über den Lehrer der Gerechtigkeit verantwortlich waren – und wie wir vorher gesehen haben, konnten nur sie es sein, die nach der Hinrichtung Johannes des Täufers beschlossen, seine Bewegung weiterzuführen und seine Prophezeiungen zu bestätigen.

Nach den vorliegenden Zeugnissen ist es wahrscheinlich, daß Judas Ischariot mit Judas, dem galiläischen Rebellen, identisch ist, einem der zwölf Mitglieder des essenischen Rats der Gemeinschaft, der im Jahre 6 n. Chr. aus diesem Rat austrat, um einen politischen Aufstand gegen die Römer und die Jerusalemer Behörden anzuführen. Seit diesem Aufstand war Galiläa bekannt für seine Gegnerschaft zu den römischen wie den Jerusalemer Behörden. Wenn Jesus sich nun in Galiläa aufhielt, war es nicht mehr schwierig, den Konflikt zwischen ihm und den Behörden in der politischen Realität jener Zeit zu begründen. Doch Markus, der das Wirken Jesu nach Galiläa verlegt, scheint mit den geographischen Gegebenheiten dort nicht vertraut zu sein. Die wichtigsten Städte Galiläas werden nicht erwähnt, und es gibt keine überzeugende topographische Grundlage:

»Da es sich um eine Erfindung handelt, ist der Zusammenhang mit Galiläa äußerst dürftig; und genauso war auch der Konflikt mit den Jerusalemer Behörden unlogisch.«
Der Charakter der Botschaft Jesu spiegelt sich auch in den Liedern Jesajas wider, die die Essener von Qumran auf ihren Lehrer der Gerechtigkeit bezogen. In der *Hymnenrolle*, einem der Manuskripte vom Toten Meer, die Psalmen in der Ichform enthalten, »bezieht der Psalmist (der Lehrer) wiederholt Jesajas Gottesdienertexte auf sich selbst, so wie hundert Jahre später christliche Schriftsteller sie auf Jesus beziehen sollten«. Zum Beispiel erklären sowohl der Psalmist als auch Jesus, sie seien die Person, von der Jesaja sagt (61,1–2), sie sei »gesandt, damit ich den Armen eine frohe Botschaft bringe … damit ich ein Gnadenjahr des Herrn ausrufe … damit ich alle Trauernden tröste« (wiederholt in Lukas 4,16–22). In den Psalmen erscheint der Psalmist wiederholt als »der Mann voller Sorgen, der von Schlägen und Krankheit überwältigt, verachtet und geschmäht wird«.[5] Die Qumran-Essener sprachen wie Johannes der Täufer vom gesalbten Christus, einem Retter, der am Tag des Jüngsten Gerichts, am Ende der Welt, wiederkehren würde.[6]
Die Verfasser der Evangelien sammelten Informationen aus all diesen verschiedenen Quellen, wobei sie sich auch auf die Behauptung der Jünger beriefen, sie hätten, wie Johannes prophezeit hatte, Jesus mit eigenen Augen gesehen. Offensichtlich war es nicht ihre Absicht, die Leser in die Irre zu führen, indem sie diese Informationen auf Jesus bezogen. Im Vordergrund stand vielmehr der Gedanke, ihrem Herrn treu zu sein, der, wie sie glaubten, lebte und immer bei ihnen war. Sie waren nicht daran interessiert, historische Tatsachen zu vermitteln, sondern vielmehr die verborgene Wahrheit über Christus zu verkünden.

Dennoch gibt es einen Aspekt in ihren Schriften – und im Alten Testament –, der uns mit einem weiteren merkwürdigen Widerspruch konfrontiert. Beide Quellen versichern uns, daß der Messias aus dem königlichen Hause Davids stamme. Doch der David, dessen Heldentaten in der Bibel beschrieben werden, soll im zehnten Jahrhundert vor Christus gelebt haben. Wenn der historische Jesus ein Zeitgenosse Moses war und vier Jahrhunderte früher im Sinai lebte und starb, wie kann dann David sein Vorfahre sein?

BUCH ZWEI

DAS HAUS DES MESSIAS

16
KIND DER SÜNDE

Die Identität jenes David festzustellen, aus dessen Haus eines Tages der verheißene Messias hervorgehen sollte, wird kompliziert durch die Tatsache, daß das Alte Testament zwei einander widersprechende Beschreibungen Davids liefert. Einmal ist er der mächtige Kriegerkönig, der eine Reihe von großen Kriegen in Asien führte und ein Reich gründete, das sich vom Nil bis zum Euphrat erstreckte; dann wieder ist er ein Stammeskönig, der über das Verheißene Land herrschte – von Dan im Norden bis nach Beerscheba im Süden des israelisch-judäischen Hochlandes – und einen großen Teil seines Lebens in der Auseinandersetzung mit den Philistern zubrachte. Eine weitere Komplikation ergibt sich daraus, daß die Bibelforscher zu dem Schluß gekommen sind, der Krieger David habe sein Riesenreich in den ersten Jahren des zehnten Jahrhunderts vor Christus errichtet.

Aufgrund dieser Datierung und einiger verworrener archäologischer Zeugnisse haben die Wissenschaftler den Stammeskönig David (1000–960 v. Chr.) mit dem biblischen König David gleichgesetzt. Da jedoch jeder historische Beweis für die Schaffung eines solchen Reiches zu dieser Zeit fehlt, mußten sie hierfür eine Erklärung finden – besser gesagt, das Reich hinwegargumentieren. So haben sie sich für die These entschieden, der biblische Erzähler habe dies schlichtweg erfunden, um einer wichtigen biblischen Figur mehr Größe zu verleihen.

Daß wir es tatsächlich mit zwei verschiedenen Personen zu tun haben, die beide David heißen, kann an dieser Stelle ganz einfach dadurch festgestellt werden, daß man ihre militärischen Feldzüge miteinander vergleicht. Der Schlüssel zur Identität des Kriegerkönigs findet sich im Zweiten Buch Samuel 8,3 und 8,13: »David schlug auch Hadad-Eser ... als dieser ausgezogen war, um seine Macht am Euphrat wiederzugewinnen ... So machte sich David einen Namen (das heißt, er errichtete eine Stele). Als er nach dem Sieg über Aram zurückkehrte, schlug er Edom im Salztal ...« Dieser Bericht wird im Ersten Buch der Chronik 18,3 wiederholt: »David schlug auch Hadad-Eser ..., als dieser ausgezogen war, um seine Macht am Euphrat zu festigen.« Im Buch der Könige wird an zahlreichen Stellen erwähnt, daß Salomo, Davids Sohn und Nachfolger, ein Reich beherrschte, das sich vom Nil bis zum Euphrat erstreckte. Es ist jedoch bekannt, daß Salomo an keinerlei militärischen Feldzügen teilnahm – die Tatsache, daß dies offensichtlich überflüssig war, gehört wesentlich zu der Legende von seiner Weisheit. Zudem ist es ein Element der jüdischen Überlieferung und eine logische Ableitung aus der Salomo-Geschichte, daß er ein Reich erbte, welches vor seiner Thronbesteigung bereits existiert hatte.

Geschichte und Archäologie belegen außerdem, daß der David, der das von Salomo ererbte Reich gründete, nur einer gewesen sein kann – sein Vorfahre Thutmosis III. (um 1490–1436 v. Chr.), der größte König der Alten Welt. (Der Name David wird in der Bibel *dwd* geschrieben, aus dem in der Transkription ins Ägyptische *twt* wird, was wiederum der erste Teil des Namens Thutmosis III. ist.) Das Reich, das er »wiedergewinnen« sollte, war ursprünglich von seinem Großvater, Thutmosis I. (um 1528–1510 v. Chr.) gegründet worden, der selbst eine Stele am Euphrat errichtet hatte. Thutmosis hatte jedoch nicht genügend Zeit, seine Position in Westasien zu festigen. In einer etwas verworrenen Epoche der ägyptischen Geschichte teilte später Thutmosis III. die Herrschaft mit seiner Tante und Stiefmutter, Königin Hatschepsut.

Eine Rebellion in Syrien im Jahre 21 der Koregentschaft zwischen Königin Hatschepsut und Thutmosis III. führte zum Verlust des Reiches, das von seinem Großvater gegründet worden war. Doch als Thutmosis III. zwölf Monate später, also im Jahre 22 seiner Herrschaft, nach dem Tod der Königin alleiniger Herrscher wurde, zog er aus, um sein Reich wiederherzustellen, überquerte den Euphrat und errichtete sich selbst ein Denkmal neben dem seines Großvaters.

Von keinem anderen König der Alten Welt kann behauptet werden, ihm sei dieses Kunststück gelungen. Noch beherrschte – nach den historischen und archäologischen Quellen – später jemand anders dieses ganze Gebiet bis zur zweiten Hälfte des sechsten Jahrhunderts vor Christus, als Kyros von Persien Mesopotamien und Ägypten eroberte. Außerdem ist es von Bedeutung, daß sowohl im Alten Testament als auch in historischen Zeugnissen die Wiedereroberung eines Reiches *zwischen* dem Nil und dem Euphrat beschrieben wird, was verdeutlicht, daß Davids Herrschaft über Ägypten gesichert war, als diese Ereignisse stattfanden.

Die historischen und archäologischen Zeugnisse zeigen außerdem deutlich, daß der David, der im fünfzehnten Jahrhundert vor Christus dieses große Reich wiedererrichtete, nicht mit dem David identisch sein kann, der fünf Jahrhunderte später immer wieder mit den Philistern in Konflikt geraten sein soll. Doch abgesehen von alledem war Thutmosis III. schon eine geraume Zeit – dreihundert

Jahre – tot, als die Philister – die Seevölker – in der Mitte des zwölften Jahrhunderts vor Christus in Scharen in die Küstengebiete Kanaans eindrangen und der ägyptischen Herrschaft über dieses Land ein Ende setzten.
Was brachte die biblischen Schriftsteller dazu, zwei Gestalten, die fünf Jahrhunderte voneinander getrennt waren, zu einer einzigen zu vereinen? Der Schlüssel zur Beantwortung dieser Frage liegt, meine ich, in der Antwort auf eine andere Frage: Wer war der Vater Isaaks?

Das Alte Testament versichert uns wiederholt, daß Abraham der Vater Isaaks und der Stammvater der zwölf Stämme Israels war. Doch ich glaube, daß Abraham lediglich der Adoptivvater, der richtige Vater des Kindes hingegen – und der zwölf Stämme Israels – Thutmosis III. war.
Ich habe an anderer Stelle behauptet, daß Abram und seine Frau Sarai – die später von Gott die Namen Abraham und Sara erhielten – wegen einer Hungersnot von Kanaan nach Ägypten aufbrachen, als der junge Thutmosis III. sich die Herrschaft mit seiner Tante und Stiefmutter Königin Hatschepsut teilte. Bei seiner Ankunft griff Abram aus Angst, er könne wegen des guten Aussehens Sarais getötet werden, zu einer Vorsichtsmaßnahme und stellte sie als seine Schwester vor (Genesis 12,11 und 12). Diese Vorsichtsmaßnahme sollte sich als weise herausstellen. Als Thutmosis von Sarais Schönheit erfuhr, nahm er sie zur Frau, nachdem er Abram das Brautgeld bezahlt hatte. Doch dieses Vergehen – die Frau eines anderen Mannes geheiratet zu haben – führte zu der in der Bibel beschriebenen »Plage«, die über das Haus des Pharaos kam. Als er schließlich den Grund dafür entdeckte, schickte er Abram und Sarai zurück nach Kanaan.
Da zu jener Zeit die Heirat bedeutete, daß der Mann nach

der Bezahlung des Brautgeldes Sexualverkehr mit der Frau hatte in der Absicht, sie zu behalten, steht außer Frage, daß Sexualverkehr zwischen Sarai und Thutmosis stattgefunden hat. Die Tatsache, daß die Bibel die Heirat bestätigt, bedeutet, daß sie tatsächlich vollzogen wurde. Dieser Gedanke wird darüber hinaus auch durch die Strafe in Form einer Plage untermauert, die über das Haus des Pharaos kam. Es erhebt sich daher die Frage, ob Isaak, den Sarai nach ihrer Rückkehr nach Kanaan gebar, der Sohn Abrams oder des Pharaos war. Eine Anzahl von anschließenden Ereignissen, so auch die Verwandlung des Namens Abram in Abraham und Sarai in Sara, bestätigen, daß der Pharao Isaaks Vater war.

- In Genesis 15,13 ist die Rede von Abrams Nachkommen (tatsächlich werden nur die Nachkommen Sarais dazugezählt, obwohl Abram noch sieben andere Söhne hatte, von denen hier keiner genannt wird) und davon, daß sie nach Ägypten zurückkehren werden.

- In Genesis 15,18 wird verheißen, daß Isaaks Nachkommen das zur Zeit Thutmosis' III. existierende Reich »vom Grenzbach Ägyptens bis zum großen Strom, dem Euphrat« erben werden. Und dann soll der Bund Gottes nicht auf alle Kinder Abrams übergehen, sondern nur auf jene Isaaks.

- Laut Genesis 16,3 hatte Sarai eine ägyptische Magd namens Hagar. Die einzige vernünftige Erklärung hierfür ist die, daß ihr königlicher Gatte ihr diese zum Geschenk gemacht hatte – und zwar höchstwahrscheinlich deshalb, weil er erwartete, daß sie ein Kind von ihm gebären würde.

– Gott gibt Abram nun den Namen Abraham, »denn zum Stammvater einer Menge von Völkern habe ich dich bestimmt« (Genesis 17,5). (In den ägyptischen Hieroglyphen entsteht durch die Einfügung der Silbe *ha* in den Namen Abram *ham* [Majestät], so daß der neue Name mit »Herz der Majestät des Sonnengottes Ra« übersetzt werden kann.)
Gleichzeitig wurde aus Sarai Sara, was in den alten Sprachen Westasiens soviel bedeutete wie »Königin«: »… Deine Frau Sarai sollst du nicht mehr Sarai nennen, sondern Sara soll sie heißen … daß Völker aus ihr hervorgehen; Könige über Völker sollen ihr entstammen« (Genesis 17,15 und 16). (Die Amarna-Briefe, die im wesentlichen als diplomatische Dokumentensammlung der Achtzehnten Ägyptischen Dynastie zu betrachten sind, zeigen deutlich, daß der Pharao manchmal mit *sar*, der männlichen Form von Sara, angesprochen wurde: Zum Beispiel bediente sich Tarkhun Dara, der hethitische Prinz, dieses Terminus in der Anrede für Amenhotep III., den Urenkel Thutmosis' III.)[2] Diese Voraussage des königlichen Charakters von Saras Nachkommen bestätigt die königliche Natur ihres Vaters, daher kann Abraham nur der Adoptivvater sein.

– Vor dem Bericht über die Namensänderung Sarais erfahren wir, daß der Bund Gottes mit Abraham eine Klausel enthält, der zufolge alle Kinder männlichen Geschlechts, die vor Sarais Niederkunft geboren wurden, im Alter von acht Tagen beschnitten werden sollen, eine Praktik, die bis dahin unter allen alten Völkern nur auf die Ägypter beschränkt war.
– Ein weiterer Hinweis darauf, daß die Abstammungslinie von Abraham allein über Isaak und nicht über seine

anderen Söhne laufen soll, findet sich in Genesis 21,12, wo Gott zu Abraham spricht: »... Hör auf alles, was dir Sara sagt! Denn nach Isaak sollen deine Nachkommen benannt werden.«

- In Genesis 22,9-12 wird berichtet, daß Abraham Isaak auf einen Berg führt, wo er ihn als Brandopfer darzubringen beabsichtigt – eine Handlung, die, wäre Isaak sein eigener Sohn gewesen, kaum nachzuvollziehen ist – , bis Gott einschreitet. (In einer Talmud-Überlieferung heißt es, daß Saras Tod, von dem in der Bibel nach diesem Ereignis berichtet wird, darauf zurückzuführen war, daß ihr jemand Abrahams Absicht, Isaak zu töten, mitgeteilt hatte.)[3]

- Als Esau, der ältere der beiden Zwillingssöhne Isaaks, sein »Erstgeburtsrecht« an seinen jüngeren Bruder Jakob verkaufte (Genesis 26,33), übergab er ihm allem Anschein nach eine Ehrenstellung oder einen Titel, nicht ein materielles Erbe. Und diese Ehrenstellung wiederum scheint Jakob dem Josef, seinem Lieblingssohn, übergeben zu haben, als er ihm einen Ärmelrock schenkte (Genesis 37,3), ein Geschenk, das die Feindseligkeit seiner Halbbrüder noch verstärkte, die ihn kurz darauf als Sklaven nach Ägypten verkauften.

17
DAS VERBERGEN DER SÜNDIGEN TAT

Die These, daß Isaak nicht der Sohn Abrahams war, beruht nicht nur auf einer Interpretation dieser biblischen Texte. Denn seit dieser Zeit, ja bis zum heutigen Tag, kann ein Kind – unabhängig davon, wer der Vater gewesen sein mag – nicht als Jude betrachtet werden, wenn die Mutter nicht selbst Jüdin war, was wiederum darauf hinweist, daß die Nachkommen Saras nicht die Abkommen Abrahams waren. Andere nichtbiblische Quellen führen zu derselben Schlußfolgerung.

– Der Talmud enthält die überlieferte Aussage, daß niemand, der Abraham kannte, glaubte, Isaak sei sein Sohn: »An dem Tage, da Abraham seinen Sohn Isaak beschnitt, hielt er ein großes Festmahl, und alle Menschen verspotteten ihn und sagten: Habt ihr diesen alten Mann und seine Frau gesehen, die ein Findelkind von der Straße auflasen und nun behaupten, es sei ihr Sohn? Und nun halten sie auch noch ein großes Festmahl, um ihre Behauptung zu untermauern.«

– In einem Vers des Korans (Die Propheten, Sure XXI,72) heißt es über Abraham:

... Wir schenkten ihm Isaak
und als zusätzliche Gabe
(Einen Enkel), Jakob ...

Der Vers weist darauf hin, daß Isaak und Jakob ursprünglich nicht Abrahams Söhne waren. Islamische Wissenschaftler interpretieren diese Passage, indem sie sie wie folgt umschreiben: »Wir gaben ihm Isaak, weil er um einen Sohn bat, und einen weiteren Sohn als Geschenk, um das er nicht gebeten hatte.« Es ist jedoch leicht einzusehen, daß dies nicht der Fall gewesen sein kann. Zunächst einmal war Jakob noch nicht geboren, als Abraham starb. Darüber hinaus hatte Abraham zu der Zeit, da Jakob geboren wurde, bereits sieben andere Söhne – einen, nämlich Ismael, von Hagar, der ägyptischen Magd Saras, und sechs von einer anderen Frau namens Ketura. Und drittens war Jakob nicht der Erstgeborene von Isaaks Zwillingssöhnen, sondern bekam diesen Titel erst, nachdem Esau ihm sein Erstgeburtsrecht verkauft hatte.

– In einer anderen Sure des Korans (Maria, Sure XIX,58) werden drei der Propheten – Mose, Aaron und Ismael – erwähnt und dann bezeichnet als:

Die Nachkommenschaft Abrahams
und Israels (Jakobs) ...[1]

Die einzig mögliche Erklärung dieses Verses ist die, daß einige dieser drei Propheten von Jakob abstammten und nicht von Abraham. Man kann sogar noch genauer werden, denn es gibt zwei namentlich genannte Vorfahren (Abraham und Jakob) und drei namentlich genannte Nachkommen (Mose, Aaron und Ismael). Es ist also offensicht-

lich, daß, wäre Jakob ein Nachkomme Abrahams gewesen, er in der Reihe der Nachkommen genannt worden wäre und nicht, zusammen mit Abraham, in der der Vorfahren. Doch die Tatsache, daß der Name Jakob in gleicher Reihe mit den Vorfahren genannt wird, bedeutet, daß wir es mit zwei verschiedenen Abstammungslinien zu tun haben, so daß Jakob selbst nicht von Abraham abstammen konnte. Die korrekte Lesart lautet, daß Ismael von Abraham abstammte, Aaron und Moses hingegen von Jakob.
Die Tatsache, daß der Koran Abraham und Jakob nebeneinander als Vorfahren nennt – Abraham als den der Ismaeliten, Jakob als den der Israeliten –, ist ebenfalls ein deutlicher Hinweis darauf, daß die Israeliten nicht als Nachkommen Abrahams betrachtet werden können.

Die Verwirrung um die Identität von Isaaks Vater hat, meine ich, historische Wurzeln, die bis zu der »sündigen« Ehe zwischen Sara und Thutmosis III. zurückgehen.
Die schriftliche Fixierung dieser Ereignisse in den biblischen Texten erfolgte erst viele Jahrhunderte nach dem Auszug der Israeliten aus Ägypten. Zu dieser Zeit waren Ägypten und sein Pharao bereits ein Symbol des Hasses für die Israeliten. Der biblische Erzähler war daher bemüht, jede Blutsverbindung zwischen Israel und Ägypten zu vertuschen, was allerdings eine schwierige Aufgabe war. Denn aus den zur Verfügung stehenden Informationen ging eindeutig hervor, daß Sara mit einem ägyptischen Pharao verheiratet war, dann mit Abraham nach Kanaan zurückkehrte und dort Isaak gebar. Jeder, der die so erzählte Geschichte liest, muß automatisch zu der Schlußfolgerung kommen, daß der Pharao Isaaks Vater war. Doch zu einer Zeit, in der der Eckstein der biblischen Lehre darin bestand, zu betonen, daß Gott die Israeliten von ihren

ägyptischen Unterdrückern befreit habe, mußte der Erzähler die beiden Ereignisse – die Abreise Saras aus Ägypten und die Geburt Isaaks – irgendwie voneinander trennen und die Identität des wirklichen Vaters verheimlichen.
Nachdem er berichtet hat, daß sich Sara und Abraham wieder in Kanaan niedergelassen hatten, schiebt also der Erzähler eine andere Geschichte ein und beschreibt, wie Abraham seinen von Feinden gefangengenommenen Neffen Lot zu befreien suchte. Dann folgt die Erscheinung Gottes vor Abraham, in der etwas geweissagt wird, bei dem es sich nur um die Geburt Isaaks handeln kann, dessen Nachkommen nach Ägypten zurückkehren würden. Wie zu erwarten wäre, müßte sich nun ein Bericht von Isaaks Geburt anschließen, doch dies ist nicht der Fall. Denn es wird betont (Genesis 16,1), daß Sara keine Kinder bekommen konnte. So gab sie, nachdem zehn Jahre seit ihrer Rückkehr nach Kanaan verstrichen waren, Abraham ihre ägyptische Magd Hagar zur Frau, und aus dieser Verbindung ging Ismael hervor. Dann vergingen laut dem Erzähler weitere vierzehn Jahre, und wieder wird betont, daß Sara unfruchtbar war. Hinzu kommt nun noch die Information, daß sie mit nunmehr neunzig Jahren zu alt war, um noch ein Kind zu gebären. Doch dann erfahren wir, daß drei Boten Gottes erscheinen und verkünden, daß Sara im nächsten Jahr einen Sohn bekommen wird.
Doch auch jetzt wagt es der Erzähler nicht, die Geburt Isaaks zu schildern, aus Furcht, man könne ihn immer noch mit seinem richtigen Vater in Verbindung bringen. So führt er eine weitere Figur ein, nämlich Abimelech, den König von Gerar. Bei einem Besuch in Gerar, so erfahren wir, behauptete Abraham erneut, Sara sei seine Schwester.
Und – obwohl vorher versichert wurde, daß sie eine alte Frau von neunzig Jahren war – Abimelech verliebte sich in

sie und war schon im Begriffe, sie zur Frau zu nehmen, als der Herr ihm in einem Traum erschien und ihn mahnte, nicht eine Frau zu heiraten, die bereits einem anderen gehörte. Und erst an diesem Punkt – nachdem er eine lange Zeit hat verstreichen lassen und von zahlreichen anderen Ereignissen berichtet hat – fühlt der Erzähler sich sicher genug, die Geburt Isaaks zu schildern.

Doch diese Verzögerungstaktik ist nicht wirklich überzeugend. Denn indem er nur an bestimmten Teilen der Chronologie herumbastelt, betrügt der biblische Erzähler sich selbst. Wenn, wie wir zuvor erfahren haben, Sara eine ägyptische Magd hatte, muß sie diese als Geschenk erhalten haben, und es ist sehr wahrscheinlich, daß der Grund hierfür der war, daß sie ein Kind vom Pharao erwartete. Daher müßte Isaak älter als Ismael sein, das Kind, welches Hagar gebar, nachdem Sara sie Abraham zur Frau gegeben hatte. Doch der biblische Erzähler versucht, uns davon zu überzeugen, daß genau das Gegenteil zutrifft. Wir erfahren (Genesis 17,25), daß Ismael dreizehn Jahre alt war, als er ein Jahr vor der Geburt Isaaks beschnitten wurde.

Doch der vier Kapitel später folgende biblische Bericht von der Flucht Hagars mit ihrem Sohn, nachdem Sara sie weggeschickt hat, vermittelt einen ganz anderen Eindruck von seinem Alter: »Am Morgen stand Abraham auf, nahm Brot und einen Schlauch mit Wasser, übergab beides Hagar, legte es ihr auf die Schulter, übergab ihr das Kind und entließ sie. Sie zog fort und irrte in der Wüste von Beerscheba umher. Als das Wasser im Schlauch zu Ende war, warf sie das Kind unter einen Strauch, ging weg und setzte sich in der Nähe hin, etwa einen Bogenschuß entfernt; denn sie sagte: Ich kann nicht mit ansehen, wie das Kind stirbt. Sie saß in der Nähe und weinte laut.

Gott hörte den Knaben schreien; da rief der Engel Gottes

vom Himmel her Hagar zu und sprach: Was hast du, Hagar? Fürchte dich nicht, Gott hat den Knaben dort schreien gehört, wo er liegt. Steh auf, nimm den Knaben, und halt ihn fest an deiner Hand; denn zu einem großen Volk will ich ihn machen. Gott öffnete ihr die Augen, und sie erblickte einen Brunnen. Sie ging, füllte den Schlauch mit Wasser und gab dem Knaben zu trinken« (Genesis 21, 14–19).

Wenn seine Mutter Ismael tragen mußte und wenn er unfähig war, sich zu bewegen, als sie ihn unter einen Strauch warf, konnte er – anders als Isaak – das Laufalter noch nicht erreicht haben. Obwohl diese Geschichte im Koran nicht erwähnt wird, stimmen islamische Überlieferungen in diesem Punkt mit der Bibel überein. Ismael wird als Baby dargestellt, das von seiner Mutter getragen wurde und sich nicht fortbewegen konnte von der Stelle, wo sie es hingelegt hatte; doch plötzlich tauchte unter ihren Füßen ein Wasserquell auf, der mit dem jetzigen Zamzam in Mekka gleichgesetzt wird.

An dieser Stelle soll nun kurz zusammengefaßt werden, wie die Abfolge der Ereignisse tatsächlich gewesen war …

Als Sara zusammen mit Abraham Ägypten verließ, war sie bereits von Thutmosis III. schwanger. Dieser gab ihr Hagar als Magd, damit sie ihr bei der Geburt und der späteren Pflege Isaaks helfe. Abraham nahm später Hagar zur Frau, und sie gebar Ismael. Sara – die sich selbst als Frau des Königs und ihren Sohn Isaak als Prinzen betrachtete – war nicht bereit, Ismael denselben Status zuzugestehen wie ihrem Sohn. Daher schickte sie Hagar und Ismael fort – und daher wird aus israelitischer Sicht von den Söhnen Abrahams nur Isaak als sein Erbfolger betrachtet.

Trotz aller Bemühungen des biblischen Erzählers, die Ereignisse in seinem Bericht zu verdrehen, haben die Israeli-

ten niemals die wahre Identität ihres großen Vorfahren Thutmosis III. aus den Augen verloren. Bereits kurz nach Abrahams Tod, so erfahren wir, bestätigte Jakob die Bedeutung dieses Vorfahren, als der Herr ihm den Namen Israel gab: »Gott erschien Jakob noch einmal ... Gott sprach zu ihm: Dein Name ist Jakob. Dein Name soll jedoch nicht mehr Jakob lauten, sondern Israel soll dein Name sein. Er gab ihm also den Namen Israel« (Genesis 35,9–10). Die Bedeutung dieser Passage liegt in dem Namen. Der hebräische Terminus *el* ist die Abkürzung für *Elohim* (Gott), und *Ysra* oder *sar* ist die Bezeichnung für Prinz oder Herrscher. *Ysrael* bedeutet also *Elohim herrscht* –, wie ägyptische Götter (auch der Pharao galt als herrschender Gott).
In den ersten Jahrhunderten taucht Abraham in den Schriften der Israeliten als deren großer Vorfahre auf. Doch vom Zeitpunkt des israelitischen Königtum Sauls fünf Jahrhunderte später und sogar bis hinein in die christliche Zeit, wurde der Kriegerkönig David als der einzige anerkannte Vorfahre jedes rechtmäßigen Königs oder Messias betrachtet.

18
DIE SEEVÖLKER

Die Zeugnisse darüber, wie und wann die Israeliten schließlich das Verheißene Land Kanaan erreichten – ein sich in mehreren Phasen vollziehender Prozeß, der einen sehr langen Zeitraum in Anspruch nahm –, machen ebenfalls deutlich, daß der Kriegerkönig, der ein großes Reich gründete, von dem Stammesfürsten zu unterscheiden ist, der über eine lange Zeitspanne seines Lebens in Konflikt mit den Philistern stand.
Kanaan war noch fest in der Hand Ägyptens, als Ramses III. (etwa 1182–1151 v.Chr.), der zweite Herrscher der Zwanzigsten Dynastie, den Thron bestieg. Ein in Theben gefundener Papyrus – der sogenannte PapyrusHarris, der sich im Britischen Museum befindet – berichtet, daß Ramses III. zu diesem vergleichsweise späten Zeitpunkt einen Amun-Tempel im Land Kanaan errichtete und die »Fremden von Retenu kommen, um dort ihre Gaben darzubringen«. Und in der palästinensischen Stadt Megiddo wurde ein Federkästchen aus Elfenbein gefunden, das einem ägyptischen Gesandten gehörte und den Namen Ramses III. trägt.[1]
Nach der Regierungszeit Ramses' III. verlor Ägypten die Herrschaft über Palästina. Der Hauptgrund hierfür war die Masseninvasion der »Seevölker« in Kanaan, die um 1174 v.Chr. – im Jahre acht von Ramses III. – begann, also etwa zu der Zeit, als der *Ilias* zufolge der griechische Krieg gegen Troja stattfand. Die Geschichte der Invasoren ist den best-

erhaltenen Inschriften und Reliefs an den Wänden des Grabtempels Ramses' III. in Theben zu entnehmen. Die Reliefs zeigen Menschen, die eine dauerhafte Ansiedlung suchten, ganze Familien, die in Ochsenkarren unterwegs waren, mitsamt Frauen, Kindern und Haushaltsausrüstung: »Ihr Zusammenschluß bestand aus den vereinigten Ländern von Peleset, Tjekker, Scheklesch, Danu und Weschesch.«[2]

Die Peleset sind die Philister, die später dem Land Palästina ihren Namen gaben. Sie werden mit Kopfschmuck aus Federn und runden Schilden dargestellt. Die Danu werden für die Danaer der *Ilias* gehalten. Auch einige andere Völkergruppen konnten in Phönizien landen. Das Reich der Hethiter sowie Nordsyrien wurden hinweggespült, die hethitische Hauptstadt Hattusa niedergebrannt: »Die fremden Völker verübten einen Anschlag auf ihre Inseln. Alle wurden mit einem Schlag vertrieben und zerstreut, und kein Land konnte ihren Waffen standhalten, angefangen mit Khatti (das Land der Hethiter), Kode, Karchemisch, Arsawa und Alasija … An einer Stelle in Amur (Syrien) wurde ein Lager errichtet, und sie verwüsteten das Land und vernichteten die Menschen, als ob sie niemals existiert hätten. Sie kamen mit dem flammenden Schwert und rückten auf Ägypten vor.«[3]

Ramses III. konnte die Invasoren in einer Seeschlacht erfolgreich schlagen, die der britische Ägyptologe Alan Gardiner folgendermaßen beschreibt: »Um Einzelheiten zu erfahren … wenden wir uns am besten den Reliefs und nicht den Wortschriften zu … Dem Künstler ist es gelungen, in einem einzigen Bild die verschiedenen Phasen der Schlacht darzustellen. Zunächst sehen wir die Ägypter, die vom Schiffsdeck aus gelassen angreifen; ihnen gegenüber auf einem Schiff, das mit Ankereisen festgehalten wird, den Feind, der sich in äußerster Verwirrung befindet; zwei Männer fallen ins Wasser, während einer, auf die Gnade des Pharao hoffend, zum Ufer blickt. Auf einem anderen ihrer Schiffe sieht man, wie vom Land aus ein Hagel von Pfeilen auf sie niederprasselt. Dann kehrt die ägyptische Flotte nach Hause zurück und nimmt zahlreiche hilflose und gefesselte Gefangene mit; einer von ihnen versucht zu entfliehen, wird aber von einem Soldaten am Ufer eingefangen. Auf dem Weg stromaufwärts stößt man auf ein gekentertes Schiff, dessen gesamte Mannschaft ins Wasser gestürzt ist. Die Invasoren erleiden eine vollständige Niederlage; anhand von nur neun Schiffen wird die ganze Geschichte des Kampfes erzählt, so daß nur noch die Vorführung der Gefangenen vor Amun-Re und andere Einzelheiten der Siegesfeier fehlen.«[4]

Doch obwohl Ramses III. den Angriff auf Ägypten selbst zurückschlagen konnte und es textliche und archäologische Zeugnisse dafür gibt, daß die Herrschaft Ägyptens über Kanaan mindestens bis zur Mitte des zwölften Jahrhunderts vor Christus andauerte, gibt es andererseits Hinweise darauf, daß sich einige »Seevölker« bereits vor diesem Zeitpunkt in diesem Gebiet niedergelassen hatten. Das archäologische Zeugnis besteht aus einem bestimmten Typus bemalter mykenischer Töpferware, die in Südwestkanaan in Schichten gefunden wurde und auf die erste Hälfte des zwölften Jahrhunderts vor Christus datiert wird. Trotz der Tatsache, daß diese Töpferware in Farbe, Form und in den gemalten Motiven der bereits lange existierenden mykenisch-griechischen Tradition gleicht, ist durch chemische und physikalische Analysen nachgewiesen worden, daß sie vor Ort hergestellt wurde. Daraus folgt, daß die Töpfer selbst in dieses Gebiet eingedrungen waren und ihr Heimatland in der Ägäis oder in der westlichen Türkei lag.

Dies stimmt auch mit der Bibel überein, die als das ursprüngliche Heimatland der Philister »Kaftor« nennt (Amos 9,7; Jeremia 47,4). Die Wissenschaftler haben diesen Namen mit dem ägyptischen Terminus »Keftiu« in Verbindung gebracht, der Kreta oder möglicherweise auch das Gebiet der Ägäis im allgemeinen bezeichnet.
Ein weiterer Hinweis auf die Ansiedlung der Philister in Südwestkanaan ist die Entdeckung von Waffen und Eisenwerkzeugen – zur damaligen Zeit den Kanaanitern unbekannt –, die auf das zwölfte Jahrhundert vor Christus datiert werden können. Was nun den offensichtlichen Widerspruch angeht, daß einige »Seevölker« in diesem Gebiet lebten, während Kanaan immer noch unter ägyptischer Herrschaft war, so gibt es dafür zwei verschiedene Erklärungen: entweder daß die Ägypter die Peleset nach deren Niederlage in der Seeschlacht im Südwesten Kanaans ansiedelten, jenem Gebiet, das später Philistia heißen sollte; oder daß einige von ihnen bereits vor dem Angriff auf Ägypten im Küstengebiet Kanaans gelandet waren und von den Ägyptern die Erlaubnis erhalten hatten, sich dort niederzulassen.
Welche von diesen Theorien auch stimmen mag, diese Peleset, die die Sitten und Gebräuche der Ägypter annahmen, erfreuten sich offenbar einer Art *détente* mit ihren ägyptischen Herrschern, die bis zur Mitte des zwölften Jahrhunderts vor Christus andauerte, als sie sich fester in und um Gaza in Städten verschanzten, die im großen und ganzen von der ägyptischen Herrschaft unabhängig waren: »In der zweiten Hälfte des zwölften Jahrhunderts vor Christus festigten die Philister ihre Niederlassungen, indem sie ältere Städte wiederaufbauten oder neue gründeten, und dies zweifellos häufig in enger Anbindung an die kanaanäische Bevölkerung, über die sie nun herrschten.

Aschdod wurde umgebaut, bekam ein neues Gesicht und wurde stark befestigt. In Tel Qasile am Jarkon, wo sich heute die nördlichen Vororte von Tel Aviv befinden, wurde eine neue Hafenstadt errichtet. An anderen Stellen gibt es archäologische Funde, die auf Rückbildung von Städten schließen lassen, wie in Aphek und Lachisch, oder von üppig ausgestatteten Friedhöfen wie in Azor, wo man bis heute keinerlei Hinweise auf eine Ansiedlung zu jener Zeit gefunden hat.«[5]

Wo aber waren die Israeliten, als all diese Ereignisse stattfanden?

Das Alte Testament liefert zwei einander widersprechende Berichte von der Ankunft der Israeliten im Verheißenen Land Kanaan. Die Version, die die größte Akzeptanz gefunden hat und am beliebtesten wurde – trotz der Tatsache, daß Kanaan bis zum Ende des zwölften Jahrhunderts fest in ägyptischer Hand war –, ist die, daß Kanaan nahezu ein Jahrhundert zuvor, also Ende des dreizehnten Jahrhunderts vor Christus, durch einen von Josua geführten Blitzkrieg erobert wurde. Demnach hätte die Besetzung durch die Israeliten stattgefunden, *bevor* die Philister auf den Plan traten. Doch wie wir im ersten Teil dieses Buches gesehen haben, gehört der angebliche Josua-Feldzug zu dem Bemühen der Priester, das Verbrechen Pinhas zu vertuschen, indem sie erklärten, Josua sei noch am Leben.

Die andere – und korrekte – Version lautet, daß die Besetzung durch die Israeliten in mehreren Phasen und durch einzelne Stämme vollzogen wurde, von regionalen Konflikten begleitet war und sich über einen langen Zeitraum *nach* der Invasion der Philister hinzog.

19
DAS GELOBTE LAND

Das Buch der Richter, das auf das Buch Josua folgt, läßt darauf schließen, daß die Inbesitznahme Kanaans ein allmählicher Prozeß war, an dem mehrere Stämme über einen langen Zeitraum hinweg beteiligt waren. Zu den israelitischen Persönlichkeiten und Stämmen, die an diesen zahlreichen, in weiten Teilen Kanaans geführten Feldzügen teilnahmen, zählten Juda und sein Bruder Simeon; die Nachkommen Jitros des Keniters, des Schwiegervaters Moses; Kaleb; Benjamin; das Haus Josefs, Josefs Söhne Menasse und Efraim; Zebulon, Ascher, Naftali und Dan.
Wenn man die Wahrheit über diese Ereignisse herausfinden will, muß man sich Klarheit darüber verschaffen, wann die Israeliten in Ägypten angekommen, wie lange sie dort geblieben sind und wann sie das Land wieder verlassen haben. Die meisten Ägyptologen halten noch heute daran fest, daß Josef der Patriarch, seine Familie und die Stämme Israels zu der Zeit in Ägypten eintrafen, als Hyksos in der Mitte des 17. vorchristlichen Jahrhunderts das Ostdelta besetzte, daß sie vierhundert Jahre lang im Lande blieben und gegen Ende der Regierungszeit Ramses' II. (ca. 1304–1237 v. Chr.), vielleicht sogar erst in den ersten Jahren seines Nachfolgers Merenptah wieder abzogen. Meine Ansicht dazu, die ich an anderer Stelle vorgetragen habe[1] und die von Bibelwissenschaftlern mehr und mehr akzeptiert wird, widerspricht der Mehrheit der Ägyptologen: Meines Erachtens traf Josef einige Zeit vor der Regierungszeit

Thutmosis' IV. (ca. 1413–1405 v. Chr.) in Ägypten ein und holte später die Stämme Israels aus Kanaan nach. Sie ließen sich in Goschen am Ostdelta nieder und blieben dort vier Generationen – nicht vier Jahrhunderte – lang, bis zum Exodus im letzten Jahr der kurzen Regierungszeit von Ramses I. (ca. 1335–1333 v. Chr.), dem bereits älteren ersten König der Neunzehnten Dynastie.

Das Alte Testament und die ägyptische Geschichte äußern sich in widersprüchlicher Weise über die Geschehnisse unmittelbar nach dem Exodus. Anfangs, so berichtet die Bibel, zogen die Israeliten in den Sinai, wo sie sich mit einheimischen Beduinen, den Schasu (den Midianitern der Bibel) verbündeten. Weiter beschreibt die Bibel den Weg der Israeliten nach Palästina: Wie sie, noch unter der Führung des Mose, aus dem nördlichen Sinai über den Zipfel des Golfs von Akaba fortzogen, bevor sie die Grenzen Edoms südlich und südwestlich des Toten Meeres entlang und an Moab vorbei zur Ostküste des Toten Meeres weiterwanderten. Als ihnen dann der Durchzug nach Westen durch das Territorium der Amoriter verweigert wurde, bahnten sie sich gewaltsam ihren Weg und eroberten das Gebiet nördlich des Flusses Arnon im Jordanland, das den Rubenitern als Siedlungsgebiet zugesprochen wurde. Dem Buch Deuteronomium zufolge starb Mose auf einem Berg östlich des Jordan-Flusses, und Josua, sein Nachfolger, führte die Israeliten über den Jordan in das Gelobte Land. Ägyptische Quellen deuten dagegen darauf hin, daß Mose die Stadt Pi-Ramses nahe dem heutigen Kantara im nördlichen Sinai verlassen und die Israeliten nach Süden in Richtung Timsah-See, dem Schilfmeer, führte. Das war ein unzugängliches Sumpfgebiet, in dem Pferdewagen im Schlamm steckenblieben. Möglicherweise ist dies der Ursprung jener Geschichte im Buch Exodus, wonach sich

Wasser teilte und der regierende Pharao – in diesem Fall Ramses I. – bei der Verfolgung der Israeliten ums Leben kam. Gewiß wartete sein Sohn und Nachfolger Sethos I. (ca. 1333–1304 v. Chr.) nicht das Begräbnis seines Vaters oder seine eigene Amtseinsetzung ab, bis er sich aufmachte, die Israeliten zu verfolgen.[2]

Die Kriegsszenen an der äußeren Nordwand der großen Hypostyl-Halle in Karnak zeigen, daß sein erster Feldzug gegen die Schasu in jener Zeit stattfand, als diese (und die Israeliten)[3] versuchten, Kanaan über die Straße von Horus zu erreichen, die damalige Hauptstraße, die Ägypten mit dem westlichen Asien verband. Dies geschah unmittelbar nach dem Auszug aus Ägypten und war mit höchster Wahrscheinlichkeit auf die Bemühungen der Schasu zurückzuführen, Wasser von den Garnisonen der Truppen zu erhalten, die die Straße bewachten (dies ist wahrscheinlich auch der Ursprung jener biblischen Geschichte, in der Mose vom Herrn bestraft wird, weil er mit seinem Stab an einen Felsen geschlagen hatte, um Wasser für sein Volk zu gewinnen). Sethos I. verfolgte die Flüchtenden bis nach Gaza, dem Zentrum Kanaans, tötete dabei ihren Führer Mose und metzelte dessen Gefolge nieder. Damit waren die Israeliten und die Schasu gezwungen, in den Sinai zurückzukehren, was das Alte Testament als »vierzigjährige Wanderung« bezeichnet.

Aus den Kriegsdarstellungen Sethos' I. wissen wir, daß der Pharao kurz nach dem eben beschriebenen Feldzug eine Reihe von Kriegen im westlichen Asien führte, um ägyptische Positionen zu stärken und die verlorenen Gebiete wiederzugewinnen. Nach diesen Kämpfen vergingen etwa vierzig Jahre – im zweiten Jahrzehnt (1294–1284 v. Chr.) der langen Regierungszeit von Sethos' Sohn und Nachfolger Ramses' II. –, bis die Schasu, die damals Ägypten bereits verlassen hatten, abermals erwähnt werden. In vielen Texten finden sich Hinweise auf diese Kriege. In einem Artikel des *Journal of Egyptian Archaeology* aus dem Jahr 1964 schreibt Dr. Kenneth Kitchen, Professor für Ägyptologie an der Universität von Liverpool, daß auf einer Stele aus dem Wadi Tumilat im östlichen Deltagebiet der König als jemand bezeichnet wird, der »ein großes Gemetzel im Land (der) Schasu anrichtet. Er plündert ihre *tells* (Hügel), metzelt ihre (Leute) nieder und baut Städte (wieder auf?), die seinen Namen tragen«[4]. Auf einem Obelisk aus Tanis wird Ramses II. als »furchtbarer und rasender Löwe« beschrieben, »der das Land der Schasu plündert, die Berge von Seir mit seinem starken Arm heimsucht ...«. Dr. Kitchen stellt fest: »Hier wird Schasu mit dem Berg Seir, das ist Edom, gleichgesetzt.«[5] Und er fügt hinzu: »Dies legt den Schluß nahe, daß Ramses oder seine Truppen den Negeb, das Hochland von Seir oder Edom, und vielleicht auch einen Teil des dazwischenliegenden Senkungsgrabens Araba überfielen.«[6]

Auch die Kriegsreliefs von Ramses II. an der Ostmauer seines Hofes im Tempel von Luxor künden von seinen Kämpfen im Land Moab etwa zur gleichen Zeit: »Nach neuen Erkenntnissen ist hinreichend bewiesen, daß die Streitkräfte Ramses II. in das Gebiet nördlich des (Flusses) Arnon eindrangen (dabei Dibon einnahmen) und wahrscheinlich auch in das Kernland von Moab zwischen dem Arnon und (dem Fluß) Zered.«[7] Allerdings werden in Berichten über die Kriege von Ramses II. gegen die Moabiter nirgends die Schasu erwähnt.

Diese Belege zeigen, daß im zweiten Jahrzehnt des 13. Jahrhunderts vor Christus die Stämme Israels – offensichtlich immer noch Halbnomaden – zwar Ägypten verlassen hatten, jedoch weit davon entfernt waren, den Ägyptern die

Herrschaft in Kanaan streitig zu machen. Sie hielten sich immer noch im Gebiet um den Berg Seir in Edom auf, im Süden und Südwesten des Toten Meeres, zwischen Eilat an der Nordspitze des Golfes von Akaba und dem südlichen Teil des Toten Meeres. Moab stand also weiterhin unter ägyptischer Oberherrschaft, und die israelitischen Stämme waren in das Gebiet noch nicht eingedrungen.

Noch aus der Regierungszeit Ramses' III. (ca. 1182–1151 v. Chr.) stammt ein Bericht über militärische Aktivitäten gegen nomadisierende Beduinenstämme im edomitischen Gebiet Seirs, was wohl der einzige Kriegszug dieses Pharaos in Palästina war. Der Papyrus Harris, der bereits im vorangegangenen Kapitel über die Philister erwähnt wurde, beschreibt, wie der König »die Seiriter unter den Schasu-Stämmen vernichtete. Ich plünderte ihre Zelte und nahm Menschen und Waren mit.«[8]

Es spricht alles dafür, daß nach dem Auszug aus Ägypten die Israeliten lange Zeit im Gebiet des Berges Seir in Edom blieben. Eine Reminiszenz an jene Tage findet sich im Lied der Debora, in dem es heißt: »Herr, als du auszogst aus Seir, als du vom Grünland Edoms heranschrittest, da bebte die Erde, die Himmel ergossen sich« (Richter, 5,4). Erst als Ägypten in der zweiten Hälfte des zwölften Jahrhunderts die Herrschaft über Palästina verlor, begannen die Israeliten, von Dan aus (dem alten Lachisch im oberen Galiläa, das damals nur ein kleines Dorf war und etwa zwanzig Kilometer nördlich von Hazor entfernt in der Nähe der Quelle des Flusses Jordan lag) nördlich von Beerscheba in der Wüste Negev nach Süden in das Land einzudringen. Dort haben archäologische Ausgrabungen eine Neubesiedlung im 12. Jahrhundert vor Christus nachgewiesen. Sie waren noch Halbnomaden und lebten in den Ruinen alter Städte oder mit anderen Kanaanäern zusammen. Die

Philister hatten bereits ihre Stadtstaaten im Südwesten Kanaans gegründet und versuchten, in Richtung Totes Meer und zum Fluß Jordan vorzudringen. Da dort auch die Israeliten versuchten, sich niederzulassen, wurde der Konflikt zwischen den beiden Neuankömmlingen die größte Sorge König Sauls und des Stammeskönigs David. Fassen wir noch einmal die Ergebnisse dieser beiden Kapitel zusammen:

– Jener David, der ein Reich gründete, das sich vom Nil bis zum Euphrat erstreckte, kann nur im fünfzehnten Jahrhundert vor Christus gelebt haben ... das Eindringen der Israeliten in Kanaan, in das Gelobte Land, war ein Prozeß, der sich in mehreren Etappen vollzog und sich erst beschleunigte, als Ägypten in der zweiten Hälfte des 12. Jahrhunderts vor Christus die Herrschaft über Palästina verlor ... jener David, dessen wichtigste Feldzüge gegen die Philister gerichtet waren, kann nicht vor dem zwölften Jahrhundert vor Christus gelebt haben, denn zu jener Zeit fand die Masseninvasion der Philister in die Küstenebene Kanaans statt.

20
DIE BEIDEN DAVIDS

Der Stammeskönig David, der in der ersten Hälfte des zehnten Jahrhunderts vor Christus lebte, ist zweifellos eine unbedeutende Figur. Er begegnet uns in verschiedenartiger Gestalt – als Schafhirte, als Sauls Rivale und später als der Rivale von Ischboscheth, einem der überlebenden Söhne Sauls im Kampf um die israelitische Führung; als Virtuose des Harfenspiels und als »Kriegsmann«, der in ständige Kämpfe mit den Philistern verwickelt war. Ein Versuch, das letztere nachdrücklich zu betonen – was als Teil der Strategie zur Verwischung der wahren Identität Davids betrachtet werden muß –, ist die Geschichte vom heldenhaften Kampf Davids gegen Goliath. Diese Geschichte jedoch ist aus einem populären und vielbewunderten Werk der ägyptischen Literatur entliehen, aus der *Autobiographie des Sinuhe* nämlich, in der Ereignisse beschrieben werden, die bereits tausend Jahre vorher geschehen waren und mit den Ereignissen um die beiden biblischen Davidgestalten (vgl. Anhang C und D) rein gar nichts zu tun haben.[1]

Die Lebensbeschreibung des Kriegerkönigs David, die wir im Zweiten Buch Samuel finden, ist vergleichsweise klar. Sein erster Feldzug wird im fünften Kapitel beschrieben. Dort erfahren wir, daß »der König mit seinen Männern nach Jerusalem gegen die Jebusiter zog, die in dieser Gegend wohnten ... (und) er eroberte die Burg Zion; sie wurde die Stadt Davids«. David wohnte in der Burg und baute sie zu einer Festungsanlage aus, und »Hiram, der König von Tyrus, schickte eine Gesandtschaft zu David und ließ ihm Zedernholz überbringen; auch Zimmerleute und Steinmetzen schickte er, und sie bauten für David einen Palast« (2 Samuel 5, 6–11).

Im Zweiten Buch Samuel wird diese Leistung dem Stammeskönig David unmittelbar nach Beginn seiner Alleinherrschaft über die Israeliten zugeschrieben, doch dies kann kaum der Fall gewesen sein. Erstens lesen wir, daß die Philister, *sobald* sie von Davids Salbung zum König erfahren hatten, sich sofort zum Kampf gegen ihn rüsteten und sich »in der Rafaiterebene verteilten«, die nordwestlich von Betlehem lag. Es gab zwei Gefechte, und im zweiten »schlug David die Philister im ganzen Gebiet zwischen Geba und der Gegend von Geser«, einer der Küstenstädte der Philister nördlich von Aschdod. Doch die Einnahme Jerusalems, die Errichtung von Befestigungen und die Organisation von Baumaterial und Handwerkern aus Tyrus – auch dies Teil der Geschichte – muß beträchtliche Zeit in Anspruch genommen haben. Zweitens hatte zur Zeit des Königs David (Thutmosis III.) im fünfzehnten vorchristlichen Jahrhundert die große Invasion der Philister in der Küstenebene Kanaans noch gar nicht stattgefunden.

Im nächsten Kapitel des Zweiten Buchs Samuel wird beschrieben, wie David dreißigtausend ausgewählte Männer Israels versammelte und von Baal in Juda aus aufbrach nach Gibeon in Benjamin, »um von dort die Lade Gottes heraufzuholen«. Diese, so wird angenommen, war identisch mit der Bundeslade, die Mose im Allerheiligsten des im Sinai errichteten Zeltes aufgestellt hatte. In dieser Bundeslade wurden die Zehn Gebote aufbewahrt, und die Israeliten nahmen sie angeblich ins Gelobte Land mit. Jetzt

wurde sie in einer Prozession in die »Stadt Davids« gebracht, wo sie »in die Mitte des Zeltes, das David für sie errichtet hatte«, auf den Berg Morija nördlich der alten Jerusalemer Festung gestellt wurde.
Drei Kapitel später folgt der Bericht einer ganzen Reihe von Kriegen im nördlichen Palästina, in Syrien – wo David bis zum Euphrat, dem Fluß Mesopotamiens, zog, wo seine Herrschaft bedroht war – und in Moab östlich des Toten Meeres. Es heißt, er habe

- »die Moabiter geschlagen ... So wurden die Moabiter David untertan und tributpflichtig« (2 Samuel 8,2).

- David schlug »auch Hadad-Eser ... den König von Zoba (in Richtung Hamat in Nordsyrien), als dieser ausgezogen war, um seine Macht am Euphrat wiederherzustellen« (2 Samuel 8,3), und so »machte sich David einen Namen« (er ließ eine Stele errichten) (8,13).

- Die Syrer von Damaskus kamen dann Hadad-Eser, dem Führer der vereinigten syrischen Königreiche, zu Hilfe, aber David besiegte sie und tötete zwanzigtausend seiner Feinde, bevor er in Aram in Damaskus Garnisonen errichten ließ. Die Syrer wurden seine tributpflichtigen Untertanen.

- Als der König von Hamat erfuhr, daß David Hadad-Eser besiegt hatte, schickte er seinen Sohn zu David, der Glückwünsche und Geschenke überbrachte.

- Ein weiterer Krieg fand im südlichen Kanaan statt – in Edom an der Grenze zum ägyptischen Sinai – wo Davids Armee achtzehntausend Männer niedermetzelte, und er errichtete Standorte in Edom, das ihm untertan wurde.

- Als der König der Ammoniter starb und sein Sohn auf den Thron kam, schickte David Boten, um sein Beileid zu bekunden, doch die Boten wurden schlecht behandelt, weil die Ammoniter argwöhnten, der wahre Zweck ihres Besuchs sei es, ihre Stadt auszukundschaften, die hier nicht namentlich erwähnt wird. Die Ammoniter versammelten alle ihre Verbündeten in Syrien und Mesopotamien und rüsteten sich zum Krieg. Als Davids Truppen daraufhin zum Angriff auf ihre Stadt marschierten, merkten sie, daß die gegnerischen Kräfte sich in zwei Gruppen aufgeteilt hatten: Die Ammoniter hatten sich an den Stadttoren gesammelt, während ihre Verbündeten auf dem offenen Feld zum Kampf bereitstanden. Davids Armee wurde ähnlich aufgeteilt. Die auf offenem Feld bereitstehenden Verbündeten der Ammoniter waren bald besiegt und flohen, wogegen die Ammoniter hinter den Toren der Stadt Zuflucht suchten.

- Die Syrer stellten eine neue Truppe auf, die sich vermutlich auf der Ostseite des Jordanflusses versammelte. David überschritt den Jordan und besiegte die Syrer erneut, er »vernichtete siebenhundert ... Kriegswagen und tötete vierzigtausend Reiter« (2 Samuel 10,18). Alle Könige, die mit Hadad-Eser, dem König von Zoba und vermutlichen Führer der syrischen Allianz, verbündet waren, schlossen nach dieser Niederlage Frieden mit David und wurden seine Untertanen.

– Dann kehrte Davids Armee zurück, um die Stadt zu belagern, die hier als Rabba (2 Samuel 11,1) bezeichnet wird und in die die Ammoniter bei den früheren Feldzügen geflüchtet waren. David selbst blieb in Jerusalem. Und an dieser Stelle wird die Geschichte von David und Batseba eingefügt.

Während David einmal zur Abendzeit auf dem Flachdach des Königspalasts in Jerusalem hin und her schlenderte, erblickte er eine wunderschöne Frau, die badete. Es war Batseba, die Frau des Hethiters Urija, der gerade abwesend war und in der Armee des Königs bei der Belagerung Rabbas diente. David schickte Boten zu ihr und ließ sie holen, sie kam zu ihm, und er schlief mit ihr, und bald darauf ließ Batseba ihm mitteilen: »Ich bin schwanger.« David befahl die Rückkehr des Urija nach Jerusalem, und nachdem er seinen Bericht über den Fortgang der Belagerung angehört hatte, befahl er ihm, in sein Haus zu gehen. Zweifellos hoffte er, Urija und seine Frau würden miteinander schlafen, so daß Davids Vaterschaft vertuscht würde. Doch Urija folgte nicht den Anweisungen des Königs und verbrachte die Nacht draußen bei den Knechten des Königs. Als dies David erfuhr, schickte er Urija mit einem Brief an den Befehlshaber Joab zurück an die Front, in dem er auftrug: »Stellt Urija nach vorn, wo der Kampf am heftigsten ist, dann zieht euch von ihm zurück, so daß er getroffen wird und den Tod findet« (2 Samuel 11,15). Als ihm später die Nachricht vom Tod des Urija in der Schlacht um Rabba überbracht wurde, schickte David wieder nach Batseba und heiratete sie, und sie gebar ihm einen Sohn, Salomo.
David schloß sich seinen Truppen an, als der Fall Rabbas so gut wie sicher war, und er führte sie in die letzte und

erfolgreiche Schlacht. Dann »nahm er ihrem König die Krone vom Haupt, deren Gewicht ein Taler Gold betrug und an der ein kostbarer Stein war; sie wurde nun Davids Krone. Und er schaffte eine sehr große Beute aus der Stadt fort.« David machte auch viele Kriegsgefangene, die er für sich arbeiten ließ. Und ehe er endgültig nach Jerusalem zurückkehrte, unterwarf er auch die übrigen Städte der Ammoniter.

Die biblischen Erzählungen dieser Feldzüge, die der Kriegerkönig David unternahm, stimmen genau mit den historischen Beschreibungen jener Kriege überein, die Thutmosis III., der größte König der Alten Welt, führte.

21
DIE REISE IN DEN HIMMEL

Thutmosis III., der Sohn einer Konkubine, wurde unter merkwürdigen Umständen der fünfte Herrscher der Achtzehnten Dynastie. Die Dynastie war knapp hundert Jahre zuvor begründet worden, als sich die Fürsten von Theben nach über einem Jahrhundert Fremdherrschaft der Hyksos, eines Hirtenvolkes, im sechzehnten Jahrhundert vor Christus zusammenschlossen und diese vertrieben; Amosis (ca. 1575–1550 v. Chr.) wurde als der erste König des neuen Geschlechts gekrönt. Insgesamt führte der neue Herrscher fünfzehn Jahre lang Kriege, um sicherzustellen, daß kein Teil Ägyptens mehr unter fremder Herrschaft stand, und er verfolgte die versprengten Hyksos bis in die Gegend von Gaza.

Sein Nachfolger war sein Sohn Amenophis I. (ca. 1550–1528 v. Chr.), der in Feldzügen gegen die Hyksos weiter nach Palästina und Syrien vordrang. Ihm wiederum folgte Thutmosis I. (ca. 1528–1510 v. Chr.), einer seiner Generäle, auf den Thron, nachdem der König die Heirat zwischen diesem und der königlichen Thronerbin arrangiert und ihn zum Mitregenten ernannt hatte. Trotz seiner kurzen Herrschaftszeit war Thutmosis I. der eigentliche Begründer des ägyptischen Reiches. Er zog an der Spitze seiner Armee nach Westasien und erreichte den Fluß Euphrat im Gebiet zwischen Nordsyrien und Mesopotamien im südlichen Anatolien. Es gelang ihm, dort den Fluß zu überqueren und in Mitanni (dem alten Königreich im Norden Mesopotamiens) einzudringen, wo er eine Stele zum Andenken an seinen Sieg errichten ließ. Zu dieser Zeit genügte es den Ägyptern allerdings, ihre Feinde lediglich zu schlagen, sie versuchten nie, die eroberten Gebiete ihrer Herrschaft zu unterwerfen.

Von diesem Zeitpunkt an beginnt eine geheimnisvolle Epoche in der ägyptischen Geschichte. Der nächste Herrscher war der Sohn des Königs, Thutmosis' II. (ca. 1510–1490 v. Chr.), dessen Mutter allerdings eine unbedeutende Frau war, nicht die königliche Gemahlin (die Königin Amose). Um den Thron zu erben, heiratete er gemäß dem Brauch seine Halbschwester Hatschepsut, die rechtmäßige Erbin aus der Ehe seines Vaters mit der Königin Amose. Thutmosis II. wiederum erwählte seinen Sohn Thutmosis III. (ca. 1490–1436 v. Chr.), den er mit einer Konkubine gezeugt hatte, zu seinem Nachfolger. Doch kurz vor dem Tod von Thutmosis II. gebar Hatschepsut eine Tochter, Neferure. Die übliche Methode, um Thutmosis III. das Thronerbe zu sichern, wäre seine Heirat mit Neferure, seiner Halbschwester, gewesen, die den rechtmäßigen Anspruch auf den Thron hatte. Aber diese Heirat fand nicht statt. Vielleicht, weil die Königin Hatschepsut mit dieser Ehe nicht einverstanden war? Wir wissen es nicht, doch es ist nachgewiesen, daß sie an der Überzeugung festhielt, Neferure sei die einzig legitime Erbin, »die Herrin der beiden Länder, die Gebieterin von Ober- und Unterägypten«.[1] Unter diesen Umständen mußte Thutmosis II. seinen Sohn vom Staatsgott Amun »adoptieren« lassen, um ihm die Thronfolge zu sichern.

Die Geschichte von der göttlichen Erwählung von Thutmosis III. zum König findet sich in einer Inschrift in Karnak am Ostufer des Nils in Oberägypten; verfaßt wurde sie lange nach der Thronbesteigung des Königs. Es wird darin geschildert, daß die Erwählungszeremonie an einem Festtag stattfand, als der König noch ein einfacher Tempeldiener im Tempel des Amun in Theben war und die Barke des Amun durch die Halle zog: »... [der Gott] umkreiste die Säulengänge auf beiden Seiten, jene, die vorne waren, begriffen sein Tun nicht, während er überall nach meiner Majestät suchte. Als er mich erkannte, siehe, da hielt er inne ... [ich warf mich] zu Boden ... in seiner Anwesenheit. Er stellte mich vor seine Herrlichkeit: Ich wurde auf den ›Platz des Königs‹ gestellt (den Platz im Allerheiligsten, den der König einnahm, um das vorgeschriebene Staatsritual auszuüben) ... Dann [offenbarten] sie (die Priester) dem Volk die Geheimnisse im Herzen der Götter ... es gab keinen, der sie kannte, keinen, der sie offenbarte [außer ihm].«

Danach wird beschrieben, wie der junge Prinz in den Himmel gezaubert wurde, um zum König ernannt zu werden: »[Er öffnete mir] die Tore des Himmels, die Pforten des Horizontes von Re. Ich flog als göttlicher Falke in den Himmel und schaute seine Gestalt im Himmel; ich betete seine Herrlichkeit an ... ich sah die wunderbaren Erscheinungsformen des Horizontgottes auf seinen geheimnisvollen himmlischen Wegen.«[2] Da Thutmosis III. nun ins Allerheiligste eintreten durfte, war es ihm gestattet, die Herrlichkeit Gottes selbst zu schauen: »Re selbst setzte mich ein. Ich wurde mit den Diademen ausgezeichnet, die auf seinem Haupt [wa]ren, sein Schlangendiadem ruhte auf [meiner Stirn] ... Ich war übersättigt von den Ratschlägen der Götter, so wie Horus, als er seine Schar im Hause meines Vaters Amun-Re zählte ... Sein eigener Titel wurde mir beigefügt.«[3]

Thutmosis III., der den Herrschernamen Mencheper-Re (»eingesetzt in der Art von Re«) bekommen hatte, war noch ein kleiner Junge von etwa fünf Jahren, als sein Vater starb. Obwohl er vom Staatsgott Amun selbst zum Thronerben seines Vaters auserkoren worden war, ließ die Königin Hatschepsut, seine Tante und Stiefmutter, ihn nicht regieren. Statt dessen ernannte sie sich selbst zu seinem Vormund und ließ ihn auf den Reliefs jener Zeit immer nur an zweiter Stelle hinter sich selbst darstellen. Bereits im Jahre zwei der Herrschaft Thutmosis' III. ging sie soweit, die Königschaft mit dem jungen König zu teilen, wobei sie Männerkleidung trug und wie ein Mann auftrat. Zeit ihres Lebens drängte sie Thutmosis III. in den Hintergrund und betrachtete ihre Tochter Neferure als die rechtmäßige Erbin, die anstelle eines Mannes den Thron besteigen würde. Ihre Pläne scheiterten jedoch, als Neferure im Jahr sechzehn der Doppelregentschaft starb, und von da an gewann Thutmosis III. zunehmend an Bedeutung. Es scheint, als sei er als junger Mann in die ägyptische Armee eingetreten, und es besteht Grund zu der Annahme, daß er gegen Ende der Mitregentschaft im Gebiet von Gaza kämpfte.

Die Gelegenheit, alleiniger Herrscher über Ägypten zu werden, ergab sich für Thutmosis III., als Hatschepsut im zweiundzwanzigsten Jahr der Doppelregentschaft starb. Anscheinend bestand seine erste Amtshandlung darin, die zahlreichen Monumente, die seiner Tante/Stiefmutter zu Ehren errichtet worden waren, zu zerstören: Ihre Reliefe wurden herausgeschlagen, ihre Inschriften ausgestrichen, ihre Kartuschen unkenntlich gemacht, ihre Obeliske zugemauert. Da Thutmosis III. also weder der Sohn einer ägyptischen Königin war noch durch die Ehe mit einer Thronerbin königliche Macht erlangt hatte, sondern vom Staatsgott Amun zum Herrscher erkoren worden war, war er formal gesehen kein rechtmäßiger Nachkomme der früheren Amossidendynastie. Von nun an bis zum Ende der Herrschaft der Amarna-Könige über Ägypten – also der Regentschaft Echnatons, Semenchkares, Tutanchamuns und Ejes – war es diese von Thutmosis III. begründete Dynastie, die Ägyptens König stellte.

Der Sarkophag im Grab von Thutmosis III. (Nr. 34 im Tal der Könige) war leer, als man ihn fand. Seine Mumie kam aber schließlich zusammen mit zweiunddreißig anderen königlichen Mumien zum Vorschein; sie war in der Nekropolis in Westtheben in einer drei Meter breiten und beinahe dreihundert Meter langen Kammer am Ende eines schmalen Schachts verborgen. Mehr als dreitausend Jahre zuvor waren diese Mumien dort von ägyptischen Priestern versteckt worden, um sie vor Grabräubern zu schützen, die bereits zu jener Zeit ihr Unwesen trieben. Ironischerweise wurde aber auch dieses neue und geheime Versteck von Grabräubern ausfindig gemacht; erst als den für Altertümer zuständigen Behörden auffiel, daß verschiedene Grabgegenstände auf dem Markt auftauchten, begannen sie, nach deren Herkunftsort zu suchen. Als man die Mumien schließlich entdeckt hatte, brachte man sie ins Kairoer Museum.

KÖNIGE DER SPÄTEN ACHTZEHNTEN UND FRÜHEN NEUNZEHNTEN DYNASTIE[4]

König	*Regierungsdauer*	*Regierungszeit*
Thutmosis III. (DAVID)	54	1490–1436 v. Chr.
Amenophis II.	23	1436–1413 v. Chr.
Thutmosis IV:	8	1413–1405 v. Chr.
Amenophis III. (SALOMO)	38	1405–1367 v. Chr.
Echnaton (MOSE) (allein)	6	1367–1361 v. Chr.
Semenchkare	-	-
Tutanchamun (JESUS)	9	1361–1352 v. Chr.
Eje (EFRAIM)	4	1352–1348 v. Chr.
Haremhab	13	1348–1335 v. Chr.
Neunzehnte Dynastie		
Ramses I.	2	1335–1333 v. Chr.
Sethos I.	29	1333–1304 v. Chr.
Ramses II.	67	1304–1237 v. Chr.

Die Mumie von Thutmosis III. wurde außerhalb ihres Sarges vorgefunden, und die Räuber hatten sie schwer beschädigt, als sie ihr die Juwelen abgenommen hatten. Der Kopf, der vom Körper abgetrennt war, zeigte, daß der König zum Zeitpunkt seines Todes beinahe völlig kahl war, abgesehen von einigen wenigen kurzen, weißen Haaren hinter dem linken Ohr. Auch alle vier Gliedmaßen waren vom Rumpf abgetrennt, ebenso die Füße von den Beinen, und beide Arme waren an den Ellbogen auseinandergebrochen: »... vor der Wiederbeisetzung war eine Erneuerung der Umwicklung erforderlich, und da Teile des Körpers sich abgelöst hatten, mußten die Restaurateure die Mumie zwischen vier ruderförmigen Holzstücken zusammenpressen, um die nötige Festigkeit herzustellen ... Glücklicherweise hatte das Gesicht, das zur Zeit der Einbalsamierung mit Pech übergossen worden war, diese grobe Behandlung gut überstanden und schien unversehrt, als die schützende Maske abgenommen wurde.«[5]

Diese Worte stammen von Gaston Maspero, dem damaligen Generaldirektor des Kairoer Museums, und er schreibt weiter: »Seine Statuen stellen ihn zwar nicht als gutaussehenden Mann dar, zeigen ihn jedoch als einen Menschen mit feinen, intelligenten Gesichtszügen. Allerdings geht aus dem Vergleich mit der Mumie hervor, daß die Künstler ihr Modell idealisiert haben.«[6] Eine andere Meinung über das Aussehen des Königs vertritt der amerikanische Wissenschaftler William C. Hayes: »Thutmosis III., unbestritten der berühmteste Pharao, der jemals auf dem ägyptischen Thron saß, scheint sich nicht nur als Krieger, Staatsmann und Verwalter hervorgetan zu haben, sondern auch als einer der besten Reiter, Bogenschützen und Allroundsportler jener Zeit ... Physisch (jedoch) kann er nicht allzu einnehmend gewesen sein. Seine Mumie zeigt, daß er ein untersetzter, kleinwüchsiger Mann war, weniger als einen Meter zweiundsechzig groß, und auf seinen Porträts wird er beinahe durchweg mit der am stärksten gekrümmten Nase aller Thutmossiden dargestellt.«[7]

Die kleine Statur und das physische Erscheinungsbild, das Hayes »nicht allzu einnehmend« fand, taten dem Privatleben von Thutmosis III. jedoch keinen Abbruch. Seine Hauptfrau und die Mutter seines Thronfolgers, Amenophis' II. (ca. 1436–1413 v. Chr.), war seine Halbschwester Meritre. Über sie weiß man nicht viel, aber sie war sicherlich nicht die Thronerbin. Überdies war er mit drei syrischen Frauen verheiratet, deren Grab man in Westtheben gefunden hat, und er herrschte über einen großen Harem.

Es gibt keinen Beleg dafür, daß Thutmosis III. mit der zu Besuch weilenden Sara ein Verhältnis gehabt hatte, das die Geburt Isaaks zur Folge hatte. Die ägyptischen Schreiber mußten die Sache entweder für zu unbedeutend oder für eine große Sünde gehalten haben, die man besser nicht in offiziellen Schriften der Nachwelt hinterließ. Und ganz ähnlich verhielten sich die Verfasser der biblischen Schriften: Sie leugneten zwar diese Ehe nicht, versuchten aber, die Identität des Vaters sowie die des Kindes, das aus dieser Verbindung hervorgegangen war, geheimzuhalten.

22
ARMAGEDDON

Als Thutmosis III. nach dem Tod von Hatschepsut in seinem zweiundzwanzigsten Regierungsjahr Alleinherrscher über Ägypten wurde, waren vier Jahrzehnte vergangen, in denen die Ägypter keine größeren militärischen Aktionen im westlichen Asien unternommen hatten. Nun änderte sich die Situation völlig. Der König von Kadesch, einer starken, befestigten Stadt am Fluß Orontes in Nordsyrien, führte ein syrisch-kanaanitisches Bündnis an, das sich gegen Ägypten erhob. Daraufhin marschierte Thutmosis III. in Westasien ein, um die Gebiete zwischen Nil und Euphrat zurückzugewinnen, die vierzig Jahre zuvor sein Großvater Thutmosis I. erobert hatte. In den folgenden zwanzig Jahren führte er insgesamt siebzehn Feldzüge im westlichen Asien, die am Ende seinen Ruf als mächtigsten König des Altertums begründeten. Der Bericht über diese zahlreichen Kriege wurde von den Tagesaufzeichnungen des Schreibers, der die Armee begleitete, in die Annalen übertragen; diese stellen ein 223zeiliges Dokument dar, mit dem die Innenseiten der Mauern beschriftet sind, die das von Thutmosis III. in Karnak erbaute steinerne Allerheiligste umgeben. Der Bericht beginnt damit, daß der König in den letzten Tagen seines zweiundzwanzigsten Regierungsjahrs an der Spitze seiner Truppen von der befestigten Grenzstadt Zarw aufbricht.

Zehn Tage später erreichte er Gaza, wo er den Beginn seines dreiundzwanzigsten Jahres mit Festlichkeiten zu

Ehren seines »Vaters« Amun beging, dessen Bildnis in einem Schrein der marschierenden Armee vorangetragen wurde. Dort verbrachte er die Nacht, ehe er nach Norden in das Kernland Kanaans vordrang. Er lagerte in einem Ort namens Jehem südlich einer Bergkette, die er auf dem Weg zur Stadt Megiddo, wo sich die Feinde versammelt hatten, überqueren mußte. Hier nun hatte er die Wahl zwischen drei möglichen Routen, doch die kürzeste, die sogenannte Aruna-Straße, war eng und gefährlich. Deshalb berief er einen Kriegsrat ein und sagte zu seinen Armeeführern: »Jener schändliche Feind von Kadesch … hat unter sich die Fürsten aller Länder versammelt, die Ägypten ergeben waren … Und er sagt (so sagen sie): ›Ich werde hier in Megiddo auf den Kampf mit Seiner Majestät harren.‹ Sagt mir offen, was ihr denkt.«
Auf die Frage, welchen Weg sie nach Megiddo nehmen sollten, antworteten die Offiziere: »Wie kann man auf dieser Straße gehen, die so schmal ist? Werden nicht unsere Pferde eines hinter dem anderen gehen müssen, ebenso wie unsere Soldaten und das gemeine Volk? Soll unsere Vorhut kämpfen, während die Nachhut noch hier in Aruna (dem Ort, an dem die enge Straße beginnt) steht?« Doch unter dem Eindruck der neuesten Berichte seiner Boten entschloß sich Thutmosis III., den Weg nach Megiddo über die beschwerliche enge Straße zurückzulegen. Diese für seine Feinde unerwartete Entscheidung wurde von seinen Offizieren kommentiert: »Möge Amun deinem Plan gewogen sein … Der Diener wird seinem Herrn folgen.«[1]
So kam es zur ersten Schlacht von Armageddon.

Die militärische Bedeutung von Megiddo und ihre geschichtliche Tradition als Schlachtfeld der Völker wird »treffend wiedergegeben in der Apokalypse des Johannes

(Offenbarung 16,16 ff.), in der Armageddon (*Har Meggiddon*, der Berg von Megiddo) als der Schauplatz der letzten Schlacht bezeichnet wird, die am Jüngsten Tag alle Könige der Welt mit den Heerscharen Gottes austragen werden.«[2] Dies unterstreicht den bis in die christliche Zeitrechnung erhalten gebliebenen Glauben, daß der aus dem Hause David geborene Messias eines Tages die Schlacht seines Vorfahren, der Megiddo eroberte, erneut führen muß und an jenem Ort der letzte Entscheidungskampf zwischen Gut und Böse stattfindet.

An der Spitze seiner Truppen marschierte Thutmosis III. auf der schmalen Bergstraße von Aruna auf Megiddo zu, und das Bildnis des Amun wies ihm den Weg. Als er schließlich im Tal südöstlich von Megiddo herauskam, sah er, daß sich die feindlichen Truppen geteilt hatten – so wie in der biblischen Schilderung des Angriffs auf Rabba. Da die Gegner offenbar damit gerechnet hatten, daß er eine der beiden anderen, breiteren Straßen nehmen würde, hatte ein Truppenteil im Süden bei Taanach Stellung bezogen, der andere näher bei Megiddo. Dank seiner unerwarteten Entscheidung tauchte Thutmosis III. nun zwischen den beiden Armeen des Feindes auf. Auf Anraten seiner Offiziere ließ der König zwei Tage lagern, bis auch die hintere Truppenstaffel eingetroffen war. Nachdem er dann seine Armee in verschiedene Einheiten unterteilt hatte, begann er mit dem Angriff: »In einem Streitwagen aus reinem Gold und angetan mit seiner prachtvollen Kampfesrüstung brach Seine Majestät auf, wie Horus mit dem mächtigen Arm, tatendurstig wie Montu (der ägyptische Kriegsgott), der Thebaner, während sein Vater Amun seinem Arm Stärke verlieh. Der Südflügel der Armee Seiner Majestät befand sich auf einem Hügel südlich [des] [Baches] Kina, der Nordflügel war nordwestlich von Megiddo, während

Seine Majestät sich in der Mitte befand und Amun schützend seine Hand über ihn hielt ...«

In der darauffolgenden Schlacht gewannen die Ägypter die Oberhand, und die Könige, die sich gegen Thutmosis erhoben hatten, suchten Zuflucht beim Heiligtum in Megiddo. Bürger der Stadt retteten sie, indem sie »Kleidungsstücke herunterließen, um sie hochzuziehen«, denn die Stadttore waren geschlossen worden.

Die Verfasser des Schlachtenberichts stellen bedauernd fest, daß die Feinde »ihre Pferde und Streitwagen aus Gold und Silber zurückließen«, denn »hätte die Armee Seiner Majestät sich nur nicht dem Erbeuten der feindlichen Besitztümer hingegeben, dann [hätte] sie Megiddo zu diesem Zeitpunkt [eingenommen]«[3]. Statt dessen mußte die Stadt, die die Einwohner mit einem Schutzzaun und einem Graben umgeben hatten, sieben Monate lang belagert werden: »Sie (die Soldaten des Pharao) maßen [diese] Stadt ab, die von einem Graben umgeben und mit dem frischen Holz all ihrer herrlichen Bäume umzäunt war.« Der König jedoch befand sich nicht unter seinen Soldaten: »Seine Majestät weilte in einer Festung östlich dieser Stadt.«[4]

Eine Stele in Gebel Barakal in Nubien schildert, wie die Stadt sich schließlich ergab und dieser langwierige Krieg zu Ende ging: »Dann sandten jener Feind und die Fürsten, die bei ihm waren, Boten zu Meiner Majestät, all ihre Kinder trugen reichlich Tribut herbei, Gold und Silber, alle Pferde, die sie besaßen, ihre prachtvollen Streitwagen aus Gold und Silber wie auch diejenigen, die bemalt waren, all ihre Kampfrüstungen, Bogen, Pfeile und Kriegswaffen. Mit diesen waren sie von ferne gekommen, um gegen Meine Majestät zu kämpfen, und nun brachten sie sie Meiner Majestät als Tribut dar. Sie standen auf den Mauern, prie-

sen Meine Majestät und baten um Schonung ihres Lebens.«[5]
Die meisten Städte zwischen dem Jordan und dem Meer sowie einige nordsyrische Städte, darunter Hamat (nördlich von Kadesch), erkannten nach dem Fall Megiddos die Oberhoheit Ägyptens an, und ihre Fürsten kamen mit Geschenken ins Lager von Thutmosis III., um ihm zu huldigen.

Nach dieser langen Zeit der Belagerung, die Thutmosis III. in einer »Festung im Osten« verbracht hatte, kehrte er zurück, um den letzten entscheidenden Angriff auf Megiddo anzuführen. Damit begann für den König eine lange und erfolgreiche Periode militärischer Aktivitäten. Nach der Eroberung Megiddos marschierte er weiter in den Südlibanon, wo er drei Städte am Fluß Litani (Leontes) einnahm und dann nach Ägypten zurückkehrte. Aber erst bei seinem sechsten Feldzug im dreißigsten Herrschaftsjahr sollte es ihm endlich gelingen, seinen hartnäckigen Feind zu bezwingen – die Stadt Kadesch in Nordsyrien, die die Niederlage ihrer Verbündeten bei Megiddo überlebt hatte und weiterhin zur Rebellion gegen Ägypten aufhetzte. Drei Jahre nach der Belagerung und Eroberung Kadeschs überquerte Thutmosis III. bei seinem Feldzug, der die Wiederherstellung des ägyptischen Reichs vom Nil bis zum Euphrat zum Ziel hatte, den Euphrat und schlug den König von Mitanni: »Meine Majestät drang zu den fernsten Grenzen Asiens vor. Auf den Hügeln des Gotteslandes (Phönizien) ... ließ ich zahlreiche Boote aus Zedernholz bauen. Sie wurden auf Wagen geladen, die von Ochsen gezogen wurden und Meiner Majestät voranfuhren, um damit jenen großen Fluß zu überqueren, der zwischen diesem Land und Nahrin (Mitanni) fließt ... Dann errich-

tete Meine Majestät eine Stele auf jenem Berg von Nahrin, die von dem Berg auf der Westseite des Euphrat stammte.«[6]
Maspero erklärt: »Er gelangte in das Land (Mitanni) über die Furten von Karkemisch (zwischen Syrien im Westen, Mesopotamien im Osten und dem Hethiterland Anagol im Norden), in der Nähe der Stelle, an der sein Großvater Thutmosis I. ein Jahrhundert zuvor eine Stele errichtet hatte. Neben diese stellte er eine weitere ..., um den Punkt zu markieren, bis zu dem er sein Reich ausgedehnt hatte.«[7]
Obwohl es ihm nun gelungen war, das ehemals von seinem Großvater gegründete Reich vom Nil bis an den Euphrat wiederherzustellen, betrachtete Thutmosis dennoch die Schlacht von Megiddo als die bedeutendste militärische Leistung seines Lebens. Aus diesem Grund wird in allen Inschriften, die von seinen Feldzügen berichten (nicht nur in denen an den Wänden des Tempels in Karnak), dieser erste Feldzug ausführlicher als alle anderen geschildert. Auch widmete sich der König diesem Thema in der Inschrift auf einer Stele, die bei Gebel Barakel, in der Nähe des vierten Kataraktes in Nubien, gefunden wurde und aus seinem siebenundvierzigsten Jahr stammt, als die Zeit der Kriege bereits hinter ihm lag. In der Schrift faßte er die Errungenschaften seiner Herrschaft wie folgt zusammen: »Ich sage euch weiterhin – höre, o Volk! Er (der Gott) gab mir bei meinem ersten Feldzug die fremden Länder von Retenu (Kanaan/Syrien), als sie zum Kampf gegen Meine Majestät antraten, Millionen und Hunderttausende von Männern aus allen fremden Ländern warteten in ihren Streitwagen – dreihundertunddreißig Fürsten, von denen jeder seine (eigene) Armee hatte.«[8]

23
DIE GESCHICHTE ZWEIER STÄDTE

In der biblischen Erzählung werden häufig Orts- und Personennamen vertauscht, und häufig stimmt auch die Chronologie der Ereignisse nicht, was ohne Zweifel auf die langjährige mündliche Überlieferung zurückzuführen ist. Was zum Beispiel die Chronologie betrifft, so heißt es in der Bibel, David habe die syrische Stadt Zoba angegriffen, deren König mit dem Namen Hadad-Eser bezeichnet wird. Er habe die Schlacht gewonnen, nach diesem Erfolg seine militärische Garnison nach Syrien (Aram) verlegt, und die Syrer seien seine Untertanen geworden und hätten ihm Tribut gezahlt. Zwei Kapitel später jedoch lesen wir, daß die Ammoniter sich vor David fürchteten und die Syrer um militärische Hilfe baten. Ja es wird sogar erwähnt, daß Zoba zu den syrischen Verbündeten gehörte. Dies wäre aber nicht möglich, wenn Zoba bereits geschlagen worden wäre und David Garnisonen in Syrien gegründet hätte. Daraus ist eindeutig der Schluß zu ziehen, daß die Ereignisse genau in umgekehrter Reihenfolge zu dem biblischen Bericht stattfanden.

Was die Ortsbeschreibung betrifft, so werden in den Annalen Thutmosis' III. zwei Namen nie erwähnt, die bei den militärischen Eroberungen Davids im Alten Testament eine herausragende Rolle spielen – Rabbat und Zoba. Rabbat ist mit dem heutigen Amman gleichzusetzen, der Hauptstadt des haschemitischen Königreichs Jordanien. Doch indem er Rabbat als die Stadt benennt, die von David angegriffen und besetzt wurde, unterläuft dem biblischen Erzähler ein weiterer Irrtum, denn die Stadt, die er meint, ist Megiddo. Und Zoba wiederum ist mit Kadesch gleichzusetzen, das einst eine nördliche syrische Festung am Orontes war. Die archäologischen Zeugnisse weisen jedoch erneut eindeutig darauf hin, daß die Schlachten um diese beiden Städte von Thutmosis III. geführt wurden und nicht von dem Stammesfürsten David, der im zehnten Jahrhundert vor Christus lebte. Denn zu diesem Zeitpunkt waren Megiddo und Kadesch bereits zerstört, und das heutige Amman war damals nur eine Ansiedlung von geringer Bedeutung.

* * *

Megiddo ist das heutige Tell Megiddo oder auch Tell el-Mutesellim, einer der wichtigsten Stadthügel Palästinas, der sich vierzig bis sechzig Meter über die Ebene erhebt und eine Fläche von etwa sechzigtausend Quadratmetern einnimmt. Das Stadtgebiet wurde in den verschiedenen Epochen noch durch eine Unterstadt erweitert.

Aufgrund seiner strategischen Lage an der Verbindungsstelle zweier stark frequentierter Straßen im Jesreel-Tal hatte die Stadt sowohl für den Handel als auch für militärische Zwecke große Bedeutung. Megiddo beherrschte die Straße des Meeres, die von der Hauptküstenstraße im Land der Philister abzweigte. Diese Küstenstraße begann bei Zarw, der ägyptischen Grenzstadt im Nordsinai, und führte schließlich nach Obergaliläa und Nordsyrien. In Megiddo zweigte von dieser Straße eine Ost-West-Route ab, die vom Mittelmeer über den Jordan ins Land der Ammoniter führte. Nach der Eroberung Megiddos machte Thutmosis daraus den ägyptischen Hauptstützpunkt für das Tal, und es blieb mindestens bis Mitte des zwölften Jahrhunderts vor Christus, also bis zur Thronbesteigung Ramses III., unter ägyptischer Herrschaft.

Die Ausgrabungen, die seit Beginn dieses Jahrhunderts immer wieder in Megiddo durchgeführt wurden, waren die umfangreichsten in Palästina. Diese Ausgrabungen haben gezeigt, daß die Stadt, die seit 3300 v. Chr. besetzt war, im zwölften Jahrhundert vor Christus völlig zerstört und danach wiederaufgebaut wurde. Im siebzehnten Jahrhundert vor Christus fiel Megiddo offenbar an die Hyksos, die zu jener Zeit sowohl über Ägypten als auch über Kanaan herrschten. Das Verteidigungssystem der Stadt entsprach damals »in typischer Weise den Befestigungen der Hyksos-Periode«.[1]

In der zweiten Hälfte des fünfzehnten Jahrhunderts vor Christus, zu der Zeit also, da Thutmosis III. Megiddo besetzte, wurde den Funden nach die Stadt zerstört, jedoch gibt es »keine Hinweise auf einen Niedergang ... Diese Zeit gehört zu den Perioden größten materiellen Reichtums im kanaanäischen Megiddo. Der Palast wurde stark vergrößert (auf fünfzig Meter Länge) und von einer zwei Meter dicken Mauer umschlossen ... In dem Palast wurde ein großer Schatz aus Elfenbein, Goldgefäßen, Schmuck, Gold- und Lapislazuliperlen gefunden. Dieser Schatz ... der im Boden eines der kleineren Räume im Nordtrakt des Palastes versteckt war ... ist ein eindeutiger Hinweis auf den großen Reichtum der Könige von Megiddo in der Amarnazeit (vierzehntes Jahrhundert vor Christus).«[2]

Nach der Einnahme durch Thutmosis III. nahm also die Bedeutung Megiddos unter ägyptischer Herrschaft zu. Diese Situation dauerte an bis zum letzten Drittel des zwölften Jahrhunderts vor Christus, danach deuten die

Zeugnisse auf eine weitere Zerstörung hin. Dieses Datum konnte durch Kartuschen von Ramses III. und Ramses VI. (etwa 1141–1134 v. Chr.) genau bestimmt werden, die auf Gegenständen in der letzten Schicht »vor einer plötzlichen völligen Zerstörung« gefunden wurden. »Dies [die Zerstörung] geht aus den Zeichen für Verwüstung hervor, die in den (Schicht) VII-A-Gebäuden eingemeißelt waren und aus zahlreichen Gegenständen ..., die in dieser Schicht auf dem Boden verstreut vorgefunden wurden. Wenn der Säulenfuß mit der Kartusche von Ramses VI. tatsächlich zur Schicht VII-A gehört, dann kann das Ende dieser Schicht auf etwa 1130 v. Chr. datiert werden.«[3]

Diese Zerstörung Megiddos geschah daher zur selben Zeit wie die Zerstörung Hazors und anderer syrischer und kanaanäischer Städte durch die Philister, die »Seevölker«, die, wie wir gesehen haben, nichts mit der Inbesitznahme des Gelobten Landes durch die Israeliten zu tun hat. Vor dem Ende des zwölften Jahrhunderts vor Christus wurde Megiddo erneut besiedelt: »Die Gebäude waren sehr dürftig, und die Stadt scheint nicht befestigt gewesen zu sein.«[4]

Hierauf folgte eine Zeit, in der – den Funden nach – neu gebaut wurde. Man fand Töpferware der Philister, und es gibt Hinweise, daß die Stadt in der zweiten Hälfte des elften Jahrhunderts vor Christus von ihnen benutzt wurde. Doch auch diese Siedlung scheint in der zweiten Hälfte des elften Jahrhunderts vor Christus zerstört und durch notdürftig errichtete Gebäude ersetzt worden zu sein, die auf eine Periode des Niedergangs hinweisen. Nun gab es »bescheidene Häuser anstelle der großen Gebäude in der vorhergehenden Schicht. Sie waren aus Schutt und luftgetrockneten Lehmziegeln erbaut. Die Wände waren zum Teil mit einer Schlammschicht aus demselben Lehm bedeckt, aus dem auch die Ziegel bestanden. Das Stadttor aus

der Schicht VI-A (der vorhergehenden Schicht) existierte offensichtlich nicht mehr … Allem Anschein nach war also die Stadt in dieser Periode überhaupt nicht befestigt.«[5]
So also sah die Stadt in der ersten Hälfte des zehnten Jahrhunderts vor Christus aus, als angeblich der Stammeskönig David lebte – sie war völlig unbefestigt, es bestand keinerlei Notwendigkeit, sie gewaltsam einzunehmen, um sie zu unterwerfen.

In den Einzelheiten des biblischen Berichts von Davids Feldzug gegen die Ammoniter finden sich Ähnlichkeiten mit der Schlacht Thutmosis' III. um Megiddo. Während die Ammoniter vor ihrem Stadttor bereitstanden – obwohl der Name an dieser Stelle nicht erwähnt wird, kann es sich nur um Megiddo handeln –, hatten ihre syrischen Verbündeten ein wenig entfernt auf freiem Feld Stellung bezogen. Dann flohen – genau wie in Megiddo – Davids Feinde und suchten Zuflucht in ihrer Stadt, die daraufhin besetzt wurde. Anders als in dem in Karnak gefundenen Bericht über die Schlacht von Megiddo, heißt es im Zweiten Buch Samuel, die folgende lange Belagerung der Stadt habe erst »um die Jahreswende« begonnen, doch wie bei der Schlacht von Megiddo endete sie mit einem Sieg. Mit Ausnahme dieser zeitlichen Lücke zwischen der Schlacht und der Besetzung stimmt der biblische Bericht über diese Ereignisse genau mit den historischen Einzelheiten des erfolgreichen Feldzugs Thutmosis' III. gegen Megiddo überein. Diese Schlußfolgerung wird noch dadurch untermauert, daß Salomo, der Nachfolger Davids, das Reich erbte, ohne daß er in Kriege verwickelt wurde, und daß zu seinen Besitzungen auch Megiddo gehörte. Im Ersten Buch der Könige 9,15 erfahren wir, daß eines seiner Ziele bei der Aushebung von Frondiensten der »Bau … der Mauern von … Megiddo«

war. Außerdem wird Megiddo bei der Aufzählung seiner Besitzungen im Ersten Buch der Könige 4,12 genannt.

Im heutigen Amman sind bei der Erweiterung der Hauptstadt nach dem Zweiten Weltkrieg unter anderem ein Tempel und Reste einer alten Mauer gefunden worden, die aus dem neunten Jahrhundert vor Christus stammen, also ein Jahrhundert nach der Zeit des Stammesfürsten David. Die meisten anderen ausgegrabenen Gebäude und Gräber sind auf die Zeit zwischen dem neunten Jahrhundert vor Christus und der Römerzeit zu datieren. Die Archäologie liefert also keinerlei Zeugnisse, die die biblische Aussage stützen, in der ersten Hälfte des zehnten Jahrhunderts vor Christus habe der Stammesfürst David Rabbat (Amman) nach langer Belagerung erobert. Es sind keine Mauern aus dieser Zeit gefunden worden, so daß es sich nur um eine unbedeutende Ansiedlung gehandelt haben kann.

Wie wir an früherer Stelle gesehen haben, wirft schon das Alte Testament Zweifel an der Echtheit der Rabbat-Geschichte auf. Hanun, der Sohn von Nahesch, war laut der Bibel König in Rabbat, als David die Stadt einnahm (Zweites Buch Samuel 10,2). Doch fünf Kapitel später, als der Stammesfürst David aus Furcht vor seinem Sohn Absalom flieht, heißt es, Rabbat sei immer noch frei und habe einen König, Schobi, den Sohn Nahas. Und ganz im Gegensatz zu einem Vasallen, der seinen Herrn in der Stadt willkommen geheißen hätte, hegte dieser Mitleid mit David und seinem Gefolge und schickte ihnen Nahrungsmittel, Getränke und andere Gegenstände, weil »das Volk in der Steppe … hungrig, durstig und erschöpft« war (Zweites Buch Samuel 17,28–29).

Was Thutmosis III. betrifft, so nennt er zwar Rabbat als eine der unterworfenen Städte seiner Regierungszeit[6], doch es gibt keinerlei Hinweise darauf, daß er selbst einen Feldzug gegen Rabbat geführt hätte. Allem Anschein nach hat die Stadt wie viele andere kanaanäische und syrische Städte an Thutmosis III. Tribut gezahlt, ohne daß ein Krieg notwendig geworden wäre.

Und was ist mit Zoba? Nichts deutet darauf hin, daß es in Syrien oder Kanaan zur Zeit Thutmosis' III. (fünfzehntes Jahrhundert vor Christus) einen Ort dieses Namens gab. Die Eroberung der Stadt, muß, wie vorher erläutert wurde, derjenigen Rabbats *gefolgt* und nicht vorausgegangen sein. Dies stimmt auch genau mit der Ereignisfolge überein, die in den Kriegsannalen Thutmosis' III. beschrieben werden. Demnach ging die Einnahme Megiddos dem Sieg über Kadesch voraus, das sowohl in Megiddo als auch in Nordsyrien den Widerstand anführte. Wie Thutmosis III., der nach der Eroberung Kadeschs Garnisonen in Syrien errichtete, konnte David Syrien erst unter seine Herrschaft bringen, als er Zoba geschlagen und eingenommen hatte. Darüber hinaus fand Davids Sieg über Hadad-Eser, den König von Zoba, statt, als er »seine Grenzen am Euphrat zurückerobern wollte«. Und dem Sieg Thutmosis' III. über Kadesch folgte drei Jahre später der Feldzug, der ihn zu den Ufern des Euphrat führte, und der Sieg über den König von Mitanni, nachdem er den Fluß mit seinen Booten aus Zedernholz überquert hatte.

Kadesch, in der kanaanäischen Epoche der nordsyrische Stützpunkt am Orontes, ist mit dem modernen Tell Nabi Mind südlich des Homs-Sees gleichgesetzt worden. Gemeinsam mit Megiddo stand Kadesch an der Spitze der Koalition kanaanäischer Könige gegen Thutmosis III. Obwohl er mit den anderen besiegten Königen in den Mauern von Megiddo eingeschlossen war, gelang es dem König von Kadesch, zu fliehen, und er führte, wie wir sahen, auch weiterhin Aufstände gegen Ägypten an, bis Thutmosis III. schließlich in seinem dreißigsten Regierungsjahr Kadesch eroberte. Kadesch blieb unter ägyptischer Herrschaft, bis es im vierzehnten Jahrhundert vor Christus, der Amarna-Zeit, unter den Einfluß der hethitischen Bewohner Anatoliens geriet. Danach wurde es von Sethos I., dem zweiten König der Neunzehnten Dynastie, zurückerobert, entglitt aber bald dem Zugriff Ägyptens aufgrund seiner geographischen Nähe zum Einflußbereich der Hethiter. Ramses II., der Sohn Sethos' I., führte zwar später einen großen Krieg gegen Kadesch, mußte aber schließlich einen Friedensvertrag akzeptieren, nach dem Kadesch unter hethitischer Herrschaft blieb.

Für diese Kriege haben Archäologen bei ihren Ausgrabungen in Kadesch Zeugnisse gefunden. Aus diesen geht auch deutlich hervor, daß die letzte Zerstörung des syrischen Stützpunktes wie die Megiddos im zwölften Jahrhundert vor Christus stattfand, und zwar durch die Philister. Die befestigte Stadt Kadesch existierte also zur Zeit des Stammesfürsten David zu Beginn des zehnten Jahrhunderts vor Christus nicht mehr.

Im folgenden sollen noch einmal die wichtigsten Schlußfolgerungen aus diesem Kapitel zusammengefaßt werden:

- Die Kriegsannalen Thutmosis' III. und der biblische Bericht von Davids Feldzügen stimmen darin überein, daß der König gegen eine bedeutende befestigte Stadt in Kanaan kämpfte, die von einem syrischen Bündnis unter Führung einer syrischen Stadt unterstützt wurde.

- Die Armee des Königs schlug die Koalition bei den Stadttoren, und der Feind suchte Zuflucht innerhalb der Stadtmauern.

- Die Armee des Königs belagerte die Stadt über einen langen Zeitraum, bevor sie sie dann schließlich einnehmen konnte.

- Trotz des Sieges über das syrische Bündnis bedrohte die wichtigste syrische Stadt den König weiterhin, bis er sie schließlich eroberte. Und dies geschah, kurz bevor er sein Hauptziel, die Wiedereroberung der Grenzen am Euphrat und die Errichtung einer Stele zur Feier seines Sieges, erreicht hatte.

Die historischen und archäologischen Zeugnisse bestätigen, daß diese Ereignisse zur Regierungszeit Thutmosis' III. stattfanden. Abgesehen von dem biblischen Bericht, gibt es nicht den geringsten Beweis dafür, daß sie erst fünf Jahrhunderte später, zur Zeit des Stammesfürsten David in der ersten Hälfte des zehnten Jahrhunderts, stattfanden. Die einzig mögliche Schlußfolgerung hieraus ist, daß trotz der Widersprüche in den Ortsbezeichnungen die Annalen, die die biblischen Erzähler heranzogen, von den Taten Thutmosis' III. beeinflußt waren.

24
JERUSALEM, DIE STADT DAVIDS

Jerusalem, die »Stadt Davids«, die drei Religionen geweiht ist – dem Judentum, dem Christentum und dem Islam –, die sich alle auf ihn berufen, bietet den deutlichsten Beweis für die Identität König Davids. Die Stadt liegt inmitten der Hügel von Judäa in einer Höhe von siebenhundertvierzig Metern und knapp sechzig Kilometer vom Mittelmeer entfernt. Sie besteht aus einer ummauerten Altstadt und einer Neustadt, die sich jenseits der Mauern ausdehnt und im großen und ganzen ab 1860 entstand. Jerusalem nahm seinen Anfang als düstere Festung auf dem Südosthügel am Rande der Wüste von Juda, auf die man von den benachbarten Hügeln hinabblickte. Die gegenwärtigen Mauern der Altstadt mit ihren sieben Toren wurden zuletzt von dem Osmanischen Sultan Süleyman dem Prächtigen im sechzehnten Jahrhundert nach Christus restauriert und wiederaufgebaut. Die erste Siedlung Jerusalems geht auf das Steinzeitalter zurück, als die Menschen in Höhlen lebten, und von der Frühen Bronzezeit im dritten Jahrtausend vor Christus an gibt es Zeugnisse kontinuierlicher Besiedlung.

Im Zweiten Buch Samuel wird die Einnahme Jerusalems als eine von dem Stammesfürsten David durchgeführte militärische Operation beschrieben: »Der König zog mit seinen Männern nach Jerusalem gegen die Jebusiter, die in dieser Gegend wohnten … eroberte David die Burg Zion;

sie wurde die Stadt Davids« (2 Samuel 5,6–7). Dann heißt es in dem biblischen Bericht weiter, daß die Stadt von Davids Männern eingenommen wurde, indem sie durch einen Schacht in die Festung eindrangen: »David ließ sich in der Burg nieder und nannte sie die Stadt Davids. Und David begann ringsum zu bauen, und zwar von Millo an bis zur Burg« (2 Samuel 5,9). Doch aus den Zeugnissen geht klar hervor, daß die Operation friedlich verlief und fünf Jahrhunderte früher von Thutmosis III., dem historischen David, ausgeführt wurde.

Die Verbindung zwischen Thutmosis III. und Jerusalem stammt aus der Zeit, als er sich dort niederließ, während seine Armee Megiddo besetzt hielt. In seinen Annalen ist, wie wir an früherer Stelle gesehen haben, davon die Rede, daß er »in einer Festung im Osten seiner Stadt« geblieben war. Obwohl der Name dieser Festung an keiner Stelle des ägyptischen Textes erwähnt wird, deutet alles darauf hin, daß mit diesem Ort Jerusalem gemeint ist, das südöstlich von Megiddo liegt. Wenn man die belagerte Stadt verließ und gen Osten reiste, war die einzig mögliche Route die Straße des Meeres, an die sich in der Nähe des Jordans die Straße anschloß, die südlich nach Jerusalem führte. Allem Anschein nach ist der Bericht über die Festung, in der der König sich aufhielt, deshalb unvollständig, weil der Schreiber bei der Armee geblieben war, um über den Feldzug gegen Megiddo zu berichten, anstatt Thutmosis III. zu begleiten.

Daß in der Bibel von dem »König mit seinen Männern« die Rede ist, deutet darauf hin, daß der Herrscher und seine Leibwache und nicht seine ganze Armee beteiligt waren. Bei dem »Schacht«, durch den sie Zugang zur Burg fanden, handelte es sich wohl um eine Art Kanal, durch den die

Unten: Thutmosis III.: der historische David, der große Vorfahr des Tutanchamun und mächtigste König der Alten Welt, der im 15. Jh. v. Chr. das ägypt. Reich vom Nil bis zum Euphrat wiederherstellte.

Oben: Amenophis III.: der historische Salomo, zu dessen Zeiten Frieden in Westasien herrschte. Er stationierte eine Garnison nördl. von Jerusalem und baute im 14. Jh. v. Chr. den Millo und den nach ihm benannten Tempel.

Unten: Das heutige Jerusalem. Die alte Stadt nahm lediglich den kleineren unteren Hügel rechts auf dem Bild ein. Auf dem höheren und breiteren Hügel dahinter befand sich der Tempel Salomos, wo heute der Felsendom steht.

Tutanchamun, der aus einer Lotosblüte herauswächst, das Symbol der heiligen Geburt.

Nofretete, die Mutter Tutanchamuns: die biblische Madonna, deren Bildnis die Grabkammer ihres Mannes Echnaton anstelle der Göttin Isis schmückte.

Die Statue von Isis und ihrem Sohn *(rechts)* aus dem 6.Jh. v. Chr., heute im Museum in Turin; der Maler Masaccio ließ sich in seiner Darstellung *Jungfrau und Kind (unten)* davon inspirieren.

Die Drei Weisen, abgebildet auf einer Schmuckplatte, die Anfang dieses Jahrhunderts im Tal der Könige in der Nähe des Grabes von Tutanchamun gefunden wurde. Sie zeigt drei Typen von Fremden (wie sie von den Ägyptern dargestellt wurden), die König Ejes Namen huldigen.

Oben: Die Szene auf der Rückseite des Throns Tutanchamuns zeigt, wie er von seiner Frau Anchesenpaamun (der biblischen Maria Magdalena) mit Öl gesalbt wird, genau so, wie es die Evangelisten beschreiben. Obwohl der König nach Amun benannt ist, steht er dennoch unter dem Schutz des Aton.

Links: Eine dreiarmige Alabasterlampe in der Form dreier Lotosblüten, die Tutanchamun gehörte.

Die Totenmaske Tutanchamuns, die prächtigste Pharao-Darstellung, die je gefunden wurde und dem König exakt zu gleichen scheint. Die Augen deuten auf Leiden hin.

Links: Eines der beiden Ritualgewänder, die Tutanchamun gehörten und, wie Howard Carter feststellte, der priesterlichen Dalmatika gleichen, die christliche Geistliche tragen.

Unten: Das *anch* oder ägyptische Kreuz, das von den alten Ägyptern bei den osirischen Totenritualen verwendet wurde und ewiges Leben symbolisierte. Obwohl Echnaton Osiris wie auch die anderen Götter abschaffte, behielt er das Kreuz als Symbol des von Aton, seinem Gott, gegebenen Lebens bei. Nach dem Tod Tutanchamuns wurde es zu einem Symbol für dessen Auferstehung. Diesen Spiegelkasten aus Holz fand man in seinem Grab.

Rechts: Der Priester Panehesi auf einer Abbildung in seinem Grab in Amarna. Er wurde dort nie begraben und ist mit dem biblischen Pinehas, dem aaronitischen Priester, gleichzusetzen. Nach dem Talmud war er derjenige, der Jesus tötete.

Unten: Das Katharinenkloster, erbaut im 6. Jh. v. Chr. am Fuß des Berges Sinai, an derselben Stelle, an der Mose sein Zelt errichtet hatte und Jesus getötet wurde.

Links: Johannes der Täufer wurde in den ersten Jahren der christlichen Zeitrechnung von Herodes Antipas zum Tode verurteilt; Gemälde von Puvis de Chavannes (1824-98)

Oben: Eje (rechts), der biblische Efraim, der 2. Sohn Josefs und Großonkel Tutanchamuns sowie dessen Nachfolger. Auf diesem Fresko in der Grabkammer Tutanchamuns sieht man, wie er das Ritual des Mundöffnens durchführt, bei dem Tutanchamun von den Toten auferstanden sein soll.

Stadt mit Wasser von einer Quelle mit dem Namen Gihon – dem christlichen Jungfrauenbrunnen – versorgt wurde und der etwa 325 Meter unterhalb Jerusalems im Tal lag (siehe auch Anhang E).

Kurz nach der Ankunft Davids wird beschrieben, wie die Israeliten »die Lade des Herrn in das Zelt [trugen], das David für sie aufgestellt hatte, und sie an ihren Platz in der Mitte des Zeltes [setzten] ...« (2 Samuel 6,17). Die Folge davon, daß die Lade nach Jerusalem gebracht wurde, war angeblich, daß die Stadt zum zentralen Heiligtum der israelitischen Stämme wurde. Doch hier taucht nun ein weiteres Element der Verwirrung auf, da wir es nicht nur mit zwei Davids, sondern auch mit zwei Laden zu tun haben – die Bundeslade, in die Mose die Zehn Gebote gelegt hatte, und die Lade, in der Thutmosis III. seinen Gott Amun-Re in der Schlacht von Megiddo vor sich her trug, wie es in den Annalen von Karnak beschrieben wird: »Das Jahr 23, erster Monat der dritten Jahreszeit, Tag 19 – erwache im [Leben] im Zelt des Lebens, des Reichtums und der Gesundheit, in der Stadt Aruna. Weiter mit meiner Majestät gen Norden, trage vor mir her meinen Vater Amun-Re, den Herrn der Throne der beiden Länder, [damit er mir den Weg öffne] vor mir.«[1]

Wie ich an anderer Stelle gezeigt habe,[2] wurde der Gedanke einer heiligen Lade den Israeliten durch Mose (Echnaton) nahegebracht und entstammte den religiösen Praktiken der Ägypter. Bei Festen und anderen Gelegenheiten wurde die ägyptische Gottheit von den Priestern in einer Lade getragen, die gewöhnlich die Form eines Bootes hatte. Als der König sich zu Beginn der langwierigen Belagerung Megiddos in der Burg von Jerusalem aufhielt, war der einzig mögliche Platz für die Lade mit dem Gott Amun-Re die Wohnstatt des Königs. Wie wir wissen, gab es in der ägyptischen Religion Vorschriften, nach denen nur der König und die hohen Priester vor die Gottheit treten durften.

Der friedliche Charakter der Ereignisse zeigt sich auch in der Tatsache, daß Arauna, der König der Jebusiter, noch die Herrschaft über den Berg Morija, den hoch gelegenen heiligen Ort nördlich der Stadt, innehatte. Es gibt einen Bericht darüber, wie David die Tenne auf dem Berg Morija »für fünfzig Silberschekel« kaufte, um einen Altar für den Herrn zu bauen: »Mein Herr, der König, möge alles nehmen, was er für gut findet, und es (als Opfer) darbringen. Sieh her, hier sind die Rinder für das Brandopfer und die Dreschschlitten und das Geschirr der Rinder als Brennholz. Das alles gab [*als ein König*, Hervorh. d. Autors] Arauna dem König ...« (2 Samuel 24,22-23).

Es mag merkwürdig erscheinen, daß als Ort für einen Altar eine Tenne auf dem Berg Morija ausgewählt wird, doch es ist »offensichtlich, daß dieser Ort schon vor David als heilig galt, denn ein hoch gelegener, exponierter Platz am Eingang zur Stadt, der als Tenne benutzt wurde, diente häufig als Kultplatz. Der heilige Charakter Jerusalems auf dem Tempelberg wird bereits im Buch Genesis (Berg Morija) angedeutet (sic) ...«[3] An dieser früheren Bibelstelle wird beschrieben, wie Abraham an eben diesem Platz den Segen empfing:

»Melchisedek, der König von Salem (Jerusalem), brachte Brot und Wein heraus. Er war Priester des Höchsten Gottes. Er segnete Abram und sagte: Gesegnet sei Abram vom Höchsten Gott, dem Schöpfer des Himmels und der Erde, und gepriesen sei der Höchste Gott, der deine Feinde an dich ausgeliefert hat ...« (Genesis 14,18–20). Daher galt dieser hoch gelegene Platz nördlich von Jerusalem seit der

Zeit Abrahams als heilig, und zwar nicht nur für die Einwohner der Stadt, sondern auch für die anderen Völker Kanaans.
Doch die Tenne wurde nicht von dem Stammeskönig David gekauft, um einen Altar für den Herrn zu errichten, sondern von Thutmosis III. als Platz für einen Schrein des Staatsgottes Amun-Re. Dies wird in den Psalmen deutlich, wo von David – ähnlich wie von ägyptischen Königen – als »Sohn Gottes« die Rede ist: »Ich selber habe meinen König eingesetzt auf Zion, meinem heiligen Berg. Den Beschluß des Herrn will ich kundtun. Er sprach zu mir: ›Mein Sohn bist du. Heute habe ich dich gezeugt. Fordere von mir, und ich gebe dir die Völker zum Erbe, die Enden der Erde zum Eigentum.‹« (Psalmen 2,6–8).

Der neue Name Zion taucht erstmals in der Bibel auf, als wir von König Davids Einzug in Jerusalem erfahren – »eroberte David die Burg Zion; sie wurde die Stadt Davids« (2 Samuel 5,7) – und erhält von diesem Zeitpunkt an zunehmende Bedeutung.
Der Name Zion, dessen Bedeutung unbekannt ist, stammt aus der Bibel und findet sich in keiner anderen historischen Quelle. Was die Sache aber noch verwirrender macht, ist die Tatsache, daß der Name nicht immer denselben Ort bezeichnet. In manchen Fällen – so in dem oben genannten – scheint damit die Burg Jerusalem selbst gemeint zu sein. Doch gleichzeitig gewinnt man den Eindruck, daß die Burg nach dem König benannt wurde: »David ließ sich in der Burg nieder und nannte sie die Stadt Davids ...« (2 Samuel 5,9). In anderen Fällen bezeichnet Zion nur den heiligen Bereich, in dem der Tempel gebaut wurde: »Dann werdet ihr erkennen, daß ich der Herr, euer Gott, bin und daß ich auf dem Zion wohne, meinem heiligen Berg. Jeru-

salem wird heilig sein ...« (Joël 4,17). Hier bezeichnet Zion eindeutig den heiligen Bereich des Tempelberges, und Jerusalem steht dazu zwar in Beziehung, wird aber getrennt davon genannt. Dann wird Zion noch wie folgt erwähnt: »Der Herr erhöre dich am Tage der Not, der Name von Jakobs Gott möge dich schützen. Er sende dir Hilfe vom Heiligtum und stehe dir bei vom Zion her« (Psalmen 20,1–2). Hier ist mit Zion eindeutig nur das Heiligtum gemeint.

Weitere Komplikationen ergeben sich daraus, daß man später glaubte, der Berg Zion habe sich nicht im Bereich des Tempels befunden, im Norden des alten Jerusalem, sondern im Westen. Im ersten Jahrhundert nach Christus wurde hier am südlichen Ende des Hügels eine kleine Kirche gebaut, die mit dem Coenaculum (dem Raum des Letzten Abendmahles Jesu) gleichgesetzt wurde. Viele Jahrhunderte später – im Jahre 1936 – entstand hier ein christliches Kloster, das heute Marienkirche heißt. Dennoch hat die moderne Archäologie bestätigt, daß dieser westlich gelegene Berg nicht zum alten Jerusalem gehörte und zur Zeit des Stammeskönigs David nicht besetzt wurde.

Alles deutet darauf hin, daß mit Zion der alte heilige Bezirk Jerusalem gemeint war, der künstlich abgeflachte Bereich auf dem Berg Morija, wo Salomo seinen Tempel errichtete und auf dem sich heute zwei der größten Heiligtümer des Islam befinden – der Felsendom, erbaut von Mohammeds zweitem Kalifen Omar, und die al-Aksa-Moschee. Der Tempelbezirk ist im Osten, Süden und Westen von der monumentalen herodianischen Umfriedungsmauer umgeben. Ein großer Teil der westlichen Mauer (Klagemauer), der bis heute erhalten geblieben ist, gilt als der meistbesuchte heilige Ort in der jüdischen Tradition. In biblischen Zeiten, das heißt, vor dem Einzug Davids in die Burg, galt dieser Bereich nicht nur für die Jebusiten, sondern auch für Abraham als heiliger Bezirk. Ja, der Berg Morija wird mit dem Ort gleichgesetzt, an dem zuerst der Tempel errichtet wurde: »Salomo begann, das Haus des Herrn in Jerusalem auf dem Berg Morija zu bauen, wo der Herr seinem Vater David erschienen war ...« (2 Chronik 3,1). Es handelt sich um denselben Ort, auf den in dem Bericht über Abrahams Absicht, Saras Sohn Isaak zu opfern, versteckt hingewiesen wird: »Abraham nannte jenen Ort Jahwe-Jire (Der Herr sieht), wie man noch heute sagt: Auf dem Berg läßt sich der Herr sehen« (Genesis 22,14). Und wie vorher erwähnt, erhielt auch Abraham den Segen von König Melchisedek an demselben heiligen Ort.

Doch erst als David *seine* Lade in diesen heiligen Bezirk stellte, verwandelte sich dieser in ein heiliges Zentrum, das man für die Wohnstatt des Herrn hielt: »Denn der Herr hat den Zion erwählt, ihn zu seinem Wohnsitz erkoren: Das ist für immer der Ort meiner Ruhe; hier will ich wohnen, ich hab ihn erkoren.« (Psalmen 132, 13–14).

Nachdem Thutmosis das Bild des Amun-Re in seiner Lade nach Jerusalem gebracht hatte, war der logische Platz dafür – in einer Zeit, da es keine religiöse Intoleranz gab – der bereits existierende heilige Bezirk auf dem Berg Morija. Hier verrichtete vermutlich Thutmosis III. während seines siebenmonatigen Aufenthalts seine Gebete.

Es gibt noch einen anderen Fall, wo Thutmosis III. sich einen vorhandenen heiligen Ort für seine eigenen Kulthandlungen aneignete. Nummer 41 der Tell el-Amarna-Briefe, die im wesentlichen die diplomatischen Archive der Achtzehnten ägyptischen Dynastie darstellen, wurde von den Einwohnern der syrischen Stadt Tunip an Echnaton geschickt. Darin wird erwähnt, Thutmosis III. habe die Stadt eingenommen, sei in den Tempel eingedrungen und habe ägyptischen Gottheiten ein Opfer dargebracht: »War es nicht Manachbirya (Thutmosis III.), der die Wohnstatt dieser Leute rettete? Seine Götter und sein Gesetz haben unsere Region gewählt; sie lobpriesen die Götter des Königs von Ägypten, unseres Herrn, sie wohnten in der Stadt Tunip.«[4]

* * *

Nachdem Thutmosis III. Jerusalem nach siebenmonatigem Aufenthalt verlassen hatte, wurde der heilige Bezirk seiner Gottesverehrung ägyptisiert. Das geht leicht aus dem Namen hervor, den dieser Ort nun bekam – Zion. Obwohl dieser Name erstmals in der Bibel auftaucht, ist er kein ursprünglich hebräisches Wort. Zion besteht vielmehr aus zwei Bestandteilen: Der hebräische erste Teil »Zi« bedeutet »Land der Dürre, unfruchtbarer Ort«.[5] Die Bedeutung des ägyptischen Wortteils hingegen ist bisher noch nicht entschlüsselt worden.

»On« ist der biblische Name einer alten heiligen Stadt der Ägypter, die die Griechen Heliopolis nannten und die nicht weit im Norden des heutigen Kairo lag. Im alttestamentlichen Bericht über das Leben des Patriarchen Josef, der die Israeliter nach Ägypten führte, erfahren wir, daß der Pharao, nachdem er Josef auf einen hohen Posten ernannt hatte, ihm eine ägyptische Frau gab, »die Tochter Potiferas, des Priesters von On« (Genesis 41,45). Obwohl Heliopolis die erste heilige Stadt der Ägypter war, verlagerte sich während der Achtzehnten Dynastie der Schwerpunkt, und Theben in Oberägypten wurde die neue Hauptstadt des Reiches und die heilige Stadt des Staatsgottes Amun-Re. Von nun an bürgerte es sich ein, Theben »das südliche On« und Heliopolis »das nördlich On« zu nennen, wobei »On« im Sinne von »heilige Stadt« gebraucht wurde.

Im Deutschen hat das Wort »On« nur zwei Buchstaben, im Hebräischen dagegen drei – *aleph* (das, wie das französische »h«, keinen eigenen Vokalwert hat und daher mit dem folgenden Vokal zusammengezogen wird, »o« und »n«). Meiner Ansicht nach diente die Tatsache, daß das *aleph* (das nur am Anfang oder Ende eines Wortes stehen kann) bei der Zusammenfügung von »Zi« und »On« wegfiel, dazu, die ursprüngliche Bedeutung des Namens zu verschleiern – der On (heilige Ort) der Wüste.

So enthüllt das Wort »Zion«, mit dem der heilige Bezirk im Norden Jerusalems von der Zeit an benannt wurde, da König David in die Stadt einzog, seinen ägyptischen Ursprung. Von diesem Zeitpunkt an war der Berg Morija nicht mehr nur für die Einwohner Jerusalems, sondern für alle asiatischen Königtümer des Reiches ein heiliger Ort. Indem der biblische Erzähler die früher stattfindende Segnung Abrahams durch El Elijon – eine der Bezeichnungen für den israelitischen Gott – auf demselben Berg Morija einfügte, wollte er betonen, daß dieses Gebiet bereits in Beziehung zu dem Gott Israels stand, bevor König David es als Stätte der Verehrung bestimmte.

Nach seinem siebenmonatigen Aufenthalt in Jerusalem kehrte Thutmosis III. nach Megiddo zurück und führte seinen erfolgreichen Angriff auf die Stadt durch. Dann zog er nach Theben. Wir haben keinerlei Hinweis darauf, ob er Jerusalem bei seinen zahlreichen Feldzügen in Westasien noch einmal aufsuchte. Trotzdem vergaßen seine Nachkommen, die Kinder Saras, niemals ihren großen Vorfahren, und nachdem sie Ägypten verlassen und sich schließlich im Gelobten Land Kanaan angesiedelt hatten, machten sie einen heiligen Bezirk zum Heiligtum ihrer neuen Heimat und zum Ort größter Verehrung.

25
JERUSALEM, STADT DES FRIEDENS

Fälschlicherweise, wie ich meine, wurde behauptet, der Name Jerusalem tauche in ägyptischen Quellen schon zur Zeit der Zwölften Dynastie, im neunzehnten und achtzehnten Jahrhundert vor Christus auf. Ohne auf die äußerst komplizierte semantische Problematik einzugehen, können wir sagen, daß es in den Tell el-Amarna-Briefen aus dem vierzehnten Jahrhundert vor Christus einen klaren Bezug zu Jerusalem gibt. Diese Briefe, sechs Schreiben des Herrschers von Jerusalem an den ägyptischen König, sind in Akkadisch, der diplomatischen Sprache jener Zeit, verfaßt. Als Quelle dieser Briefe wurde *»mat Urusalim«* angegeben, das »Land Jerusalem«, und aus ihnen geht eindeutig hervor, daß Jerusalem damals unter ägyptischer Herrschaft stand und sich dort eine ägyptische Militärgarnison befand. Dennoch taucht der Name Jerusalem nicht in den westasiatischen Städtelisten von Thutmosis III. oder einem seiner Nachfolger auf, die in jener Epoche herrschten, als Kanaan Teil des ägyptischen Reiches war. Für dieses Fehlen des Namens Jerusalem gab es bisher keine hinreichende Erklärung. Ich vertrete die Meinung, daß Jerusalem den Ägyptern unter einem anderen Namen bekannt war, nämlich als Kadesch.

Unter den Annalen Thutmosis' III., die in Karnak gefunden wurden, befand sich ein Namensverzeichnis von mehr als hundert Orten in Palästina, die Thutmosis während seines ersten asiatischen Feldzugs unterworfen hatte. Südpalästina scheint keinen militärischen Widerstand geleistet zu haben, denn die erwähnten Orte liegen alle nördlich dieses Gebiets in einer Region zwischen Geser (im Süden), Damaskus (im Norden), dem Mittelmeer (im Westen) und dem Jordanfluß (im Osten). Jerusalem wird nicht erwähnt. Jedoch finden wir an der Spitze der Palästina- (oder Megiddo-) Liste den Namen Kadesch.

Da es mehr als einen Ort dieses Namens gab, waren sich die Wissenschaftler stets uneins darüber, welcher hier gemeint war. Der Einleitungstext zu dieser Liste lautet: »Verzeichnis der Länder von Ober-Retenu ..., die Seine Majestät in der Stadt des elenden m-k-i (Megiddo) ... bei seinem ersten siegreichen Feldzug aufbewahrte, gemäß dem Befehl seines Vaters Amun, der ihn auf glückliche Pfade geleitet hat.«[1] Die Kernfrage lautete, ob das hier genannte Kadesch mit der nordsyrischen Stadt am Fluß Orontes gleichzusetzen sei, die, wie wir gesehen haben, von Thutmosis III. in einem späteren Kriegszug besiegt wurde; oder ob der Name vielmehr mit einer unbedeutenderen Örtlichkeit gleichen Namens in Obergaliläa, nördlich von Hazor, identifiziert werden müsse.

Keine der beiden Möglichkeiten kann, so meine ich, angesichts der vorliegenden Belege in Frage kommen. Zwar sind viele dieser Namen in der Palästinaliste nicht identifiziert worden, aber keiner von denen, die identifiziert werden konnten, bezeichnen einen Ort, der nördlicher als Damaskus gelegen ist. Denn Damaskus war eine Grenze, die Thutmosis III. bei seinem ersten Feldzug nicht überschritt. Daraus ergibt sich, daß die syrische Stadt am Fluß Orontes nördlich von Damaskus nicht das Kadesch des ersten Kriegszuges sein kann. Die Tatsache, daß Kadesch in dieser Liste an oberster Stelle steht, gefolgt von Megiddo, dem

Hauptziel des ersten Feldzugs, schließt weiterhin die Möglichkeit aus, es könnte die Stadt im nördlichen Palästina gemeint sein. Archäologische und historische Fakten legen den Schluß nahe, daß jene Stadt damals nur eine kleine unbefestigte Siedlung war, die in ägyptischen Quellen nirgends Erwähnung fand. Nach Yohanan Aharoni, dem bekannten israelischen Archäologen, war »das rauhe, hügelige und relativ unwirtliche Gebiet Obergaliläa in der späten Bronzezeit (1550–1200 v. Chr.) beinahe unbewohnt«.[2]

Der moderne arabische Name für Jerusalem ist *al-Quds*, was im Hebräischen zu *ha-Qudesh* wird. Dieses Wort bedeutet sowohl im Arabischen als auch im Hebräischen »heiliger Boden« und wird im ersten Vers von Kapitel 11 des Buches Nehemia verwendet, wo von »Jerusalem, der heiligen Stadt« (auf hebräisch *Yurushalayim ha Qudesh*) die Rede ist. Wie zuvor schon erwähnt, war der Ort, an dem David seinen Altar und Salomo später seinen Tempel errichtete, geheiligter Boden, bereits bevor David ihn von Arauna, dem Jebusiterkönig von Jerusalem, erwarb. Dort soll Abraham den Segen Gottes erhalten haben: »Melchisedek, der König von Salem, brachte Brot und Wein heraus. Er war Priester des Höchsten Gottes. Er segnete Abram und sagte: Gesegnet sei Abram vom Höchsten Gott, dem Schöpfer des Himmels und der Erde, und gepriesen sei der Höchste Gott, der deine Feinde an dich ausgeliefert hat ...« (Genesis 14,18–20).

Deshalb wurde dieses Gebiet nördlich von Jerusalem schon seit den Zeiten Abrahams als heiliger Boden betrachtet, nicht nur von den Bewohnern der Stadt, sondern auch von den anderen Völkern Palästinas. Und die Erwähnung *Qudesh* in der Bedeutung Jerusalem im Buch Nehemia zeigt, daß auch die Stadt diesen Namen trug.

Urusalim, der akkadische Name für Jerusalem, wie er in den Tell-el-Amarna-Briefen verwendet wird, kann in zwei Bestandteile zerlegt werden: *Uru* und *Salim*. Der erste Teil, *Uru*, stammt von dem Verb *yarah*, was soviel bedeutet wie »gründen« oder »errichten«. Der zweite Bestandteil jedoch hat zu zahlreichen Mißdeutungen Anlaß gegeben. Eine Anzahl von Wissenschaftlern vertrat den Standpunkt, es handle sich hier um eine westsemitische oder amoritische Gottheit, um Schulmanu oder Schalim. Demnach würde Urusalim bedeuten: »Schalim hat gegründet.« Jedoch gibt es keinen textlichen oder archäologischen Beweis für die Annahme, daß die amoritische Gottheit Schalim in Jerusalem verehrt wurde – was ja auch nicht der Fall sein konnte, wenn die Gründung der Stadt auf diese Gottheit zurückging.

Wenn wir uns von dieser spektakulären Interpretation des zweiten Bestandteils des Wortes Urusalim nicht irritieren lassen, sehen wir, daß *Salim* – die frühen jüdischen Rabbinen haben dies in der Haggadah, dem Legendenbuch des Talmud, richtig verstanden – »Frieden« bedeutet (auf hebräisch *schalom* und auf arabisch *salam*). Dann würde die Bedeutung von Urusalim »Gründung des Friedens« oder »Errichtung des Friedens« lauten – eine Deutung, die historisch gestützt wird: durch die Nichterwähnung Urusalims in ägyptischen Quellen mit Ausnahme der Tell-el-Amarna-Briefe … durch die Tatsache, daß Kadesch, das sowohl in der Bibel als auch im Koran als Synonym für Jerusalem verwendet wird, in den meisten Verzeichnissen asiatischer Städte erwähnt wird, die die ägyptischen Könige jener Zeit erobert haben … und schließlich dadurch, daß jenes Kadesch keiner der beiden oben genannten Orte sein kann.

Der einzige historisch überlieferte Name für den König von

Jerusalem während der Achtzehnten Dynastie ist Abdi-Kheba, der an Amenophis III. (ca. 1405–1367 v. Chr.) schrieb. Doch warum hatte er aus Urusalim anstatt aus Kadesch geschrieben? Der Grund liegt darin, daß er mit dem Pharao »Frieden schloß« – und eine Tradition des Friedens fortführte –, ähnlich wie die Franzosen, die Paris im Zweiten Weltkrieg zur offenen Stadt erklärten, damit Hitlers vorrückende Truppen die Stadt nicht in Schutt und Asche legten. Im Falle von Kadesch bedeutete Frieden nicht einfach nur den Wunsch, nicht gegen den ägyptischen König kämpfen zu müssen. »Frieden« stand für die Unterwerfung unter Thutmosis III., ganz ohne Krieg. In diesem Zusammenhang sei erwähnt, daß der Begriff »Islam«, der die gleiche Wurzel wie *salam* hat, ebenfalls Unterwerfung bedeutet – hier allerdings Unterwerfung unter den Willen Gottes. Ein weiteres Beispiel ist der Schlußsatz der Israel-Stele – »Die Prinzen (von Kanaan) liegen im Staub und flehen um Gnade« –, in dem jenes Wort, das mit »Gnade« wiedergegeben ist, *salam* lautet und die Unterwerfung unter den Willen des Pharao bedeutet.

Dieser Bezug geht klar aus den Briefen hervor, die Abdi-Kheba später an Echnaton, den Sohn und Nachfolger von Amenophis III., schickte. In einem dieser Briefe heißt es: »Siehe dieses Land Jerusalem, weder mein Vater noch meine Mutter gaben es mir; der mächtige Arm [des Königs] gab es mir.« In einem anderen Brief dagegen beruft er sich auf seine königliche Herkunft: »... der mächtige Arm des Königs schickte [mich] ins Haus meines Vaters.« Dies erinnert an die biblische Geschichte von David, der eine Tenne auf dem Berg Morija erwarb, um dort einen Altar für die Bundeslade des Herrn zu errichten. Der König jenes Gebiets, Arauna mit Namen, von dem David diese Tenne kauft, sagt: »Das alles gab der König Arauna dem König ...« (2 Samuel 24,23). Nachdem der König von Jerusalem das Land auf friedvollem Wege der ägyptischen Herrschaft unterstellt hatte, ließ Thutmosis III. ihn und seine Nachfolger offenbar als Regenten weiterherrschen. So ist es auch zu erklären, daß Jerusalem nicht an der Rebellion der verbündeten kanaanäischen und syrischen Prinzen teilnahmen, gegen die Thutmosis III. in Megiddo Krieg führte. Der König sah keine Notwendigkeit, die Festung einzunehmen, und konnte so direkt von Gaza nach Megiddo marschieren und sich während der monatelangen Belagerung Megiddos ins sichere Jerusalem zurückziehen, ohne militärische Gewalt anzuwenden. Obwohl ägyptische Schreiber weiterhin den Namen Kadesch verwendeten – der als Bezeichnung für Jerusalem auch heute noch im Arabischen (*al-Quds*) gebräuchlich ist –, erinnerte die Stadt, indem sie sich Urusalim nannte, den Pharao immer an ihre Unterwerfung. Später wurde auch von den biblischen Erzählern dieser Name benutzt, von dem dann die griechische Version Hierosolyma (die erste Silbe bedeutet Heiligkeit) abgeleitet ist und so in die westliche Welt gelangte.

26
DAVID UND ABRAHAM

Wenn Thutmosis III., den ich als den biblischen König David identifiziert habe, der leibliche Vater Isaaks war, dann müssen er und Abraham zur gleichen Zeit gelebt haben; und zwar im fünfzehnten Jahrhundert vor Christus. Eine sorgfältige Prüfung der biblischen Abraham-Geschichte bestätigt diese Vermutung.

Die wichtigsten Einzelheiten der Geschichte Abrahams finden sich in einer Reihe voneinander unabhängiger Überlieferungen des Buchs Genesis, in den Kapiteln 11,26 bis 25,10. Seit dem Ende des letzten Jahrhunderts haben sich die Bibelwissenschaftler der Meinung des deutschen Gelehrten Julius Wellhausen (1844–1918) angeschlossen, wonach der Pentateuch – also die ersten fünf Bücher des Alten Testaments, die der Verfasserschaft des Mose zugeschrieben wurden – in der uns heute vorliegenden Form auf verschiedene Autoren zurückgeht. Man ging von fünf Quellen des Pentateuch aus: eine jahwistische Quelle aus dem neunten Jahrhundert vor Christus, in der Gott als Jahwe (J) bezeichnet wird; eine elohistische, in der Gott Elohim genannt wird und die aus dem achten Jahrhundert vor Christus datiert; das Buch Deuteronomium, das als eigenständige Quelle gilt und aus dem siebten oder sechsten vorchristlichen Jahrhundert stammt; und eine Priesterschrift aus dem fünften Jahrhundert vor Christus (P); schließlich ist die Zusammenstellung das Werk eines Redakteurs, der die komplette Sammlung zwischen dem fünften und dem zweiten Jahrhundert vor Christus überarbeitete und herausgab.

Man nahm an, der größte Teil der Geschichte Abrahams aus dem Buch Genesis stamme aus der Quelle J des neunten Jahrhunderts. Ohne die Thesen Wellhausens grundsätzlich in Frage zu stellen, gelangten moderne Bibelwissenschaftler zu dem Schluß, daß die Abraham-Geschichte der Genesis erst in jener Zeit entstanden sein kann, als König Davids Reich vom Euphrat bis zum Nil wiedererrichtet wurde. Da sie – fälschlicherweise – annahmen, daß dies in der ersten Hälfte des zehnten Jahrhundert vor Christus der Fall gewesen war, wird heute davon ausgegangen, in dieser Zeitspanne sei der erste Bericht über Abraham und seine Zeit verfaßt worden. Wir haben aber bereits gesehen, daß die Wiedererrichtung jenes Reiches – gewiß eine historische Tatsache – nur während der Regierungszeit von Thutmosis III. fünfhundert Jahre früher stattgefunden haben kann. Einige Bibelforscher meinten sogar, die Abraham-Geschichte spiegle Verhältnisse wider, die *nur* während der Regierungszeit des Königs David geherrscht haben können: »H. W. Wolff stellt fest, daß bestimmte Völker in der Genesis genannt werden – Philister, Moabiter, Ammoniter, Aramäer, Edomiter, Amalekiter und Kanaaniter –, die gemäß dem Zweiten Buch Samuel, Kapitel 8, zu Davids Reich gehörten.«[1]

Andere Bibelforscher vertraten die Ansicht, Abraham habe im siebzehnten Jahrhundert vor Christus gelebt, zweihundert Jahre vor Thutmosis III. Die Bezeichnung *Salem* für Jerusalem (Genesis 14,17) in der Abraham-Geschichte, die für die Stadt erst seit Thutmosis III. üblich war, widerspricht dieser These. Doch wir wollen uns noch nicht in Details verlieren.

Im Gelübde oder Bund, von dem sowohl bei David als auch

bei Abraham die Rede ist, finden wir einen deutlichen Zusammenhang zwischen diesen beiden Figuren. Die verschiedenen Überlieferungen, die gewöhnlich zur Geschichte Abrahams zusammengefügt werden, werden hauptsächlich durch das verbindende Element der Verheißungen des Herrn an Abraham zu einem Bericht verknüpft. Diese Verheißungen, die sich vom ersten Erscheinen Jahwes bis zum Ende der Geschichte immer wiederholen, sind unterschiedlicher Art:

- Verheißung eines Erben
- Verheißung zahlreicher Nachkommen
- Verheißung königlicher Nachkommen
- Verheißung des Landes Kanaan
- Verheißung des Landes vom Nil bis zum Euphrat

Wissenschaftler haben sich in Auseinandersetzungen darüber verbissen, welche dieser vielen Verheißungen die entscheidende in der Geschichte ist: »In den vergangenen Jahren hat sich die Diskussion darauf konzentriert, ob die Verheißung des Landes oder die Verheißung zahlreicher Nachkommen das Hauptthema war. Claus Westermann hat auf die Unangemessenheit dieser Fragestellung hingewiesen, indem er die literarische Struktur dieser Verheißungen untersuchte. Er versuchte, jene Verheißungen herauszufiltern, die im Gegensatz zu den mit anderen verknüpften für sich allein Bestand haben. Er glaubte, die ersteren seien ursprünglich, wogegen die letzteren erst über einen längeren Zeitraum hinweg hinzugekommen seien. Bei dieser Vorgehensweise fand er heraus, daß einzig die Verheißung eines Erben relevant war und den geforderten Maßstäben genügt.«[2]
Wie Westermann gezeigt hat, war in der Tat die Verhei-

ßung eines Erben das wichtigste verbindende Element der Abraham-Geschichte. Noch bevor Abraham Ur verließ und sofort nachdem wir von seiner Heirat erfahren, werden wir darauf hingewiesen, daß »Sarai (Sara) unfruchtbar war« (Genesis 11,30). Doch wird bereits wenige Verse später, beinahe, um die Geschichte interessanter erscheinen zu lassen, die Verheißung des Herrn an Abraham erwähnt: »Ich werde dich zu einem großen Volk machen« (Genesis 12,2) – und wir wundern uns, wie es möglich sein kann, daß er der Gründer eines großen Volkes wird, obwohl seine Frau unfruchtbar ist.

Wagner formuliert es so: »Keinem Leser der Abraham-Geschichte kann dieses zentrale Thema der Verheißung eines Erben entgehen. In der Tat ist dies der Dreh- und Angelpunkt der ganzen Abraham-Geschichte – eine Verheißung, deren Erfüllung ständig in Frage gestellt scheint. Da ist die Unfruchtbarkeit seiner Frau ... Abraham wird zugesichert, daß er einen Sohn haben werde ... und dies scheint sich mit dem Auftauchen Hagars, einer ägyptischen Sklavin, zunächst zu erfüllen (Genesis 16,4). Hagars Vertreibung jedoch macht diese Hoffnung zunichte. Schließlich wird mitgeteilt, daß Sara schwanger werden wird (Genesis 17,16). Nachdem der langersehnte Sohn geboren ist, wird Abraham aufgerufen, ihn als Brandopfer darzubringen. Nur durch die Verheißung eines Erben gewinnen die verschiedenen Episoden der Abraham-Geschichte ihren Zusammenhang ... diese Verheißung ist von solcher Bedeutung, daß ohne sie die ganze Geschichte auseinanderfallen würde.«[3]

Eine sorgfältige Untersuchung der Abraham-Geschichte ergibt jedoch, daß der versprochene Erbe nicht Abrahams, sondern nur Saras Sohn ist. Denn Abraham hatte Ismael: »Hagar gebar dem Abram einen Sohn, und Abram nannte

den Sohn, den ihm Hagar gebar, Ismael« (Genesis 16,15). Und nach Saras Tod »nahm sich Abram noch eine andere Frau namens Ketura. Sie gebar ihm Simran, Jokschan, Medan, Midian, Jischbak und Schuach« (Genesis 25,1–2). Keiner dieser sieben Söhne aber war der erwartete Erbe, dessen Geburt vorhergesagt worden war. Dies war Saras Sohn, den sie mit David (Thutmosis III.) gezeugt hatte.
Die Verheißungen an Abraham galten also allein der Geburt Isaaks, und deutlich ist auch, daß sie sich nicht auf Abrahams Nachkommen bezogen, sondern allein auf die Nachfahren Isaaks: »Ich werde meinen Bund mit ihm (Isaak) schließen als einen ewigen Bund für seine Nachkommen« (Genesis 17,19). Abraham schien sogar wenig erfreut, als die Geburt Isaaks angekündigt wurde: »Und Abram sagte zu Gott: Wenn nur Ismael vor dir am Leben bleibt« (Genesis 17,18); damit sollte gesagt werden, daß Ismail ohne Isaak genug war, doch Gott bestand darauf: »Deine Frau Sara wird dir einen Sohn gebären, und du sollst ihn Isaak nennen« (Genesis 17,19). Die Geburt Isaaks ist besonders bedeutsam, weil mit ihr die Prophezeiung des Königtums verbunden ist: »Könige über Völker sollen ihr (Sara) entstammen« (Genesis 17,16). Dies wird auch durch andere Verheißungen bestätigt, die Abraham hinsichtlich der Nachkommen Isaaks erhält: »… deine Nachkommen sollen das Tor ihrer Feinde einnehmen. Segnen sollen sich mit deinen Nachkommen alle Völker …« (Genesis 22,17–18). Die königliche Bestimmung für Isaak und seine Nachkommen spricht für mein Argument, daß er der Sohn von Thutmosis III. war. Dies ist auch aus der Beschreibung des Landes ersichtlich, das den Nachkommen Isaaks versprochen wurde:

- »… vom Grenzbach Ägyptens bis zum großen Strom, dem Euphrat« (Genesis 15,18)
- »Dir und deinen Nachkommen gebe ich ganz Kanaan …« (Genesis 17,8)

Die erste Verheißung, das Landversprechen zwischen Nil und Euphrat, interpretiere ich als eine Verheißung für jene Nachkommen Isaaks, die zur Zeit der Hungersnot nach Ägypten hinunterzogen. Noch vor der Verheißung des Landes zwischen Nil und Euphrat sagte der Herr zu Abraham, daß seine Nachkommen (Isaaks Nachkommen) »Fremde in einem Land« sein würden, »das nicht ihres ist«, aber daß sie »in der vierten Generation« nach Kanaan zurückkehren würden. Deshalb bezog sich diese Verheißung auf jene Nachkommen, die mit dem Patriarchen Josef, den ich bereits als Juja identifiziert habe, nach Ägypten zogen.[4] Als Jujas Tochter Teje mit Amenophis III., dem Urenkel von Thutmosis III., verheiratet wurde, erfüllte sich dieser Teil der Verheißung. Denn die folgenden vier Könige – Echnaton, Semenchkare, Tutanchamun und Eje, die als Amarna-Könige bekannt sind –, regierten das Land zwischen den beiden großen Flüssen, bevor die Israeliten in das Gelobte Land Kanaan zurückkehrten. Erst als Kyros von Persien in der zweiten Hälfte des sechsten Jahrhunderts vor Christus Babylonien besiegt und Ägypten erobert hatte, wurde ein anderer König Herrscher über das Land zwischen Nil und Euphrat. Das Versprechen der bevorstehenden Geburt Isaaks, das Abraham gegeben wurde, ist also verschieden von der Verheißung oder von dem Bund, der zwischen dem Herrn und den Israeliten auf dem Berg Sinai geschlossen wurde. Dort war der Bund ein Vertrag zwischen Gott und den Israeliten; die Verheißung von Nachkommen an Abraham, die bereits vor der Geburt Isaaks gegeben wurde, ist ein Versprechen, das weitervererbt wurde und an keine Bedingungen geknüpft war.

In Ägypten hingegen sagte der Herr zu Mose: »Ich führe euch aus dem Frondienst für die Ägypter heraus und rette euch aus der Sklaverei … ich nehme euch als mein Volk an … Ich führe euch in das Land (Kanaan), das ich Abraham, Isaak und Jakob unter Eid versprochen habe. Ich übergebe es euch als Eigentum …« (Exodus 6,6–8). Später, im Sinai, bat der Herr Mose, den Israeliten zu sagen: »Ihr habt gesehen, was ich den Ägyptern angetan habe, wie ich euch auf Adlerflügeln getragen und hierher zu mir gebracht habe. Jetzt aber, wenn ihr auf meine Stimme hört und meinen Bund haltet, werdet ihr unter allen Völkern mein besonderes Eigentum sein …« (Exodus 19, 4–5). Die Israeliten erwiderten: »… Alles, was der Herr gesagt hat, wollen wir tun …« (Exodus 19,8), und damit verpflichteten sie sich, den Bund einzuhalten.

Darauf folgt die Geschichte der Zehn Gebote, der Gesetze, die sie nach dem Willen des Herrn zu befolgen hatten. Später jedoch, während der Abwesenheit des Mose, erfahren wir, daß die Israeliten ihre Verehrung der kanaanäischen Götter wiederaufnahmen und sich ein Goldenes Kalb errichteten, das sie anbeteten. Dieser Akt des Ungehorsams war ein Bruch des Bundes, und der Herr weigerte sich in seinem Zorn, die Israeliten ins Gelobte Land zu begleiten: »… Ich selbst ziehe nicht in deiner Mitte hinauf, denn du bist ein störrisches Volk …« (Exodus 33,3). Erst als Mose um Vergebung bat und zusicherte, daß die Israeliten die Gesetze von nun an befolgen würden, erneuerte der Herr seinen Bund mit ihnen. Um es mit den Worten von Ronald E. Clements, Professor für Alttestamentarische Studien am King's College in London zu sagen: »Mit dem

Bund, der auf dem Sinai geschlossen wurde, trat das Gesetz als Forderung in die Geschichte der Israeliten ein und stellte so die Bedingung für den Fortbestand des Bundes dar.«[5]

Das David gegebene Versprechen ist – im Unterschied zu dem auf dem Berge Sinai, das an bestimmte Bedingungen geknüpft war – mit der Verheißung Abrahams vergleichbar: es gilt für die Nachkommen. Nachdem festgestellt wird, daß es der Herr war, der David zum Herrscher über sein Volk ernannt hatte, heißt es weiter: »Nun verkündet dir der Herr, daß der Herr dir ein Haus bauen wird« (2 Samuel 7,11); »… Ich werde deinen leiblichen Sohn als deinen Nachfolger einsetzen und seinem Königtum Bestand verleihen« (2 Samuel 7,12); »… Dein Haus und dein Königtum sollen durch mich auf ewig bestehen bleiben …« (2 Samuel 7,12).

Da von jenem Reich, das sich vom Nil bis zum Euphrat erstreckte, auch an anderer Stelle in der David-Geschichte sowie der Salomo-Geschichte die Rede ist, besteht die hier angesprochene Verheißung im Grunde aus zwei Elementen: Errichtung seines Throns und Errichtung des Throns für seine Nachkommen: »Das Bündnis mit Abraham wurde zum Vorbild für den Bund zwischen Jehova und David; Jehova versprach dabei, die Thronfolge für das Geschlecht Davids zu garantieren (2 Samuel 23,5). Jehova verpflichtete sich – genau wie bei dem Bund mit Abraham –, und deshalb konnte Israel dem König seine Gefolgschaft nicht verweigern. Der Bund mit Abraham war die Prophezeiung, der Bund mit David die ›Erfüllung‹ … die Form des Bundesschlusses mit David gleicht der des Bundesschlusses mit Abraham, unterscheidet sich jedoch von der Form des Gesetzesbundes auf dem Sinai-Horeb.«[6]

Der Hauptunterschied aber zwischen dem David gegebenen und dem Abraham gegebenen Versprechen ist folgender: Das Königtum wird zwar David und seinen Söhnen verheißen, nicht jedoch dem Abraham und auch nicht einem der Nachkommen seiner sieben Söhne, sondern allein Isaaks Nachkommen. Es wird nicht einmal Isaak selbst versprochen, denn ihm wird befohlen: »Geh nicht nach Ägypten hinunter ...« (Genesis 26,2). Und damit wird ihm auch verboten, das Erbe seines wirklichen Vaters anzutreten. Doch dieses Erbe wird, wie gesagt, später seinen Nachkommen zuteil, die nach Ägypten zurückkehren und vier Generationen lang dort leben.

Im Hinblick auf die Ähnlichkeit zwischen den beiden Verheißungen meint Professor Clements: »Es ist durchaus denkbar, daß die jehovistische Geschichte vom Bund mit Abraham in Genesis 15 dem Bundesschluß zwischen Jehova und David nachempfunden wurde, und zwar in dem Bestreben, diese beiden miteinander in Beziehung zu setzen. Zweitens haben wir bereits bemerkt, daß in Genesis 15 das thematische Motiv des Königtums auftaucht, was darauf schließen läßt, daß Genesis 15 von der Jerusalemer Hoftheologie beeinflußt wurde.«[7] Hier ist Clements den wahren Geschehnissen schon sehr nahe gekommen. Nicht nur ist das Abraham gegebene Versprechen dem Bund mit David ähnlich: es wurde ihm sogar nachgebildet. Die Verheißung an David war also die zeitlich frühere. Einfach gesagt: Im Buch Genesis, in dem die Urvater-Rolle von Thutmosis III. (König David) verschleiert wird, wird die Verheißung Abraham zugesprochen. Als dann jedoch der Stammeskönig David die Bühne der Geschichte betrat, als man die Quelle J der ersten fünf Bücher des Alten Testaments im neunten Jahrhundert vor Christus niederschrieb, wurde die Verheißung auf ihn übertragen (was die Israeliten von der Verheißung des Erbes ausgeschlossen hätte, da zu jener Zeit und mehrere Jahrhunderte lang danach kein Reich existierte, das sie hätten erben können).

Die biblische Verheißung eines Erbes an König David klingt auch in ägyptischen Quellen an, in denen von der Thronbesteigung Thutmosis' III. die Rede ist. Wie bereits oben erwähnt, sollte er eigentlich nicht König werden. Weder war er der Sohn der Thronerbin noch deren Gemahl.

Nur aufgrund der Wahl, die der Gott Amun getroffen hatte, wurde der historische »König David« König. Die Verheißung, die Thutmosis III. erhielt, ist auf einer Stele festgehalten, die Auguste Mariette, der französische Ägyptologe, gefunden hatte und die sich jetzt im Museum von Kairo befindet: »Ich habe dir verliehen die Erde in ihrer ganzen Länge und Breite. Die Stämme des Ostens und die Stämme des Westens liegen dir zu Füßen …

In deiner Stärke und Macht hast du die große Biegung von Naharina (dem Euphrat) überschritten, und ich habe befohlen, sie deinen Donner hören zu lassen, der bis in ihr Lager dringen soll … Ich habe dir versprochen, daß deine Taten in ihre Herzen dringen werden, mein Uräus (die Schlange auf seiner Stirn, das Zeichen königlicher Macht) soll auf deinem Kopf erscheinen … Ich gebe dir die Gewißheit: Deine Eroberungen werden alle Länder umfassen, der Uräus, der auf meiner Stirn leuchtet, soll dir untertan sein, so daß es in der gesamten Breite des Himmels keinen gibt, der gegen dich aufsteht; vielmehr werden die Völker kommen und ihren Tribut auf dem Rücken bringen und sich vor deiner Majestät verneigen, auf mein Geheiß. Ich ordne an, daß jeder, der dich in deiner Zeit angreift, vor dir fallen wird, sein Herz wird ihm im Leib verbrennen, die Glieder zittern.«[8]

Die korrekte Abfolge der Ereignisse ist, so meine ich, folgende: Nach der Geburt Isaaks wollte Abraham nicht, daß er am Leben bleibt, da er ihn als uneheliches Kind betrachtete. Jedoch entschloß er sich, ihn am Leben zu lassen, und er hat wohl viele Versprechungen erhalten, die den königlichen Status Isaaks und seiner Nachkommen betrafen. Daraufhin akzeptierte er seine Rolle als Isaaks Adoptivvater. Und obwohl Isaaks israelitische Nachkommen Abraham als ihren großen Vorfahren betrachteten, wußten sie doch, wer der eigentliche Gründervater der Stämme Israels war. Wie ich an anderer Stelle dargelegt habe, hätte Amenophis III. Teje, die Tochter von Josef dem Patriarchen (Juja), nicht zu seiner königlichen Gemahlin genommen, wenn er seinen eigenen Urgroßvater, Thutmosis III., nicht auch als den ihren anerkannt hätte.[9] Später wollten die Nachkommen der Israeliten ihrem wirklichen Vorfahren, König David, den ihm gebührenden Platz in ihrer Überlieferung zukommen lassen. Die biblischen Erzähler wiederum, die viele Jahrhunderte später die Geschichten niederschrieben, deuteten die Großtaten des mächtigen Königs David zum Leben und Werk eines gewöhnlichen Führers aus dem Stamme Juda um.

Die Vermutung, die angeblich dem Abraham gemachte Verheißung sei in Wahrheit dem David zugedacht gewesen, wird durch die Tatsache erhärtet, daß Abraham aus den biblischen Geschichten verschwindet, sobald die israelitischen Schriftsteller ihren wirklichen Urvater etabliert hatten. Dies geschah, indem sie die Taten des Königs David auf jenen Stammesführer übertrugen, der erst fünfhundert Jahre später lebte: »In den Geschichten von J und E wie auch in den Einführungskapiteln zu Deuteronomium wird dem abrahamitischen Bund eine große Bedeutung beigemessen. Bei den vorexilischen Propheten hingegen spielt er überhaupt keine Rolle. Erst bei den großen Propheten der Exilzeit ... erhält Abraham den Stellenwert jenes Urvaters, dem die göttliche Verheißung des Landes Kanaan zuteil wurde ... Wie läßt sich diese Gleichgültigkeit der vorexilischen Propheten gegenüber dem abrahamitischen Bund erklären ...?«[10]

Von jenem Augenblick an, als David in Erscheinung tritt, geht deshalb die ursprünglich für Abraham geltende Verheißung auf David und seine Nachkommen über. Und aus dem Geschlecht ihres großen Stammvaters, dessen sie sich nunmehr versichert hatten, sollte der Messias, der erwartete Erlöser, hervorgehen.

27
DAVID UND BATSEBA

Eine Parallele in den Geschichten von Abraham und David liegt auch darin, daß es in beiden um verheiratete Frauen geht, die eine zweite Ehe mit einem König eingingen.
Im Buch Genesis erfahren wir, daß Abraham seine Frau Sara dem ägyptischen Hof als seine Schwester vorstellte und Sara vom herrschenden Pharao geheiratet wurde, der, wie schon gesagt, Thutmosis III. und der Vater Isaaks war. Bei der Geschichte von David und Batseba im Zweiten Buch Samuel liegen die Dinge ein wenig anders. Als David sich während der Belagerung der befestigten Stadt (Rabba) in der Burg Jerusalem aufhielt, sah er die badende Batseba und forschte nach, wer sie sei. Er erfuhr, daß sie die Frau des Hethiters Urija war, der auf seiten der königlichen Truppen an der Belagerung teilnahm. David sandte Boten zu ihr, die sie in sein Haus brachten, wo er mit ihr schlief; Batseba wurde schwanger. In der Hoffnung, seine Vaterschaft vertuschen zu können, ließ David Urija nach Jerusalem bringen, doch der Krieger weigerte sich, zu Hause zu schlafen, solange das königliche Heer in Zelten vor der belagerten Stadt leben und Härten und Entbehrungen hinnehmen mußte. Deshalb schickte David Urija zum Schlachtfeld zurück mit dem Befehl, ihm einen besonders gefährlichen Platz in den Kampfreihen zuzuweisen. Erwartungsgemäß kam Urija bei den Kämpfen ums Leben.
Sobald die Trauerzeit vorüber war, heiratete David Batse-

ba, die ihm einen Sohn gebar: »Dem Herrn aber mißfiel, was David getan hatte« (2 Samuel 11,27).
Dieser letzte Vers und die ersten fünfundzwanzig Verse des folgenden Kapitels sind ohne Zweifel nachträglich eingefügt. Sie schildern, wie der Herr den Propheten Natan schickte, um David wegen seiner Sünde zu tadeln; im weiteren Verlauf werden Krankheit und Tod von Batsebas namenlosem Kind beschrieben sowie die Geburt eines anderen Sohnes, der Salomo genannt wurde. Anschließend folgt der Bericht vom Sieg Davids über die belagerte Stadt.
Die beiden Geschichten von Abraham und Urija stimmen in den Grundzügen überein. Beide Männer waren Fremde, Abraham ein Kanaaniter in Ägypten, Urija ein Hethiter in Jerusalem. In beiden Fällen wurde die Ehefrau von einem König geschwängert und gebar einen Sohn, der sterben mußte, weil er in Sünde gezeugt worden war. Doch die Geschichte im Buch Genesis wird kommentarlos erzählt, und es war der Pharao selbst, der Sara fortschickte, als er herausfand, daß sie bereits verheiratet war. Im Buch Samuel dagegen kommen spätere Moralvorstellungen zum Ausdruck, nach denen die Charaktere beurteilt werden. Die Beziehung zwischen David und Batseba wird als Ehebruch betrachtet, Urija wird in den Tod geschickt, um ihn loszuwerden; und während Isaaks Leben verschont und an seiner Stelle ein Lamm geopfert wird, muß hier das Kind sterben. Dem König droht künftiges Unheil als Strafe. Lediglich die Frau entgeht einer Bestrafung – und den Abkömmlingen aus dieser sündhaften Beziehung wird der Thron versprochen.
Hermann Gunkel, der große deutsche Bibelwissenschaftler, tat die ganze Geschichte von Urija und seiner Frau mit dem Argument ab, sie entbehre jeglicher historischen Grundlage. Diese ist jedoch im Buch Genesis zu finden, in

der Geschichte von Abraham, Sara und dem Pharao. Wenn wir den Namen Urija untersuchen, der im Zweiten Buch Samuel 23,39 erwähnt wird, so stellen wir fest, daß er aus zwei Komponenten besteht: *Ur*, ein horitisches (nordmesopotamisches) Wort, das »Stadt« oder »Licht« bedeutet, und *Jah*, eine Kurzform von Jahwe, dem israelitischen Gott. Die Bedeutung dieses Namens könnte also »Jahwes Licht« sein. Allerdings wird er als Hethiter bezeichnet. Warum sollte ein Hethiter, der traditionelle Feind Ägyptens und der Israeliten, einer der Helden in Davids Armee sein? Es liegen uns keine Informationen vor, die das plötzliche Erscheinen dieses Fremden und seiner Frau in Jerusalem – wo sie anscheinend wohnten – erklären könnten.

Doch betrachten wir die Sache aus einer anderen Perspektive: Solche erfundenen Namen geben in der Regel Hinweise auf die ursprüngliche Gestalt, die diesen Charakteren zugrunde liegt. Ur, der erste Teil des Namens Urija, verweist auf Abrahams Geburtsort. Dieser wird in der Bibel erstmals erwähnt in der Schilderung, wie Abraham und Sara »miteinander aus Ur in Chaldäa aus[wanderten], um in das Land Kanaan zu ziehen« (Genesis 11,31). Das könnte entweder »eine Stadt in Chaldäa« heißen, oder, wenn das Wort als Eigenname verwendet wurde, »(ein Ort namens) Ur in Chaldäa«. Wie auch immer man das Wort in diesem frühen Text deuten mag, später wurde Ur jedenfalls zu einem Eigennamen, der den Geburtsort Abrahams bezeichnete. Folglich setzt der Name Urija die fiktive Figur in Beziehung zu Abrahams Gott wie auch zur Stadt seiner Herkunft.

Ähnlich verhält es sich mit dem Namen Batseba oder Batscheba. In der ursprünglichen Lesart lautete er Bet-Scheba. Das »e« in der ersten Silbe wurde später von den Schreibern, die eine einheitliche Aussprache anstrebten, in »a«

geändert. Doch durch diese Veränderung ging der ursprüngliche Sinn des Wortes verloren. Es handelt sich hier wieder um zwei Bestandteile: *Bet*, was »ein Mädchen« oder »Tochter« bedeutet, und *Scheba*, ein Gebiet im Süden Kanaans, dessen Name von der dortigen Quelle herrührt, Beerscheba. Das Wort Beth-Scheba kann also als »ein Mädchen (oder eine Tochter) von Scheba« übersetzt werden. Demnach stammte Batseba aus der Gegend, in der sich Sara und Abraham nach ihrer Rückkehr aus Ägypten niederließen.

Obwohl die überlieferte Geschichte von Urija, David und Batseba fiktive Literatur ist, die auf den Erinnerungen an Abraham, Sara und den Pharao basierte, ist es andererseits nicht ausgeschlossen, daß Abraham dem König David in Jerusalem begegnete. In der Geschichte von Abraham werden zwei Ereignisse beschrieben, die dies plausibel erscheinen lassen.

Das erste Ereignis war Abrahams Begegnung mit Melchisedek, dem Priester und König von Salem, der Abraham mit den Worten segnete: »Gesegnet sei Abram vom Höchsten Gott, dem Schöpfer des Himmels und der Erde« (Genesis 14,19). Diese Segnung muß auf dem geheiligten Boden des Berges Morija stattgefunden haben, des Tempelbergs, den ich an früherer Stelle als Zion identifiziert habe.

Das zweite Ereignis verweist auf denselben Ort. Um Abraham zu prüfen, trug Gott ihm auf: »Nimm deinen Sohn, deinen einzigen, den du liebst, Isaak, geh in das Land Morija, und bring ihn dort auf einem der Berge, den ich dir nenne, als Brandopfer dar« (Genesis 22,2).

Der Zweck von Abrahams Besuch in Jerusalem, der nicht in den Handlungsverlauf der Geschichte paßt, ist unklar. Doch der Wissenschaftler John Gray nimmt an, daß dieser

Besuch im Zusammenhang mit David stand: »Die Bedeutung des Ereignisses (der befohlenen Opferung Isaaks), das vermutlich außerhalb des Kontextes steht, ist ungewiß, und wahrscheinlich diente es dem Kompilator der Zeit Davids und Salomos zu einem bestimmten Zweck. Vermutlich sollte auf diese Weise authentisch belegt werden, daß David den örtlichen Kult des El Elyon (Gott der Höchste) übernahm.«[1] Eine mögliche Abfolge der Geschehnisse, die Abrahams Besuch in Jerusalem erklären könnte, wäre folgende:

Nach der Auswanderung aus Ägypten ließen sich Abraham und Sara in Kanaan nieder, wo Isaak geboren wurde. Später bezog Thutmosis III. im Verlauf seines ersten Asien-Feldzugs Quartier in der Festung Jerusalems. Als Abraham dies erfuhr, brachte er Isaak nach Jerusalem, stellte ihn dem König vor und drohte damit, das Kind zu töten. Der König jedoch warnte Isaak davor, nach Ägypten zu gehen, und brachte Abraham von seinem Vorhaben ab, indem er ihm ein Stück Land in Kanaan versprach; im Gegenzug verpflichtete sich Abraham, Isaak wie seinen eigenen Sohn großzuziehen. Nach diesem Hergang der Ereignisse wäre Isaak der namenlose, von König David gezeugte Sohn Batsebas gewesen, der in der Geschichte von Urija, David und Batseba auftaucht. Überdies erscheint die Version von Samuel unglaubwürdig, weil zu jener Zeit hebräische wie auch andere Kinder für gewöhnlich gleich nach der Geburt einen Namen erhielten. Der Erzähler war darauf bedacht, die Wahrheit über Isaaks Vater zu verheimlichen, und er wußte sehr wohl, daß Isaak nicht getötet worden war. Deshalb erfand er die Geschichte vom Kind, das in Sünde gezeugt worden und gestorben war, und verschwieg dessen Namen.

Nach dem Alten Testament folgte Salomo David auf den

Thron Jerusalems. Ausgehend von der Theorie, daß David der Stammeskönig war, der im zehnten vorchristlichen Jahrhundert regierte, wurde Salomos vierzigjährige Regierungszeit von Wissenschaftlern ungefähr auf die Jahre 965–925 vor Christus datiert; seine Thronbesteigung fiele demnach in die Regierungszeit des Pharaos Siamun (ca. 976–956 vor Christus) aus der schwachen Einundzwanzigsten Dynastie. Wenn jedoch, wie ich hier bereits gezeigt habe, König David eigentlich Thutmosis III. war, dann müssen wir rund vierhundert Jahre weiter zurückgehen, in die Mitte der Achtzehnten Ägyptischen Dynastie. Mit dieser Epoche müssen wir uns befassen, wenn wir die Identität jenes Herrschers eruieren wollen, der in der Bibel Salomo genannt wird. Die Aufgabe wird dadurch kompliziert, daß uns aus keiner Zeit ein historischer Beleg für einen Herrscher namens Salomo vorliegt und sowohl das Alte Testament wie auch der Talmud darin übereinstimmen, daß dies nicht der eigentliche Name des Königs war. Wie es im Zweiten Buch Samuel 12,25 heißt, gab der Prophet Natan Salomo nach dessen Geburt den Namen Jedidja, was soviel wie »durch den Herrn« oder »durch das Wort des Herrn« heißt. Jedoch sprechen einige Anzeichen dafür, daß Amenophis III., also nicht der unmittelbare Nachfolger König Davids (Thutmosis' III.), sondern dessen Urenkel die historische Person war, die im Alten Testament Salomo genannt wird.

Da diese Beweise die bereits vorgebrachten Argumente hinsichtlich der wahren Identität des Königs David lediglich weiter untermauern, werden sie in den Anhängen F bis J angeführt; es wird dort auch darauf eingegangen, worauf sich Salomos sprichwörtliche Weisheit gründet.

BUCH DREI

CHRISTUS
DER KÖNIG

28
DAS LEBENDE ABBILD DES HERRN

Alles weist darauf hin, daß Tutanchamun mit dem historischen Jesus gleichzusetzen ist. Mir ist bewußt, daß das eine sehr kühne – und für manche Leute beunruhigende – Aussage ist. Dennoch scheint es die einzig logische Schlußfolgerung aus den vorhandenen Fakten zu sein.

Es gibt zwei Namen für die Nachfolger des Mose, den ich als den Pharao Echnaton identifiziert habe. Der eine ist Josua, der Prophet; der andere ist Tutanchamun, der gesalbte König, der nach Echnatons Thronverzicht der neue Herrscher wurde. Daß Josua mit Jesus gleichzusetzen ist, habe ich schon aufgezeigt. Kann man nun dasselbe von Tutanchamun sagen?

Lukas schreibt über die bevorstehende Geburt Jesu: »Er wird groß sein und Sohn des Höchsten genannt werden. Gott, der Herr, wird ihm den Thron seines Vaters David geben. Er wird über das Haus Jakob in Ewigkeit herrschen, und seine Herrschaft wird kein Ende haben« (1,32–33). Es gibt niemanden außer Tutanchamun, von dem man sagen kann, daß all diese Bedingungen erfüllt waren: Sohn des Höchsten, der den Thron seines Vaters (hier im Sinne von »Vorfahr«) David einnimmt.

Tutanchamun wurde in der Stadt Amarna geboren. In seinem Grab fand man ein Leinenhemd, das aus dem siebten Regierungsjahr Echnatons stammt und darauf hindeutet, daß er in diesem Jahr geboren wurde. Es steht außer Frage, daß er zur königlichen Familie der Thutmossiden gehörte, deren Oberhaupt vier Generationen zuvor Thutmosis III. (König David) gewesen war. Eine Inschrift auf einem Löwen aus rotem Granit, der sich im Britischen Museum befindet, besagt: »Er stellte die Monumente seines Vaters (gemeint ist auch hier ›Vorfahr‹) Amenophis III. wieder her.«[1]

Professor R. G. Harrison, der verstorbene Professor für Anatomie an der Universität Liverpool, der 1963 die Mumie des Königs untersuchte, stellte eine verblüffende Ähnlichkeit mit künstlerischen Darstellungen Echnatons fest, was darauf schließen läßt, daß sie nahe Verwandte waren. Howard Carter, der das Grab Tutanchamuns entdeckte, war ebenfalls erstaunt, daß dessen Maske und Mumie so sehr dem Echnaton und seiner Mutter, der Königin Teje, glichen: »… bestimmte Gesichtszüge erinnern hier … an den Echnaton, andere, besonders das Profil, gleichen vielleicht noch mehr der großen Königin Teje, der Mutter Echnatons; oder anders ausgedrückt, als mich diese Gesichtszüge anstarrten, kam mir sofort die Verwandtschaft mit diesen beiden Vorgängern in den Sinn.«[2] In der Grabkammer des jungen Königs wurden Gegenstände gefunden, die mit den Namen vieler Mitglieder der königlichen Familie versehen waren – Echnaton, Königin Teje, Amenophis III., Thutmosis III. sowie zwei Brüder Echnatons, Thutmosis und Semenchkare, werden erwähnt.

Die Frage, ob Tutanchamun der Sohn oder Bruder Echnatons und wer seine Mutter war, hat unter Wissenschaftlern zu zahlreichen Auseinandersetzungen geführt, ist jedoch leicht zu beantworten. Echnaton teilte sich die Herrschaft zwölf Jahre lang mit seinem Vater Amenophis III., danach regierte er fünf Jahre allein. Nach dem Hemd in seiner

Grabkammer zu schließen, fiel Tutanchamuns Geburt in das siebte Herrschaftsjahr seines Vaters. Das heißt, er bestieg den Thron im Alter von zehn Jahren und starb mit neunzehn. Diese Zeitangaben sind belegt durch anatomische Untersuchungen seiner Leiche sowie durch die Altersbestimmung von Gegenständen in seinem Grab.

Das siebte Regierungsjahr Echnatons entspricht dem dreiunddreißigsten seines Vaters. Zu diesem Zeitpunkt war die Königin Teje etwa einundvierzig Jahre alt. Zwei Jahre zuvor hatte sie eine Tochter, Baketaton, geboren, und rein physisch betrachtet hätte sie zwei Jahre später noch einem Sohn, Tutanchamun, das Leben schenken können. Doch wenn sie die Mutter Tutanchamuns gewesen wäre, dann hätte sich erstens sein Geburtsjahr auf Amenophis III. bezogen, nicht auf Echnaton. Zweitens geht aus den Funden im Grab von Tejes Verwalter Huja in Amarna hervor, daß Teje frühestens im zehnten Regierungsjahr Echnatons zum ersten Mal in der Stadt Amarna weilte; folglich konnte sie Tutanchamun nicht schon im siebten Herrschaftsjahr Echnatons in Amarna zur Welt gebracht haben.

Die einzig logische Folgerung lautet, daß Echnaton der Vater Tutanchamuns war. Und seine Mutter? Ohne Beweise dafür liefern zu können, vertreten manche Wissenschaftler die Ansicht, die Mutter des jungen Königs sei nicht die Königin Nofretete gewesen. Doch archäologische Funde legen den Schluß nahe, daß Tutanchamun sowohl vor als auch nach seiner Thronbesteigung im nördlichen Palast von Amarna zusammen mit Nofretete lebte.[3] Dies spricht zweifellos dafür, daß sie in einem Mutter-Sohn-Verhältnis zueinander standen.

Einigen Wissenschaftlern hat auch die Beziehung Tutanchamuns zur königlichen Familie Kopfzerbrechen bereitet, denn obwohl er die Thronerbin heiraten mußte, um an die Macht zu gelangen, war Anchesenpaaton, die dritte Tochter Echnatons, seine Braut. Auch dafür gibt es eine einfache Erklärung. Da Echnatons älteste Tochter bereits mit Semenchkare verheiratet war, der wenige Tage vor der Krönung Tutanchamuns starb, und die zweite Tochter bereits gestorben war, fiel der Thron an Anchesenpaaton.

Der junge König in spe erhielt den Geburtsnamen Tutanchaton. Wie ich an anderer Stelle gezeigt habe, entspricht dem ägyptischen Wort Aton das hebräische Adonai und heißt soviel wie »der Herr«.[4] Demnach bedeutet sein Geburtsname »das lebende Abbild des Herrn«. Also wurde er schon bei der Geburt – vielleicht sogar davor, da es bei den ägyptischen Königen Sitte war, die Namen ihrer Kinder bereits vor der Geburt festzulegen – als der Sohn Gottes angesehen, als »der älteste Sohn des Aton (des Herrn) im Himmel« wie auch als Nachfolger Echnatons (Moses).

Die messianischen Glaubensformeln haben ihren Ursprung in Ägypten. Das Wort »Christus« stammt von dem griechischen »Christos« ab, was dasselbe wie das hebräische und aramäische Wort *Maschih* bedeutet. Dieses wiederum leitet sich von *MeSHeH* ab, einem Verb in der Bedeutung »salben«. Ursprünglich wies das Wort »Christus« also auf »den Gesalbten«, auf den »König«, hin.
Der Glaube an den Messias beruhte auf der Auffassung der Ägypter, daß ihre Könige göttliche Wesen seien und ihre Macht von Gott komme. Schon in ihrer frühesten Geschichte, noch vor dem dritten Jahrtausend vor Christus, setzten die Ägypter ihren König mit dem Falkengott Horus gleich. Danach wurde er zu einer Inkarnation des Gottes und erschien »auf dem Thron des Horus«. Nach dieser Vorstel-

lung nahm der König eine Stellung zwischen Gott und Mensch ein.

Eine weitere bedeutende Entwicklung begann in der Zeit der Vierten Dynastie (dem siebenundzwanzigsten Jahrhundert vor Christus), in jener Epoche, als die Pyramiden gebaut wurden: Der König wurde nicht mehr mit Horus gleichgesetzt, sondern als der Menschensohn des Gottes Re, dem Gott des Kosmos, angesehen. Jede Tat des Königs galt ausschließlich als die Ausführung der Anweisungen seines Vaters. Dieses besondere Verhältnis zwischen dem Gott Re und dem König zeigte sich darin, daß es im Leben des Herrschers drei Hauptereignisse gab: seine heilige Geburt, seine Salbung bei der Krönung und seine Auferstehung nach dem Tod.

Die heilige Geburt des Königs wird in bildlicher wie auch in schriftlicher Form an der nördlichen Mauer der mittleren Kolonnade des Totentempels dokumentiert, den die Königin Hatschepsut in Dair al Bahri erbauen ließ, sowie in dem Tempel von Amenophis III. in Luxor. »Hier wie dort wird Zeugung und Geburt des jeweiligen Königs durch den Reichsgott (Amun-Re) und die Gemahlin des regierenden Herrschers geschildert, wobei der Gott sich in Gestalt des Pharao der gebenedeiten Frau nähert. Die Szenen werden in Bild und Text mit großer Zartheit dargestellt, gründen jedoch unbefangen auf dem Vorgang geschlechtlicher Zeugung und haben nichts von jener asketischen Vergeistigung an sich, die eine Lebenslinie des späteren Hellenismus wurde und vor allem die Züge der wunderbaren Geburt Jesu prägte.«[6]

Mit der Krönung wurde der Herrscher in das göttliche Amt des Königs eingesetzt. Zur Krönungszeremonie gehörte, daß der König mit Wasser gereinigt und gesalbt wurde, königliche Tracht anlegte und das Amtszepter entgegennahm; außerdem wurden ihm die beiden Kronen (von Ober- und Unterägypten) aufgesetzt und seine festgelegten königlichen Namen und Titel verlesen. Der König wurde nicht mit Öl gesalbt, sondern mit dem Fett des heiligen Krokodils. Auf diesen Ursprung geht das Wort »Messias« letztlich zurück: *MeSSeH* war das altägyptische Wort für Krokodil,[7] und das Bild der beiden Krokodile erschien im Amtstitel des Herrschers, der ihm bei der Krönung verliehen wurde. Dieses Wort läßt zwei Lesarten zu – *messhee* und *messeeh* –, denn das lange Doppel-e konnte entweder am Ende oder in der Mitte des Wortes eingefügt werden.[8] Da das ägyptische *s* im Hebräischen und Aramäischen zu *sch* wird, liegt es auf der Hand, daß das biblische Wort Messias seinen Ursprung in *meschih* hat, dem altägyptischen Wort, das für eine bestimmte, rituelle Art der Salbung des Königs steht.

Das letzte entscheidende Ereignis im Leben eines Herrschers war sein Tod und seine Auferstehung: »War der Mensch durch die Krönung Teilhaber der göttlichen Sphäre geworden, so hört er … mit dem Tode auf, Angehöriger der menschlichen Sphäre zu sein.«[9] Man glaubte, von da an sei der König mit den Göttern vereint und habe an ihrer ewigen spirituellen Existenz teil. »Es äußert sich endlich in dem Werden zu Osiris, womit der König in die ewige Wesenheit dieses Gottes einging und aus anfänglicher Handlungsanalogie zwischen beiden schließlich Identität des Seins wurde.«[10]

Wenn wir also im Alten Testament lesen, daß die Israeliten auf ihren »gesalbten Messias« warteten, so kann dies nur bedeuten, daß sie auf einen König warteten, der sie regierte und einte und ihre Feinde besiegte. Wie Osiris mußte der Messias erst sterben, bevor er ein Erlöser sein konnte, und auf die Hoffnung, daß der König, der Sohn Gottes, starb und wieder auferstand, gründen seine Anhänger die Aussicht auf ein ewiges Leben an seiner Seite. Den frühen Israeliten muß diese ägyptische Denkweise fremd und inakzeptabel erschienen sein, solange ihr königlicher Messias noch nicht gelebt hatte und gestorben war. Es war der Prophet Jesaja, der erstmals den Gedanken vom Messias als Erlöser zum Ausdruck brachte, und zwar in der Gestalt des Gottesdieners, der so zum Erretter der Welt wurde – und auf genau dieser Vorstellung basiert die Rolle, die die Evangelisten Jesus zuschreiben. Allein der Gedanke, daß Christus der Erlöser ist, bestätigt, daß er sein historisches Leben bereits hinter sich hatte.

29
DIE JUNGFRAUEN-GEBURT

Die Jungfrauengeburt ist eine Sache der Theologie. Hier beschäftigen wir uns nur mit historischen Tatsachen. Dennoch lohnt es sich, einige Fakten jener Diskussion in Betracht zu ziehen, die zu diesem Dogma der katholischen Kirche geführt haben.

Im alten Ägypten war die göttliche Geburt ein Aspekt der königlichen Geburt, und obwohl das Kind als Sohn der Gottheit galt, schloß dies nicht aus, daß es einen menschlichen Vater oder sexuelle Beziehungen zwischen den Eltern gab. Der Geist der Gottheit benutzte den physischen Körper des Königs, um ein Kind hervorzubringen. Im christlichen Glauben jedoch ist kein menschlicher Vater beteiligt: Die Mutter ist eine Jungfrau, das Kind wird durch den Heiligen Geist und ohne jede sexuelle Beziehung empfangen.

Die Kirche, die erklärt, Maria, die Mutter Jesu, sei »immer Jungfrau« gewesen, scheint übersehen zu haben, daß es in den Evangelien mehrfach heißt, sie habe auch andere Kinder gehabt (Matthäus 12,46; Markus 3,31 und 6,3; Lukas 8,19; Johannes 2,12), und an anderer Stelle, Josef »erkannte sie aber nicht, bis sie ihren Sohn gebar ...« (Matthäus 1,25). In den neutestamentarischen Schriften des ersten Jahrhunderts nach Christus wird die Geburt Jesu nirgendwo erwähnt; erst die späteren Evangelienschreiber berichten davon. Das Hauptinteresse war auf den Tod und die Wiederauferstehung Jesu gerichtet; so findet sich weder in der Apostelgeschichte noch in einem der Briefe ein Bericht über die Umstände der Geburt. Ignatius, der zu Beginn des zweiten Jahrhunderts nach Christus Bischof von Antiochien war, erwähnt als erster Kirchenvater die Geburt Jesu: »Denn unser Gott, Jesus Christus, wurde von Maria empfangen, und entsprang nach Gottes Plan dem Samen Davids und dem Heiligen Geist.«[1] Trotz der Tatsache, daß man aufgrund der Erwähnung des »Samens Davids« einen menschlichen Nachkommen Davids erwarten dürfte, beschrieb Ignatius Maria als Jungfrau: »Marias Jungfräulichkeit und ihre Niederkunft sind beides Ausfluß des Königs dieser Welt wie der Tod des Herrn.«[2]

Aus den Kommentaren eines anderen Kirchenvaters, Justins des Märtyrers, aus der Mitte des zweiten Jahrhunderts nach Christus geht hervor, daß der Gedanke einer Jungfrauengeburt in Zusammenhang mit der Erfüllung einer alttestamentarischen Prophezeiung zu sehen ist: »Darum wird euch der Herr von sich aus ein Zeichen geben: Seht, die Jungfrau wird ein Kind gebären, und sie wird ihm den Namen Immanuel (Gott mit uns) geben« (Jesaja 7,14).

Obwohl das hebräische Wort *alma* ein Mädchen oder eine unverheiratete Frau bezeichnet, haben die Christen ihm die Bedeutung Jungfrau gegeben. Man hat darauf hingewiesen, daß diese Verkündigung der jungfräulichen Geburt Jesu Teil des Versuches war, das Christentum unter den Heiden zu verbreiten. Denn die Griechen glaubten, daß Semele als Mensch von ihrem Hauptgott Zeus geschwängert wurde und aus dieser Zeugung Dionysos hervorgegangen sei. So wendet sich Justin der Märtyrer mit folgenden Worten an sie: »Indem wir sagen, daß das Wort ... ohne geschlechtliche Vereinigung als Jesus Christus für uns geboren wurde ... sagen wir nichts Neues über das hinaus [was ihr sagt über] jene, die ihr die Söhne Zeus' nennt.«[3]

Zwei der Evangelien, die im zweiten Jahrhundert nach Christus entstanden – Matthäus in der ersten Hälfte, Lukas in der zweiten –, berichten über die Geburt Jesu. Matthäus erzählt wie folgt: »... Maria, seine Mutter, war mit Josef verlobt; noch bevor sie zusammengekommen waren, zeigte sich, daß sie ein Kind erwartete – durch das Wirken des Heiligen Geistes ... Dies alles ist geschehen, damit sich erfüllte, was der Herr durch den Propheten (Jesaja) gesagt hat: Seht, die Jungfrau wird ein Kind empfangen, einen Sohn wird sie gebären, und man wird ihm den Namen Immanuel geben, das heißt übersetzt: Gott ist mit uns« (Matthäus 1,18 und 22–23).

Lukas seinerseits beschreibt, wie Maria die Nachricht von dem Kind, das sie gebären würde, durch einen Engel offenbart wurde: »... wurde der Engel Gabriel von Gott ... zu einer Jungfrau gesandt. Sie war mit einem Mann namens Josef verlobt, der aus dem Haus David stammte. Der Name der Jungfrau war Maria ... Da sagte der Engel zu ihr ... Du wirst ein Kind empfangen, einen Sohn wirst du gebären: dem sollst du den Namen Jesus geben ... Maria sagte zu dem Engel: Wie soll das geschehen, da ich keinen Mann erkenne? Der Engel antwortete ihr: Der Heilige Geist wird über dich kommen, und die Kraft des Höchsten wird dich überschatten. Deshalb wird auch das Kind heilig und Sohn Gottes genannt werden« (Matthäus 1,26–27; 30–31 und 34–35).

Im Jahre 200 nach Christus war das Christentum eine Institution geworden, der eine dreistufige Hierarchie von Bischöfen, Priestern und Diakonen vorstand. Außerdem wurde sie als katholisch, das heißt universal, bezeichnet, und ihre Mitglieder erhielten das Etikett »orthodox«, also rechtgläubig im Gegensatz zu den gnostischen Sekten, die als häretisch galten. Die Kirche stellte eine Reihe von Glaubenssätzen auf, die alle Mitglieder anerkennen mußten und zu denen auch die Aussage gehörte, Jesus Christus sei »vom Heiligen Geist empfangen« und »von der Jungfrau Maria geboren« worden.

Dieser Glaubenssatz entwickelte sich weiter, und auf dem Concilium Trullanum II im Jahre 692 nach Christus hieß es schließlich, Maria, die Mutter Jesu, sei »immer Jungfrau« gewesen: »Da die Katholische Kirche immer sowohl die Jungfrauengeburt als auch die jungfräuliche Empfängnis unseres Gesegneten Herrn gelehrt und betont hat, daß Maria immer Jungfrau war, auch nachdem sie den eingeborenen Sohn gebar, folgt daraus notwendig, daß es kein Kindbett und keinen Kindbettfluß gab.«[4] Im dreizehnten Jahrhundert erreichte dieser Gedanke dann seinen Höhepunkt in den Schriften des Thomas von Aquin und war Bestandteil der unantastbaren Überlieferungen der Kirche: »Da sie Christus ohne die Verfehlung der Sünde empfing, gebar sie ihn ohne Schmerzen, ohne Verletzung ihrer jungfräulichen Unschuld, ohne daß die Reinheit ihrer Mädchenschaft Schaden erlitt.«[5]

Die gnostischen Sekten hingegen, die nicht zur Kirche gehörten und über ganz Ägypten und die Levante verstreut lebten, hatten eine völlig andere Sicht der Dinge. Die Gnostiker strebten nach Weisheit durch Meditation und mönchisches Leben und glaubten, da der Mensch durch den Geist Gottes erschaffen wird, könne die Erkenntnis des höchsten Wesens durch innere Kanäle erreicht werden, die den menschlichen Geist befähigen, sich mit dem göttlichen Geist zu verbinden. Diese Vereinigung war für sie das »Licht«, während diejenigen, denen dies nicht gelang, in

Dunkelheit lebten. Das mönchische Leben, bei dem der Geist betont wurde und das Fleisch eine geringere Rolle spielte, brachte, so glaubten sie, den Geist der Erlösung näher. Doch die vollständige Erlösung konnte nur im Leben nach dem Tod erreicht werden, wenn der menschliche Geist sich von seinem physischen Körper befreit hatte und mit dem Geist Gottes vereinigt wurde.

Das Christentum wurde politisch gestärkt, sobald die römisch-katholische Kirche die Christen in der ganzen Welt unter einer priesterlichen Autorität vereinigen konnte und einer kanonischen Überlieferung folgte. Die Gnostiker, die bereits von den Juden und Römern verfolgt worden waren, sahen sich nun auch von der Kirche verfolgt, die ihre Lehren als häretisch betrachtete. Diese vorkatholischen Sekten hatten ihre eigenen Evangelien und andere Schriften, die vom neutestamentlichen Kanon ausgeschlossen worden waren. Doch die Kirche versuchte, sicherzustellen, daß keine dieser Schriften erhalten blieb, so daß unser Wissen über sie bis zum Ende des Zweiten Weltkriegs nahezu vollständig auf den Kritiken der Gegner des Gnostizismus beruhte.

Doch im Dezember 1945 entdeckte Mahammad Ali el-Samman, ein ägyptischer Bauer, auf dem Berg el-Tarif in der Nähe der oberägyptischen Stadt Nag Hammadi zufällig einen großen, etwa einen Meter hohen irdenen Behälter. Als er den Tonkrug aufbrach, fand er nicht, wie erwartet, den goldenen Schatz, sondern dreizehn Papyrusbücher, die er seiner Mutter gab, damit sie sie im Ofen verbrenne. Erst als der Geschichtslehrer des Ortes die mögliche Bedeutung der Manuskripte erkannte, konnten einige Texte vor den Flammen bewahrt und für die Nachwelt gerettet werden. Bei der Prüfung der erhaltenen Schriften stellte sich heraus, daß es sich um eine gnostische Bibliothek aus zweiundfünfzig Texten handelte. Zu ihnen gehörte auch das Evangelium des Thomas, das aus hundertvierzehn Jesus zugeschriebenen Aussprüchen bestand, die sich nicht im Neuen Testament fanden. Die Texte waren in koptischer Schrift abgefaßt, der liturgischen Sprache der ägyptischen Christen, aber eindeutig von älteren, wahrscheinlich griechischen oder demotischen Texten – der alten Form der ägyptischen Schrift – abgeschrieben und stammten aus dem vierten Jahrhundert nach Christus.

Diese Texte zeigten, daß die Gnostiker verschiedene Auffassungen von der Jungfrauengeburt hatten. Eine Gruppe verwarf die Jungfrauengeburt als nicht historisch, da kein Kind ohne ein menschliches Elternpaar empfangen werden könne. Gleichzeitig wurde hier die Mutter Jesu mit der dritten Person der Dreifaltigkeit gleichgesetzt, die aus Gott Vater, Gott Sohn und dem weiblichen, mütterlichen Heiligen Geist bestehe. Das Evangelium des Philippus, einer der Nag-Hammadi-Texte, erklärt: »Christus ... wurde von einer Jungfrau geboren« (das heißt vom Heiligen Geist). Doch der Autor verspottet jene Christen, die die Schrift wörtlich nehmen und irrtümlich von der Jungfrauengeburt Marias, der Mutter Jesu, »ohne menschlichen Vater« sprechen.[6]

Andere Gnostiker hielten die mystische Stille – ein Aspekt des Wesens Gottes – für die jungfräuliche Mutter Jesu, während eine dritte Richtung die Weisheit (die griechische Sophia) – einen weiblichen Aspekt des höchsten Wesens – mit der Mutter Jesu identifizierte. Die Schriftrollen vom Toten Meer hingegen halten Gott zwar für den Vater des Messias, erwähnen jedoch keine jungfräuliche Mutter: »In Übereinstimmung mit dem messianischen Mahl (dem Paschamahl) heißt es, daß Gott den davidischen Messias ›zeugen‹ werde. Und ein Qumran-Text, in dem es um die

Wiedererrichtung des Königtums Davids am Jüngsten Tag geht, das heißt, um die Prophezeiung aus dem Zweiten Buch Samuel 7,13–14 – ›und ich werde seinem Königsthron ewigen Bestand verleihen. Ich will für ihn Vater sein, und er wird für mich Sohn sein‹ –, bezieht sich auf dieselbe Person wie im Neuen Testament (Hebräer 1,5). Offensichtlich existiert in den Qumran-Texten bereits der Gedanke von dem weltlichen Messias als Sohn Gottes, ›gezeugt‹ vom Vater.«[7]

Doch es gibt Hinweise darauf, daß der Gedanke der Geburt des Messias ohne sexuelle Vereinigung seinen Ursprung nicht in Rom, sondern im alten Ägypten hat. So soll Isis ihren Sohn Horus empfangen haben, indem sie sich des Phallus von Osiris, ihres Bruders und Gatten, nach dessen Tod und Zerstückelung bediente. Diese posthumen Vorgänge sind auf den Mauern des Osiristempels im oberägyptischen Abydos dargestellt.

In einer späteren Entwicklung der Legende wurden deren physische Elemente völlig beseitigt und die Schwangerschaft Isis' auf kosmische Kräfte zurückgeführt. Zauberspruch 148 der Grabtexte, der davon handelt, wie Isis verkündet wird, daß sie mit Horus schwanger ist, wurde wie folgt übersetzt: »Der Krokodilstern (MeSSeH) trifft … Isis erwacht schwanger von dem Samen ihres Bruders Osiris.«[8]

30
DIE HEILIGE FAMILIE

Im Neuen Testament gibt es zahlreiche Frauen mit dem Namen Maria, von denen zwei in einem engen Verhältnis zu Jesus stehen – seine Mutter und Maria Magdalena. Maria im Griechischen entspricht im Hebräischen Mirjam, doch die Ursprünge des Namens liegen im Alten Ägypten, wo das Wort *mery* »die geliebt wird« bedeutet.

Dieser Beiname wurde zahlreichen Mitgliedern der ägyptischen Königsfamilie verliehen, so auch Nofretete, der Mutter Tutanchamuns, und Anchesenpaaton, seiner Frau. Wie ich an anderer Stelle bereits nachgewiesen habe, ist Königin Nofretete, die Halbschwester und Frau Echnatons, mit der Mirjam des Alten Testaments, der Schwester Moses, gleichzusetzen.[1] Der Name Nofretete bedeutet »die Schöne ist gekommen«. Wie die im Berliner Ägyptischen Museum ausgestellte Büste zeigt, war sie in der Tat eine ausgesprochen schöne Frau. Außerdem weiß man, daß sie auch eine wunderbare Stimme hatte, denn sie sang die Abendgebete im Aton-Tempel in Amarna. Und in talmudischen und christlichen Überlieferungen wird die Mutter Jesu als von königlicher Abstammung beschrieben, wie etwa folgende Passage zeigt: »Sie stammte aus einem Geschlecht von Prinzen und Herrschern« (b. Sanh., 106a).

Vor der Geburt Tutanchamuns hatte sie drei Töchter geboren und danach nochmals drei. Hingegen gibt es keinerlei Zeugnisse dafür, daß sie noch weitere Söhne hatte. Archäo-

logische Funde im nördlichen Palast von Amarna legen den Schluß nahe, daß sie dort mit ihrem Sohn Tutanchamun blieb und zunächst nicht mit ihrem Mann ins Exil zum Sinai ging, sondern erst nach dem Tode Tutanchamuns Echnaton dorthin folgte.
Nach Nofretetes Tod schrieb man ihr viele Eigenschaften der altägyptischen Isis, der Mutter des Gottes Horus, zu. Echnaton hatte den Isiskult abgeschafft, und nach dem Tod Nofretetes trat auf den Grabbeigaben in Amarna deren Bildnis an die Stelle desjenigen der Muttergottheit. So findet man es zum Beispiel statt des Isisbildnisses auf dem Sarkophag Echnatons. Darüber hinaus gab es in Rom Statuen, die ursprünglich Isis und ihren Sohn darstellten und die von der Kirche als Bildnisse für Maria mit ihrem Sohn verwendet wurden.

Die andere Maria, die anscheinend in einer emotionalen Verbindung zu Jesus stand, war wohl eine jüngere Frau – Maria Magdalena. Zum ersten Mal erwähnt wird sie als namenlose Sünderin: »Als Jesus in Betanien im Haus Simons des Aussätzigen bei Tisch war, kam eine Frau mit einem Alabastergefäß voll echtem, kostbarem Nardenöl, zerbrach es und goß das Öl über sein Haar« (Markus 14,3). Lukas wiederum läßt sie die Füße Jesu salben: »Und [sie] trat von hinten an ihn heran. Dabei weinte sie, und ihre Tränen fielen auf seine Füße. Sie trocknete seine Füße mit ihrem Haar, küßte sie und salbte sie mit dem Öl« (7,38).
Danach taucht der Name Maria Magdalenas in der Aufzählung des Gefolges Jesu auf, und sie blieb bis über seinen Tod hinaus in seiner Nähe. Obwohl keine befriedigende Erklärung dafür gegeben wird, war sie der Person Jesu sowohl emotional als auch physisch sehr verbunden. Sie

blieb in der Nähe des Begräbnisplatzes, wo man ihn nach seinem Tode hingelegt hatte, und es heißt, daß sie Jesus nach dessen Auferstehung begegnete: »Jesus sagte zu ihr: Halte mich nicht fest; denn ich bin noch nicht zum Vater hinaufgegangen. Geh aber zu meinen Brüdern, und sag ihnen: Ich gehe hinauf zu meinem Vater und zu eurem Vater, zu meinem Gott und zu eurem Gott« (Johannes 20,17).

Bei dieser Maria kann es sich nur um Anchesenpaaton, Tutanchamuns Königin, handeln. Im Grab des Königs wurden Ölgefäße aus Alabaster gefunden, und auf der Rückenlehne des königlichen Throns befindet sich eine Darstellung, auf der sie ihn mit Öl salbt, genauso wie es von den Evangelisten beschrieben wird. Darüber hinaus hat man noch vier weitere Gegenstände im Grab gefunden, auf denen das Paar in gelöster Haltung und romantischen Szenen gezeigt wird.[2] Ganz offensichtlich stand die Königin Tutanchamun sehr nahe, und ähnlich wird Maria Magdalena in den Evangelien beschrieben.

Der Beiname »Magdalena« ist damit erklärt worden, daß sie aus der Stadt Magdala, einem nicht identifizierten Ort am Westufer des Sees von Galiläa, stammte. Andererseits wissen wir aus biblischen wie auch aus ägyptischen Quellen, daß es Orte mit diesem Namen zur Zeit Tutanchamuns gab. Das hebräische Wort *migdol* bedeutet Wachturm und weist auf eine befestigte Stadt hin. Einem Bericht zufolge existierte solch eine Stadt als zweiter Militärposten östlich von Zarw an der Horus-Straße, die von Ägypten nach Gaza führte. Dieser Ort ist auch auf der Straßenkarte Sethos' I. in der Großen Säulenhalle in Karnak zu sehen und wird in vielen ägyptischen Texten erwähnt. Seine abseitige Lage im Ostdelta geht zudem aus einer Bibelstelle hervor: »... Ich mache Ägypten zum dürren Ödland, zur Wüste von Migdol (der nördlichsten Grenzfestung Ägyptens) bis Syene und bis an die Grenzen von Kusch« (Ezechiel 29,10). Abgesehen von einem Besuch in Jerusalem mit zwölf Jahren (Lukas 2, 42–43), erfahren wir in den Evangelien nichts über die Kindheit Jesu. Zwei Evangelisten erwähnen, wie wir gesehen haben, nicht einmal seine Geburt. Dennoch gibt es keinen Grund, anzunehmen, daß er sich in dieser Zeit nicht verheiratet haben könnte. Die Evangelisten waren im wesentlichen daran interessiert, seine Lehren und seine Botschaft zu vermitteln und nicht Einzelheiten aus seinem persönlichen Leben. Selbst das Leben seiner Mutter blieb weitgehend ausgeblendet. Doch dies bedeutet nicht, daß es nichts darüber zu berichten gab, sondern weist lediglich darauf hin, daß es den Rahmen der Evangelien sprengte. Der Bericht des Johannes über Maria Magdalena und die Auferstehung hingegen ist in der Tat zutreffend. Anchesenpaaton, sowohl Gattin als auch Königin Tutanchamuns, konnte als einzige Person den Begräbnisriten für ihn beiwohnen, miterleben, wie die Priester während des Mumifizierungsrituals erklärten, er sei von den Toten auferstanden, und so die Nachricht an die Anhänger weitergeben. Die Tatsache, daß die Jünger Jesu aus der Zeit Johannes des Täufers diejenigen sind, die in den Evangelien erwähnt werden, bedeutet nicht, daß der historische Jesus zu Lebzeiten keine Jünger hatte. Von seinen Lebzeiten an gab es in jeder Generation eine Gruppe von Anhängern und Jüngern, die das Gedächtnis an ihn bewahrten und seine Lehren lebendig hielten, bis sie durch den Tod Johannes des Täufers an die Öffentlichkeit gebracht wurden. Die ersten zwölf könnten seine Staatsbeamten gewesen sein.

Hatte Tutanchamun Kinder? Da man in seinem Grab zwei für weiblich gehaltene Föten gefunden hat, liegt die Vermutung nahe, daß Anchesenpaaton zwei Kinder verlor. Auf einer Steinplatte, die man in Aschmunain bei Amarna auf der anderen Seite des Flusses fand, wird eine kleine Tochter erwähnt, die den Namen ihrer Mutter trug und nur Tutanchamun gehören konnte. Aus Zeugnissen über diplomatische Beziehungen mit dem Königreich der Hethiter in Kleinasien wissen wir, daß Tutanchamun ohne Erben starb: »Tutanchamun starb ohne [männlichen] Nachkommen, was mit der Aussage« seiner Witwe »übereinstimmt, daß sie keinen Sohn hatte, der auf den Thron hätte folgen können.«[3]

* * *

In den Evangelien gibt es zwei Personen, die den Namen Josef tragen. Die eine wird als Tischler bezeichnet, der aus dem Hause Davids stammt und der Stiefvater Jesu ist. Doch von den vier Evangelisten erwähnen nur Matthäus und Lukas diesen Josef, der noch vor dem öffentlichen Auftreten Jesu von der Bildfläche verschwindet und von dessen weiterem Schicksal wir nichts erfahren. Die zweite Person dieses Namens ist Josef von Arimatäa, der als reicher, angesehener Mann und als Jünger Jesu beschrieben wird. Er taucht nach der Kreuzigung Jesu plötzlich auf, um den Leichnam zu fordern und ihn zu begraben. Ich glaube, daß die beiden ein und dieselbe Person sind – nämlich Eje, Tutanchamuns Großonkel, Wesir und Nachfolger, den ich als Efraim, den Sohn des Patriarchen Josef identifiziert habe.

Das Verschwinden des ersten Josef, das völlig unerklärt bleibt, paßt nur zu gut zu dem plötzlichen Auftauchen des zweiten Josef: »Gegen Abend kam ein reicher Mann aus Arimatäa namens Josef; auch er war ein Jünger Jesu. Er ging zu Pilatus und bat um den Leichnam Jesu ... Josef nahm ihn und hüllte ihn in ein reines Leinentuch. Dann legte er ihn in ein neues Grab, das er für sich selbst in einen Felsen hatte hauen lassen ...« (Matthäus 27, 57–60). Markus gibt uns ein wenig mehr Informationen über ihn: »... ging Josef von Arimathäa, ein vornehmer Ratsherr, der auch auf das Reich Gottes wartete, zu Pilatus und wagte es, um den Leichnam Jesu zu bitten ... Josef kaufte ein Leinentuch, nahm Jesus vom Kreuz, wickelte ihn in das Tuch und legte ihn in ein Grab, das in einen Felsen gehauen war« (15,43 und 46). Aus diesen Textpassagen erfahren wir, daß Josef am Abend des Todes Jesu auftauchte ... ein Jünger Jesu war ... außerdem zur israelitischen Führungsschicht gehörte ... genügend Autorität hatte, um die Herausgabe des Leichnams zu fordern und ihn auch zu bekommen ... auf das – nahe – Reich Gottes wartete.

Diese geheimnisvolle Figur hat viel mit Eje gemeinsam, der ebenfalls Autorität besaß und sich dem Königreich nahe fühlte. Sieht man diese Textpassagen in Verbindung mit der Aussage bei Jesaja, daß man dem Gottesknecht »bei den Ruchlosen sein Grab [gab], bei den Verbrechern seine Ruhestätte«, so kann man daraus schließen, daß Eje nach dem Tod Tutanchamuns am Fuß des Berges Sinai dessen Leichnam nahm und ihn in einem Grab bestattete – in dem ersten Grab, nicht in dem späteren, das Haremhab usurpierte –, das ursprünglich nicht für Tutanchamun gedacht war, sondern für Eje selbst, und aus einem Felsen im Tal der Könige herausgehauen war. Die archäologische Funde untermauern diese Auffassung. Natürlich gibt es keinen Zweifel, daß Eje selbst die Bestattung des jungen Königs beaufsichtigte: »König Eje, Tutanchamuns Nachfolger, bestattete unseren Monarchen, denn dort, an den Innenwänden der Grabkammer Tutanchamuns, hat Eje als

König veranlaßt, daß er selbst in den religiösen Szenen dargestellt wird, dienend vor Tutanchamun, eine Szene, die in den Königsgräbern dieser Nekropole ohne Vorbild ist.«[4]

31
DER VERBORGENE

Die Verehrung Atons – eines höchsten, monotheistischen Gottes, der sich seinem Volk nicht sichtbar zeigte – war eine höchst intellektuelle Angelegenheit, die sowohl den ägyptischen als auch den israelitischen Massen des vierzehnten Jahrhunderts vor Christus völlig fremd blieb. Die Schließung der Tempel der alten ägyptischen Götter rief außerdem überall Widerstand hervor, so daß Eje – Echnatons (Moses) Onkel und Wesir, Befehlshaber der Wagenlenker, Oberstallmeister des Königs und Anführer der Bogenschützen – Echnaton vor einer Verschwörung gegen ihn und einer möglichen Rebellion des Heeres warnte, wenn er nicht die Anbetung der alten Götter neben Aton erlaubte.

Als Echnaton dies verweigerte, riet Eje ihm, sich in den Sinai zu retten, während er selbst – der mächtigste Mann Ägyptens – zurückblieb, um als starke militärische Kraft den Thron des Nachfolgers Tutanchaton zu schützen. Der junge König war zehn Jahre alt, als er 1361 vor Christus den Thron bestieg, und er nahm seine Schwester Anchesenpaaton zur Frau, die zwei Jahre älter als er und die dritte Tochter Echnatons war. Seine neunjährige Herrschaft auf dem ägyptischen Thron kann in vier Stadien eingeteilt werden.

In den ersten vier Jahren lebte er weiterhin in Amarna, der von seinem Vater erbauten Hauptstadt. Doch er beendete alle Bemühungen, die Anbetung des Aton bei seinen Untertanen durchzusetzen. Nofretete, die zumindest zu dieser Zeit ihren Gatten nicht ins Exil in den Sinai begleitete, sondern weiterhin mit ihren Kindern im nördlichen Palast von Amarna lebte, wurde immer noch als »Große Königsgemahlin« bezeichnet, womit unterstrichen wurde, daß Echnaton noch lebte und, zumindest von einigen Anhängern, als König betrachtet wurde. In dieser Zeit begann der junge König mit Bauaktivitäten in Theben, wobei er »... die älteren, von Echnaton erbauten [Aton-]Tempel erweiterte ... und Echnaton lobend erwähnte«. Daß Echnaton zu dieser Zeit noch lebte, wird durch die Tatsache bestätigt, daß »die Strenge des alten Monotheismus« beibehalten wurde.[1] Außer dem Namen Aton taucht keiner der alten Götter Ägyptens bei diesen baulichen Veränderungen in Theben auf.

Im zweiten Stadium seiner Herrschaft, etwa in seinem vierten Regierungsjahr, verlegte der junge, nun etwa fünfzehn Jahre alte König seine Residenz von Amarna nach Memphis südwestlich des heutigen Kairo. Zu diesem Zeitpunkt ließ er auch die Tempel der alten Götter Ägyptens wieder öffnen und erlaubte die Anbetung der alten Götter neben der des Aton. Die allgemeine Reaktion darauf zeigte ihm, daß die Mehrheit seines Volkes seine eigenen Glaubensüberzeugungen nicht teilte. Daher änderte er im dritten Stadium seiner Herrschaft – in Anerkennung des Reichsgottes Amun – seinen Namen und nannte sich von nun an nicht Tutanchaton, sondern Tutanchamun, und seine Königin hieß von nun an Anchesenpaamun. Die Priesterschaft wurde offiziell anerkannt, es gab wieder Tempeleinnahmen, und es wurden Arbeiten an den Tempeln vorgenommen, um die Verwüstungen durch die Zeit der Vernachlässigung wieder rückgängig zu machen. Eine Königssäule in Karnak enthält den offiziellen Erlaß für diese Reformen: »Nun erschien Seine Majestät als König zu einer Zeit, da die Tempel der Götter und Göttinnen von Elephantine bis hin zu den Deltasümpfen in Ruinen lagen und ihre Schreine verfallen waren. Sie hatten sich in [von] Unkraut überwucherte Steinhaufen verwandelt, als ob die Heiligtümer niemals existiert hätten.«[2] Hier finden wir eine ähnliche Klage wie die Jesu angesichts des Zustands des Jerusalemer Tempels.

Tutanchamun, der Herrscher über ganz Ägypten, galt als der Stellvertreter des Amun von Theben, des Re von Heliopolis, des Ptah von Memphis und aller anderen Gottheiten. Trotzdem blieb der König selbst bis zu seinem Ende Anhänger des Aton. Dies geht aus einer Darstellung auf der Rückenlehne des in seinem Grab gefundenen Throns hervor. Die Rückenlehne – Holz mit Gips, Gold- und Silberfolie belegt und mit Einlagen aus buntem Glas und Keramik – zeigt den König und die Königin in einer intimen Szene. Beide tragen die Krönungskrone und Silberschmuck. Die stehende Königin salbt den sitzenden König mit Riechöl aus einem Gefäß, das sie in der linken Hand hält.

Obwohl aus einer der Kartuschen hinter der Krone des Königs deutlich hervorgeht, daß er den Thron erst nach seiner Namensänderung benutzte, ist offensichtlich, daß er immer noch dem Aton-Glauben anhing. Denn in der oberen Mitte sieht man das Symbol Atons mit den weit ausladenden Strahlen, die dem königlichen Paar den *anch*, den ägyptischen Lebensschlüssel, geben. Aton wird hier als der alleinige Gott dargestellt, seine zwei Kartuschen für den herrschenden König des Universums bestimmen die Szene. Howard Carter war überrascht, als er dies sah: »Es ist, gelinde gesagt, merkwürdig, daß ein Gegenstand mit so deutlichen Zeichen … hier, in der Hochburg des Amun-

Glaubens ... öffentlich ins Grab gelegt wurde ... Es hat den Anschein, daß Tutanchamuns Rückkehr zum alten Glauben nicht völlig aus Überzeugung geschah.«[3] Dies wird durch einen Text bestätigt, den man auf anderen Gegenständen der Grabausstattung fand und der – nachdem einige der wichtigen ägyptischen Gottheiten erwähnt wurden – mit der Feststellung endet, daß Tutanchamun der »älteste Sohn des Aton im Himmel« war.[4]

Der Namenswechsel Tutanchamuns wird auch in biblischen Quellen bezeugt, in denen es um Christus geht. Im Buch Jesaja gibt es drei Hinweise auf Immanuel: »Darum wird euch der Herr von sich aus ein Zeichen geben: Seht, die Jungfrau wird ein Kind empfangen, sie wird einen Sohn gebären, und sie wird ihm den Namen Immanuel geben« (7,14). Die Meinungen darüber, was dieser Name bedeutet, gehen auseinander. Nach jüdischer Auslegung weist er nicht auf den Messias hin, ja stellt noch nicht einmal einen Eigennamen dar. Die Schriftrollen vom Toten Meer hingegen zeigen, daß die Essener von Qumran die Bezeichnung als Namen betrachteten.[5] Auch der Evangelist Matthäus hielt das Wort Immanuel für einen Namen, und zwar für ein Synonym für Jesus: »Dies alles ist geschehen, damit sich erfüllte, was der Herr durch den Propheten gesagt hat: Seht, die Jungfrau wird ein Kind empfangen, einen Sohn wird sie gebären, und man wird ihm den Namen Immanuel geben, das heißt übersetzt: Gott ist mit uns« (1,22–23). Zu dieser Übersetzung kommt man, indem man das Wort in zwei Teile zerlegt – Imma-nu (mit uns) und El (Elohim, Gott). Diese Lesart ist zwar denkbar, doch ist hier wohl eine andere beabsichtigt: Imman-u (sein Amun) El (ist Gott). Diese Interpretation ist auch deshalb möglich, weil der amerikanische Bibelwissenschaftler Abraham Yahuda ge-

zeigt hat, daß das hebräische *ayain*, der erste Buchstabe des Wortes Immanuel, dem ägyptischen *aleph*, dem ersten Buchstaben des Wortes Amun, entspricht.[6]
Diese Bedeutung wird durch eine Prüfung des ursprünglich hebräischen Jesaja-Texts bestätigt, in dem mit dem doppelten Sinn des Wortes gespielt wird. Das ägyptische Wort *amun* ist der Name des Reichsgottes, bedeutet aber auch »verborgen« oder »ungesehen«; das hebräische Wort *alam* bedeutet ebenfalls »verbergen« oder »verhüllen«. Jesaja verwendet in dem Vers über die Geburt Immanuels das Wort *alma*, die weibliche Form von *alam*. *Alma* kann nun als »ein junges Mädchen« oder »Jungfrau«, aber auch als »die Verborgene« übersetzt werden. Der Grund dafür, daß sowohl die Essener als auch die frühen Christen diesen Vers beharrlich auf den Messias bezogen, liegt darin, daß sie das Wort korrekt in dem Sinne interpretierten, wie Jesaja es verwendete – um auf einen weiblichen Aspekt der verborgenen Kraft Gottes hinzuweisen. Deshalb insistierte auch die Kirche auf die Jungfräulichkeit der Mutter, denn es handelt sich nicht um eine menschliche Mutter, sondern um Gott, der als Gott Vater, Gott Mutter und Gott Sohn begriffen wird. Zur Verdeutlichung möchte ich an dieser Stelle eine wörtliche Übersetzung des hebräischen Textes zitieren: »Daher gibt sich Adonai (der Aton) euch zum Zeichen. Siehe, Alma (die Verborgene) empfängt, ein Sohn wird geboren, und sie (die Verborgene) nannte ihn Amun-u-el (sein Verborgener ist Gott).«[7] Das Wort Amun wurde hier also verwendet, um einen Aspekt des »verborgenen« Adonai zu benennen. Außerdem zeigen die von Jesaja verwendeten Wörter, daß die Geburt bereits stattgefunden hatte, als er sie schrieb.
Obwohl Matthäus – wie andere christliche Schriftsteller auch – der Ansicht ist, Immanuel sei ein Synonym für Jesus,

gibt es dafür bisher noch keine eindeutige Erklärung. Erst bei der Überprüfung des Lebens Tutanchamuns, des historischen Christus, wird die Bedeutung klar – und auch der Ursprung des Wortes »Amen«, mit dem das jüdische, islamische und christliche Gebet endet.

Der vierte und letzte Abschnitt der Regierungszeit Tutanchamuns umfaßt das Jahr neun seiner Regierung, als er nach Sinai zog und Echnaton und sein Gefolge davon zu überzeugen suchte, nach Ägypten zurückzukehren. Sie sollten dort in Frieden leben können, wenn sie die von ihm vorgenommenen Reformen der Religion akzeptierten, während andere Völker ihrer jeweiligen Form der religiösen Verehrung nachgingen. Seine Versuche, Moses und seine Priester – während die Israeliten noch in Goschen waren – zur Rückkehr nach Ägypten und zum friedlichen Zusammenleben mit Menschen anderen Glaubens zu bewegen, die sie als Feinde betrachteten, spiegeln sich im fünften Kapitel des Matthäus-Evangeliums wider, in dem die Bergpredigt Jesu geschildert wird: »Selig, die Frieden stiften; denn sie werden Söhne Gottes genannt werden ... Denkt nicht, ich sei gekommen, um das Gesetz und die Propheten aufzuheben. Ich bin nicht gekommen, um aufzuheben, sondern um zu erfüllen ... Schließ ohne Zögern Frieden mit deinem Gegner ... Ihr habt gehört, daß zu den Alten gesagt worden ist: Auge für Auge und Zahn für Zahn. Ich aber sage euch: Leistet dem, der euch etwas Böses antut, keinen Widerstand, sondern wenn dich einer auf die rechte Wange schlägt, dann halt ihm auch die andere hin ... Ihr habt gehört, daß gesagt worden ist: Du sollst deinen Nächsten lieben und deinen Feind hassen. Ich aber sage euch: Liebt eure Feinde und betet für die, die euch verfolgen .... damit ihr Söhne eures Vaters im Himmel werdet.«

Und auch in dem anschließend folgenden »Gebet des Herrn« läßt sich das Anliegen Tutanchamuns, der über zwei durch Rasse und Religion getrennte Völker herrschte, nachempfinden. Doch anstatt daß seine Bitten erhört wurden, wurde er angeklagt, den Glauben verraten zu haben – und getötet.

32
BEWEISE AUS DEM GRAB

Daß Tutanchamun durch Gewalt ums Leben kam, beweist der Zustand seiner Mumie, die erstmals 1925 von dem Pathologen Douglas E. Derry untersucht wurde. Doch damals handelte es sich lediglich um eine optische Prüfung, und Derry sah sich nicht in der Lage, eine Stellungnahme zur Todesursache abzugeben: »... sichtbare Zeichen an den äußeren Körperteilen als Ergebnis der Todesursache [gab es] überraschend wenige.«[1]

Eine gründlichere Untersuchung, unter anderem mit Hilfe von Röntgenstrahlen, wurde im Jahre 1968 von R. G. Harrison, Professor für Anatomie an der Universität von Liverpool, und A. B. Abdalla, Professor für Anatomie an der Universität Kairo, durchgeführt. Sie berichteten: »Als die Bandagen um die Überreste entfernt wurden, war sofort zu erkennen, daß die Mumie nicht aus einem Stück bestand. Kopf und Hals waren vom Rest des Körpers getrennt, und die Glieder waren vom Torso abgeschnitten ... Der Harzimprägnierung entströmte ein süßlicher Geruch, der sich bald in der ganzen Grabkammer ausbreitete und uns bei den weiteren Untersuchungen ständig begleitete. Wir stellten fest, daß die Gliedmaßen an mehreren Stellen gebrochen und vom Körper abgetrennt waren. Der rechte Arm war am Ellenbogen gebrochen, der Oberarm war von Unterarm und Hand getrennt ... Der linke Arm war am Ellenbogen gebrochen, außerdem am Handgelenk ... Das linke Bein war am Knie gebrochen. Das rechte Bein war intakt ...

Die Köpfe des rechten Humerus [Oberarmknochen] und beide Femora [Oberschenkelknochen] waren vom Rest des Knochens abgebrochen worden ... Kopf und Hals waren am Verbindungsglied zwischen siebtem Hals- und erstem Brustwirbel vom Torso abgetrennt.«[2]
Weiter heißt es in dem Bericht: »Das Gesichtsgewebe ist über dem Schädel zusammengezogen, so daß die Wangenknochen stark hervortreten«[3] ... »Die Zähne sind fest zusammengepreßt«[4] ... »Die Röntgenaufnahmen des Brustkorbs zeigten, daß das Brustbein und der größte Teil der Rippen im vorderen Teil der Brust entfernt worden waren.«[5] Das Alter zum Zeitpunkt des Todes wird auf etwa achtzehn Jahre geschätzt, und die Körpergröße auf etwa 1,69 Meter: »Es ist interessant, daß die Größe der beiden Statuen des jungen Königs, die an beiden Seiten der versiegelten Tür zur Grabkammer standen, nur um wenige Millimeter von der oben geschätzten Größe abweicht.«[6] Die Untersuchung bestätigte auch das vornehme Aussehen, welches sich in der Goldmaske widerspiegelt: »Alles, was von den Überresten des Königs sichtbar war, stimmte mit Howard Carters Beschreibung überein, in der von einem ›vornehmen und gebildeten Gesicht‹ und einem ›heiteren und gelassenen Ausdruck‹ die Rede ist.«[7]
Bei der Untersuchung gab es keinerlei Beleg für eine Krankheit als Todesursache, und aus dem Zustand der Überreste Tutanchamuns ist klar ersichtlich, daß er keines natürlichen Todes starb, sondern schwerer körperlicher Folter ausgesetzt und anschließend erhängt wurde.

Der Hauptvorwurf gegen den historischen Jesus gründete sich auf seine Behauptung, »der Sohn von Re« – einer ägyptischen, nicht einer israelitischen Gottheit – zu sein. Dieser Titel war in die Säule des Königs eingraviert, die man 1905 im Tempel von Karnak entdeckte[8], und er wirft ein Licht auf die im Talmud geäußerte Ansicht, Jesus, der Sohn Marias, sei auch der Sohn einer Person namens Pandira. Da Pandira kein hebräisches Wort ist, sind verschiedene Erklärungen seines Ursprungs angeboten worden. Während die Evangelien Jesus mit einem göttlichen Vater in Verbindung bringen, der nicht der Ehemann seiner Mutter war, behaupten die talmudischen Erzähler, er habe keinen Vater gehabt und sei aus einer ungesetzlichen Verbindung zwischen seiner Mutter und Pandira hervorgegangen. Es ist sogar die Vermutung aufgestellt worden, Pandira könne ein römischer Soldat gewesen sein, der eine Liebesaffäre mit Maria hatte.

In Wahrheit aber ist das Wort Pandira schlicht und einfach die hebräische Form eines alten ägyptischen Beinamens für den König. Daß die Rabbinen an dem Wort festhielten, ohne seine Bedeutung zu kennen, bestätigt nur seine Echtheit. Im Hebräischen lautet das Wort Pa-ndi-ra. Im Ägyptischen, also in der ursprünglichen Version, heißt es Pa-ntr-ra oder Pa-neter-ra, der Gott Re. »Sohn von Re« war eine wichtige Bezeichnung für alle ägyptischen Könige von der Zeit der Erbauer der Pyramiden in der Vierten Dynastie an, also siebenundzwanzig Jahrhunderte vor der christlichen Zeitrechnung. So konnte Jesus durch diese alte ägyptische Tradition als ägyptischer König identifiziert werden.

Die Verschleierung der Umstände des Versöhnungstags, die wir an früherer Stelle untersucht haben, weist auch darauf hin, daß die Person, die am Berg Sinai an dem Tag umgebracht wurde, als Jesus starb, ein ägyptischer König war – und, was noch entscheidender ist, ein König, dessen Vater noch lebte. Nachdem der Versöhnungstag vom Paschafest losgelöst worden war, bot er nicht nur die Gelegenheit für allgemeine Reue: An die Stelle des Messias als Opfer tritt nun ein Feind der Israeliten, und der Herr ist der Verursacher des Todes, nicht derjenige, der sein Leben lassen mußte: »... als der Herr alle Erstgeborenen in Ägypten erschlug, vom Erstgeborenen des Pharao, der auf dem Thron saß ...« (Exodus 12,29).

Diese Passage ist bisher falsch gedeutet worden. Wenn nur der Erstgeborene eines regierenden Pharaos erschlagen worden wäre, wäre es nicht notwendig gewesen, die Worte »der auf dem Thron saß« hinzuzufügen. Die Pharaonen hatten per definitionem den Thron inne, so daß dieser Satzteil eigentlich überflüssig war, es sei denn, es gab noch einen anderen Pharao, der nicht auf seinem Thron saß. Während der Erzähler über ein historisches Ereignis berichtete, versuchte er, durch die Art und Weise der Darstellung die wahre Identität des Opfers, des herrschenden Pharaos jener Zeit, zu vertuschen. Und um noch weitere Verwirrung zu stiften, führt der Bibelredakteur in der nächsten Passage des Buches Exodus noch einen dritten Pharao ein – den Pharao, der die Israeliten unterdrückt. Doch der Pharao kann keinen Erben gehabt haben, der zu dieser Zeit ganz plötzlich starb, denn es gibt keinerlei historische Quellen, die ein derartiges Ereignis erwähnen.

Howard Carter berichtete, er habe im Grab Tutanchamuns zahlreiche Zeugnisse gefunden, die eine Verbindung zu späteren christlichen Überzeugungen und Riten nahelegten.

Dazu gehörten unter anderem einige persönliche rituelle Gegenstände – zwei Festtagskleider und ein Paar Handschuhe –, die denjenigen gleichen, die später von der römisch-katholischen Kirche verwendet wurden: »Die bei-

den Kleider, die ich Festtagskleider genannt habe, erinnern an die offiziellen Gewänder in der Art, wie sie Priester tragen, wie zum Beispiel die Dalmatika, die von den Diakonen und Bischöfen der christlichen Kirche oder von Königen und Kaisern bei der Krönung getragen werden ... Sie haben die Form eines langen, weiten Gewandes, sind reich mit Gobelinarbeiten geschmückt und haben einen Saum an beiden Enden. Zu diesem Schmuck kommt bei dem einen noch ein breiter gestickter Rand am unteren Ende hinzu, der mit Palmen und Pflanzen und Tieren aus der Wüste gemustert ist. Die Öffnungen am Hals und an der Brust sind ebenfalls mit gewebten Mustern verziert. Eines der Gewänder ist vollständig schmucklos ... und hat enge Ärmel wie das Meßgewand; bei dem anderen sind auf der ganzen Fläche bunte Rosetten und auf der Brust Blumen und Kartuschen zu finden, auf dem Kragen ist ein Falke mit ausgebreiteten Flügeln und auf der Vorderseite von oben nach unten der Titel des Königs eingewebt ...
Vielleicht wurden sie zu besonderen Gelegenheiten getragen ... und ... waren ein Symbol der Freude ganz ähnlich wie die Dalmatika, die dem Diakon bei der heiligen Messe angelegt wird, während die folgenden Worte wiederholt werden: Der Herr möge dich mit dem Mantel der Freude und dem Gewand des Frohlockens bekleiden. Außerdem hatten diese Kleider möglicherweise denselben Ursprung wie die römischen, von denen die liturgischen Gewänder – die Dalmatika – der christlichen Kirche abstammen.«[9]

Die Handschuhe waren nach den Aussagen Carters in einem weitaus besseren Zustand, »sorgfältig zusammengefaltet und ebenfalls aus in Gobelintechnik gewebtem Leinen. Sie sollten möglicherweise mit den Gewändern zusammen getragen werden (ein römisch-katholischer Bischof trägt beim Pontifikalamt ebenfalls Handschuhe – sowie Tunika und Dalmatika unter seinem Meßgewand), sind ähnlich gewoben mit einem glänzenden Schuppenmuster und haben am Handgelenk einen Saum, auf dem abwechselnd Lotusknospen und -blüten dargestellt sind.«[10]

Darüber hinaus wurden noch weitere Objekte gefunden, die Ähnlichkeiten mit den späteren christlichen Überzeugungen und Praktiken aufwiesen: »Es gab auch eine Reihe von Straußenfedern, die an die Fächer erinnern, die noch bei der päpstlichen Prozession in Rom üblich sind, wie bei der eucharistischen Prozession Seiner Heiligkeit des Papstes im Juli 1929 zu sehen war. Diese Wedel wurden wie die päpstlichen Fächer bei den Prozessionen des Pharao von Dienern getragen oder neben dem Thron gehalten. Sie tauchen immer entweder an einer Seite des Königs oder unmittelbar hinter ihm auf.«[11]

Das strahlende Gesicht, das wir aus den biblischen Berichten über die Verklärung Christi auf dem Berg kurz vor seinem Tod und auch von Mose kennen, als er zum zweitenmal mit den Zehn Geboten vom Berg Sinai hinabsteigt, wird auch Tutanchamun zugeschrieben, und zwar auf einem Gegenstand in seinem Grab.

Auf einem königlichen Zepter, das in Zusammenhang mit Opfern gebraucht wurde, findet sich folgender Text: »Der Schöne Gott, geliebt, leuchtenden Gesichts wie Aton, der scheint … Tutanchamun.«[12] Auf einer mit Gold belegten Kleinfigur aus Holz war »der König als junger Kriegerhorus auf einem Floß aus Rohr dargestellt, der das Taifuntier tötet, möglicherweise das altägyptische Vorbild des Heiligen Georg mit dem Drachen in der christlichen Zeit. Sie gehörte zu einem Figurenpaar, das sich in einem schwarzen, schreinartigen Kästchen befand und sorgfältig in Leinen eingewickelt war.«[13]

Außerdem fand man einen dreiarmigen Leuchter, das Symbol der Dreifaltigkeit: »... ein wunderbarer dreiarmiger Leuchter in Blumenform, der aus einem einzigen Block durchsichtigen Kalkspats herausgearbeitet war. Er besteht aus drei lotosförmigen Ölgefäßen, wobei Stengel und Lotosblätter aus einem runden Sockel entspringen.«[14] Das Grab enthielt auch Früchte und Samen des Christusdorns, eines dem Weißdorn ähnlichen Baumes, der im Alten Ägypten beheimatet ist und aus dem Nahrung, Medizin und Holz gewonnen wurden. Darüber hinaus soll er auch religiöse Bedeutung gehabt haben. Angeblich wurde auch die Dornenkrone Christi aus diesem Baum gemacht: »Die Soldaten flochten einen Kranz aus Dornen; den setzten sie ihm auf ...« (Johannes 19,2).

Howard Carter nahm fälschlicherweise an, Tutanchamun sei im Frühjahr beigesetzt worden.[15] Da jedoch der Vorgang der Mumifizierung siebzig Tage dauerte, würde dies bedeuten, daß er im Winter gestorben war. Die im Grab gefundenen Beigaben aus der Botanik hingegen belegen, daß er im Frühjahr gestorben und im Sommer beigesetzt worden sein muß. Es handelt sich zum größten Teil um Frühlingsblüten und -früchte – kleine Pikrisblumen, Kornblumen, Alraunfrüchte, Waldnachtschattenbeeren –, die zu Kränzen gewunden auf dem zweiten und dritten Sarg lagen. Die Alraunfrüchte und die Nachtschattenbeeren waren nur verwendbar, wenn sie zuvor getrocknet wurden. Dies wird auch deutlich an dem Kragen auf dem dritten Sarg, wo die Alraunfrüchte zunächst halbiert getrocknet und zusammen mit blauen Perlen auf den Kragen geheftet wurden. Darüber hinaus blüht die bei diesen Kränzen verwendete blaue Wasserlilie erst im Sommer.

Tutanchamun starb höchstwahrscheinlich im April, also zur selben Zeit wie Christus.

An anderer Stelle im Tal der Könige gefundene Zeugnisse werfen ein Licht auf die Geschichte von den drei Weisen im Matthäus-Evangelium, die aus fremden Ländern kamen, um Geschenke für den neugeborenen König zu bringen und ihm ihre Ehrerbietung zu erweisen. Die Geschichte hat einen ägyptischen Ursprung. Während der Zeit des Reiches, als Ägypten den größten Teil Westasiens sowie Nubien und einen Teil des nördlichen Sudan unter Kontrolle hatte, waren derartige Besuche und Geschenke üblich.

In einem Raum nördlich des Grabes von Haremhab im Tal der Könige wurde eine Schachtel gefunden. Sie enthielt mehrere Stücke Goldfolie mit dem Namen Tutanchamuns und Ejes – Hinweise, die schließlich zur Entdeckung des Grabes des jungen Königs führten und auf die Quelle der Geschichte von den drei Weisen hindeuteten. Eines der Goldfolienstücke zeigte auf der linken Seite die beiden königlichen Kartuschen Ejes. Auf der rechten Seite stehen ihnen drei Fremde gegenüber, die in einer Haltung der Verehrung vor dem Namen des Königs die Arme erheben.

»Der erste hat einen großen Bart und dichtes, auf die Schultern fallendes Haar; seine Kleidung ist mit einem gesprenkelten Muster versehen, das oben Kreise und unten Rechtecke bildet; der Umhang und der breite Gürtel sind ebenfalls mit einer Verzierung versehen. Es handelt sich hierbei um einen typischen Vertreter der Syrer von der Mittelmeerküste.

Der zweite hat in Schichten übereinander geordnetes Haar, das von einer Feder gekrönt wird, der Kragen schmiegt sich eng an den Hals an, das Tuch ist über die Brust gelegt,

und das Gewand fällt in geraden Falten herab. Bei ihm handelt es sich zweifellos um einen Schwarzen aus dem Sudan.
Der dritte trägt einen spitz zulaufenden Bart; in seinem wallenden Haar sind zwei große Federn befestigt; ein weiter Mantel hüllt den Körper ein, wobei aber die Extremitäten nackt sind. Dies ist die Art und Weise, wie in den Gräbern der Könige und auf anderen ethnologischen Bildnissen die ... weißhäutigen Rassen des Nordens, Libyer von Marmarika und Bewohner der Mittelmeerinseln dargestellt werden. Es handelt sich hier also um eine Darstellung der drei biblischen Völker Sem, Ham und Jafet.«[16]
Hierin ist also der Ursprung der drei Weisen zu sehen, die die verschiedenen Völker der damals bekannten alten Welt repräsentierten.

Auf welche Art und Weise Jesus auch immer hingerichtet wurde, vom theologischen Standpunkt aus betrachtet litt er am Kreuz. Das römische Kreuz war lediglich ein Instrument zur Bestrafung. Es ist jedoch bekannt, daß die alten Ägypter das Kreuz (*anch*) als Symbol des Lebens betrachteten. Für Echnaton, der einem monotheistischen Glauben anhing, war das Kreuz ein wesentliches Element seines Gottes Aton. Die von ihm ausgehenden Lichtstrahlen enden jeweils in einer Hand, die das Kreuz an die Nasenlöcher des Königs hält und ihm, der betend vor dem Altar steht, auf diese Weise Leben spendet. Natürlich war das *anch* ein Bestandteil des Namens Echnaton, und auch in seinem Grab finden sich zahlreiche Beispiele für das *anch*, unter anderem in der auf der Rückenlehne seines Thronsessels dargestellten Szene – ein Hinweis auf den Glauben seiner Anhänger, daß er vielleicht in dem Zelt am Fuße des

Berges, an der Stelle des heutigen Sankt-Katharinen-Klosters, gelitten haben und gestorben sein mag, daß er jedoch nur von einer Form des Lebens (der physischen) in eine andere (spirituelle) überging.

33
DIE VERLORENEN SCHAFE

Einige der in diesem Buch vorgebrachten Gedanken – und sicherlich auch die Schlüsse, die man daraus ziehen muß – werden zweifellos Staunen bei denjenigen Lesern hervorrufen, die damit zum erstenmal konfrontiert werden. Doch es war die Absicht dieses Buches, die historische Figur Christus zu identifizieren, nicht hingegen, später entstandene theologische Interpretationen seines Lebens und seiner Lehre zu hinterfragen. Alle Merkmale, die im Alten und Neuen Testament dem Messias zugeschrieben werden – daß er der Sohn Davids ist, der auf dem Thron saß; der Sohn Atons, jenes Gottes, der mit dem hebräischen Jahwe – dem Herrn – als Adonai gleichzusetzen ist, als solcher ein gewaltsames Ende fand und – wie man glaubte – von den Toten auferstanden war; und ein Prophet wie Mose sowie sein Nachfolger – all diese Merkmale sind auch im Leben Tutanchamuns zu finden.

Seine hervorstechende Eigenschaft, die allerdings durch seinen frühen Tod nicht zur Geltung kommen konnte, war seine einigende Kraft. Er selbst gab niemals den Glauben an den Gott des Mose auf, doch wollte er auch die Nichtgläubigen zum Glauben führen. Im Gegensatz zu Mose sah er ein, daß nicht alle Menschen dieselbe Vorstellung von Gott hatten und nicht alle diesen in derselben Weise anbeteten, doch sie waren die verlorenen Schafe. Um sie zu bekehren, bediente er sich sogar der alten Götter Ägyptens, die auf Gemälden als konvertierte Anbeter Atons dargestellt werden und Vorbilder für die Engel und Heiligen des späteren Christentums waren. Zum Beispiel enthält das Fragment eines Liedes von Mose in Deuteronomium 32, das in einer Höhle in Qumran gefunden wurde, einen Text – Vers 43 –, in dem das Wort »Götter«, also der Plural auftaucht: »Freut euch, ihr Himmel, mit ihm; und verbeugt euch vor ihm, ihr Götter.« »Im Neuen Testament (Hebräer 1,6) heißt es dann in der zitierten Passage entsprechend ›Engel Gottes.‹«[1]

Im Gegensatz zu Echnaton (Mose) führte Tutanchamun (Jesus) auch den Glauben an die Auferstehung und ein Leben nach dem Tode ein – die wichtigste Botschaft des Neuen Bundes. Auf einer Wand in seinem Grab ist er selbst als Auferstandener dargestellt, der Eje lebendig gegenübersteht, was, wie aus dessen Grab ersichtlich ist, im vollkommenen Widerspruch zu den Überzeugungen Echnatons (Mose) steht.

Die Wege, die in diesem Buch eingeschlagen werden, sind in keinster Weise neu. Andere Wissenschaftler haben sie bereits beschritten, sind jedoch umgekehrt, weil sie in beunruhigende Regionen führten, die anerkanntes Wissen in Frage stellten oder sie mit ihren eigenen Glaubensüberzeugungen in Konflikt brachten. Die von mir vorgebrachten Argumente lassen sich ganz einfach zusammenfassen.

Es gibt nicht den geringsten zeitgenössischen Beweis für die neutestamentliche Darstellung, wonach Jesus in der Regierungszeit Herodes des Großen geboren und im ersten Jahrhundert nach Christus zum Tode verurteilt wurde, als Pontius Pilatus (26–36 n. Chr.) Prokurator in der römischen Provinz Judäa war. Hingegen gibt es zahllose Zeugnisse, die darauf hinweisen, daß Jesus viele Jahrhunderte früher lebte. So enthalten zum Beispiel die Schriftrollen vom Toten Meer, die vor den Evangelien entstanden sind, einen Bericht über die Verkündigung, der fast denselben Wortlaut hat wie bei Lukas. Aus diesen Schriften geht klar hervor, daß die Essener glaubten, der Messias (ihr Lehrer der Gerechtigkeit) habe bereits gelebt und sei durch die Hand des Frevelpriesters umgekommen; außerdem erwarteten sie nicht die erstmalige Ankunft des Messias, sondern dessen Wiederkehr. Dasselbe kommt auch im Buch Jesaja zum Ausdruck, das zwischen dem achten und sechsten Jahrhundert vor Christus entstand. Hier wird der Messias als der Gottesknecht bezeichnet, der vom Herrn erschaffen wurde und einen gewaltsamen Tod durch sein Volk erlitt – das heißt, geopfert wurde wie ein Lamm.

Einige talmudische Texte aus dem dritten Jahrhundert nach Christus zeigen, daß die talmudischen Rabbinen von Jesus wußten. Sie bezeichnen ihn als »Betrüger«, bringen ihn aber nicht mit der Zeit des Herodes oder Pontius Pilatus in Verbindung. Statt dessen heißt es, er sei von einem Priester namens Pinhas umgebracht worden. Pinhas ist mit Phineas gleichzusetzen, dem biblischen Priester und Zeitgenossen Moses, sowie mit Panehesi, dem Obersten Diener und Zweiten Priester des Aton (des Herrn), des monotheistischen Gottes, den Echnaton (Mose) in Ägypten einführte und in den fünf Jahren seiner Alleinherrschaft seinem Volk aufzwang.

Das Alte Testament bezeichnet Josua als den Nachfolger Moses. Die frühen Kirchenväter hingegen betrachteten Josua und Jesus als ein und dieselbe Person, eine Überzeugung, die noch in der König-James-Bibel zum Ausdruck kommt. Dort sind die Stellen, an denen Josua erwähnt wird, mit einer Randbemerkung versehen, wonach er mit Jesus gleichzusetzen sei und umgekehrt. Wenn, wie ich an anderer Stelle dargelegt habe, Mose und Echnaton identisch sind und wenn auch Josua und Jesus ein und dieselbe Person sind, muß Josua (Jesus) ein Abkömmling Moses (Echnatons) sein. Diese Schlußfolgerung wirft ein neues Licht auf den Bericht, wie Jesus in Begleitung dreier Jünger kurz vor seinem Tod Mose und Elija auf dem Berg Sinai begegnet und sich vor ihren Augen verwandelt. Die scheinbare zeitliche Diskrepanz hat dazu geführt, daß die Gegenwart Moses und Elijas symbolisch gedeutet wurde. Doch wenn Jesus und Mose Zeitgenossen waren, kann man von einer tatsächlichen Begegnung ausgehen, deren Zeugen die drei Jünger waren.

Wie wir gesehen haben, unterschied sich die Religion Jesu von der des Mose. Obwohl Jesus den Aton (Adonai) als den einen wahren Gott beibehielt, übernahm er die alten Götter Ägyptens als Engel, durch die die Ägypter zum wahren Gott gelangen konnten; er forderte die Ägypter und Israeliten auf, sich gegenseitig zu akzeptieren, und im Gegensatz zu Mose glaubte er an ein Leben nach dem Tod. Doch Phineas betrachtete diese Lehren als Blasphemie und tötete ihn am Vorabend des Paschafestes im Zelt am Fuße des Berges Sinai. Diese Tötung wurde durch das Abschlachten Tausender von Israeliten einschließlich des Phineas durch Efraim (Eje), den zweiten Sohn des Patriarchen Josef, gerächt.

Erst der Tod Johannes des Täufers viele Jahrhunderte später veranlaßte die Anführer der Essener, die die Wiederkunft Christi als Richter am Ende der Welt erwartet hatten, zu behaupten, sie hätten Jesus mit eigenen Augen gesehen. Dies wiederum veranlaßte die Evangelisten, die Geschichte von Christus erneut zu erzählen und in die Zeit von Herodes dem Großen und Pontius Pilatus zu verlegen.

Der tatsächliche Ablauf der Ereignisse blieb vor allem aus

zwei Gründen unklar. Jesus, so heißt es, sei ein Nachkomme König Davids und sitze auf dessen Thron. Verwirrung entstand deshalb, weil uns das Alte Testament mit zwei Davids konfrontiert – mit einem, der sich die meiste Zeit im Konflikt mit den Philistern befand, und einem anderen, dem Gründer eines Reiches, das sich vom Nil bis zum Euphrat erstreckte. Der David, der gegen die Philister kämpfte, war lediglich ein Stammesfürst, der im zehnten Jahrhundert vor Christus lebte. Der David, aus dessen Haus der Messias hervorgehen sollte, war Thutmosis III. (um 1490–1436 v. Chr.), der Ururgroßvater Echnatons und der mächtigste Krieger seiner Zeit, der als Vater Isaaks das erste Bindeglied zwischen den Israeliten und dem ägyptischen Königshaus darstellte. Zwischen der Regierungszeit Thutmosis' und der Eroberung des Landes durch die Perser im sechsten Jahrhundert vor Christus gibt es niemanden, von dem man sagen könnte, er habe ein Reich gegründet, das sich vom Nil bis an den Euphrat erstreckte. Und es war auch Thutmosis, der aus Jerusalem eine heilige Stadt machte, als er dort während seines Feldzuges eine Zeitlang residierte und die Lade seines Gottes aufstellte.

Das zweite Verdunklungsmoment war eine geschickte Verschleierungstaktik. Hierzu gehörte die »Wiederauferstehung« Josuas und Phineas' mit dem Ziel, im Buch Josua berichten zu können, das Gelobte Land sei mehr als ein Jahrhundert nach dem Tod der beiden in einem Blitzkrieg erobert worden. Hier handelt es sich um eine reine Erfindung, die durch neuzeitliche archäologische Ausgrabungen in keiner Weise gestützt wird und auch aus literarischen Gründen von Bibelwissenschaftlern zurückgewiesen wurde. Außerdem befindet sich im Buch Numeri ein verfälschter Bericht über die Ereignisse, die im Zelt am Fuße des Berges Sinai stattfanden. Selbst der Versöhnungstag, der immer zur selben Zeit wie das Paschafest im Frühjahr abgehalten wurde, wird nun im Herbst begangen. Und die Geheimnistuerei um die unter Verschluß gehaltenen Inhalte der Schriftrollen vom Toten Meer macht deutlich, daß diese Verschleierungstaktik weiterhin fortgesetzt wird.

Zum Schluß möchte ich meine Hoffnung zum Ausdruck bringen, daß die Identifizierung der historischen Person Jesu den Glauben der Menschen an ihn eher stärken denn schwächen wird – und daß wir vielleicht endlich vollständig die Geheimnisse der Schriftrollen vom Toten Meer erfahren werden.

ANHÄNGE

ANHANG A

ALTES UND NEUES TESTAMENT

Der französische Bibelwissenschaftler P. L. Couchoud erstellte eine Liste mit den folgenden Versen des Alten Testaments, die bedeutsame Ereignisse der späteren Evangelien spiegeln:

Die jungfräuliche Geburt
»... Seht, die Jungfrau wird ein Kind empfangen, sie wird einen Sohn gebären, und sie wird ihm den Namen Immanuel geben« (Jesaja 7,14).

Die Geburt Jesu in Betlehem
»Aber du Betlehem-Efrata, so klein unter den Gauen Judas, aus dir wird mir einer hervorgehen, der über Israel herrschen soll ...« (Micha 5,2).

Der Stern im Osten
»Ein Stern geht in Jakob auf, ein Zepter erhebt sich in Israel ...« (Numeri 24,17).

Die Magier
»... alle kommen von Saba, bringen Weihrauch und Gold und verkünden die ruhmreichen Taten des Herrn« (Jesaja 60,6).

Die Flucht nach Ägypten
»Als Israel jung war, gewann ich ihn lieb, ich rief meinen Sohn aus Ägypten« (Hosea 11,1).

Die Ermordung der unschuldigen Kinder
»Ein Geschrei ist in Rama zu hören, bitteres Klagen und Weinen. Rahel weint um ihre Kinder und will sich nicht trösten lassen, denn sie sind dahin« (Jeremia 31,15).

Der Wohnsitz in Nazaret
»… und ließ sich in einer Stadt namens Nazaret nieder. Denn es sollte sich erfüllen, was durch die Propheten gesagt worden ist: Er wird Nazoräer genannt werden« (Matthäus 2,23, Zitat aus einem unbekannten prophetischen Buch).

Der triumphale Einzug in Jerusalem
»Juble laut, Tochter Zion! Jauchze, Tochter Jerusalem! Siehe, dein König kommt zu dir. Er ist gerecht und hilft; er ist demütig und reitet auf einem Esel, auf einem Fohlen, dem Jungen einer Eselin« (Sacharja 9,9).
»Gesegnet sei er, der kommt im Namen des Herrn« (Psalm 118,26).

Die Tempelreinigung
»… Und kein Händler wird an jenem Tag mehr im Haus des Herrn der Heere sein« (Sacharja 14,21).

Der Verrat durch Judas
»Auch mein Freund, dem ich vertraute, der mein Brot aß, hat gegen mich geprahlt« (Psalm 41,9).

Dreißig Silberlinge für einen Töpferacker
»... Doch sie wogen mir meinen Lohn ab, dreißig Silberstücke ... Und ich nahm die dreißig Silberstücke und warf sie im Haus des Herrn dem Schmelzer hin ...« (Sacharja 11,12-13).

Die Todesfurcht im Garten Gethsemane
»Meine Seele, warum bist du betrübt, und bist so unruhig in mir?« (Psalm 42,6).

Die Flucht der Jünger
»... Schlag den Hirten, dann werden sich die Schafe zerstreuen ...« (Sacharja 13,7).

Die Passion
»Doch er wurde durchbohrt wegen unserer Verbrechen, wegen unserer Sünden zermalmt ...« (Jesaja 53,5).

Kreuzigung zwischen zwei Dieben
»... weil er sein Leben dem Tod preisgab und sich unter die Verbrecher rechnen ließ. Denn er trug die Sünden von vielen und trat für die Schuldigen ein« (Jesaja 53,12).

Die Geißelung
»Ich hielt meinen Rücken denen hin, die mich schlugen, und denen, die mir den Bart ausrissen, meine Wangen. Mein Gesicht verbarg ich nicht vor Schmähungen und Speichel« (Jesaja 50,6).

Jesu letzte Worte
»Mein Gott, mein Gott, warum hast du mich verlassen ...?« (Psalm 22,7).

Die Kreuzigung
»… sie durchbohren mir Hände und Füße« (Psalm 22,17).

Über seine Kleider wird das Los geworfen
»Sie verteilen unter sich meine Kleider und werfen das Los um mein Gewand« (Psalm 22,18).

Die Szene unter dem Kreuz
»Alle, die mich sehen, verlachen mich, verziehen die Lippen, schütteln den Kopf: ›Er wälze die Last auf den Herrn, der soll ihn befreien! Der reiße ihn heraus, wenn er an ihm Gefallen hat!‹« (Psalm 22,8–9).

Begräbnis in der Gruft eines reichen Mannes, Josef von Arimatäa
»Bei den Ruchlosen gab man ihm sein Grab, bei den Reichen seine Ruhestätte …« (Jesaja 53,9).[1]

ANHANG B

DIE ZERSTÖRUNG HAZORS

Nach dem Sieg über die Könige des Südens wandte sich, so lesen wir, Josua nach Norden und besiegte Jabin, den König von Hazor und den Anführer eines Bündnisses gegen die Israeliten, und steckte dessen Stadt in Brand – keine andere (Josua 11,10–13). Bevor wir die Schlußfolgerungen betrachten, die Yigael Yadin daraus zieht, sei darauf hingewiesen, daß das Alte Testament sich selbst in der Darstellung der Ereignisse widerspricht. Das Buch der Richter etwa, das von Ereignissen handelt, die Generationen nach Josuas Tod stattfanden, bezeichnet Jabin immer noch als König von Hazor und als König aller nordkanaanäischen Reiche (Richter 4,17 und 23).
Hazor (das heutige Tell el-Qidah) war eine große kanaanäische Stadt im Oberen Galiläa, fast einhundertfünfzig Kilometer nördlich des Sees von Galiläa und strategisch wichtig gelegen. Von hier aus wurde die Via Maris kontrolliert, die von Ägypten nach Syrien, Mesopotamien und Anatolien führte. In ägyptischen Quellen finden wir zahlreiche Hinweise auf diese Stadt. Sie war zusammen mit anderen Städten von Thutmosis III. im frühen fünfzehnten Jahrhundert vor Christus erobert worden. Die Tell el-Amarna-Briefe aus dem vierzehnten Jahrhundert vor Christus, die über Ägyptens Beziehung zu fremden Ländern Auskunft geben, erwähnen Hazor mehrfach als Stadt des Königs Abdi-Tirschi, der seine Loyalität gegenüber Ägypten erklärte. Hazor taucht auch im Verzeichnis jener Städte auf,

die Sethos I. (ca. 1333–1304 v. Chr.) erobert hatte, der zweite Herrscher der Neunzehnten Dynastie. Erwähnung findet Hazor auch im Amun-Tempel in Karnak als eine Stadt, die Ramses III. (ca. 1200–1168 v. Chr.) eingenommen hatte.[1]

Hazor besteht aus zwei Teilen: einer älteren (und höher gelegenen) Stadt auf einem Hügel (tell), rund vierhundert Meter über der Ebene gelegen und mit einer Fläche von etwas mehr als einem Hektar; und der unteren Stadt im Norden, die eine großflächige rechteckige Hochebene von etwa sieben Hektar umfaßt. Yadin, einer jener Wissenschaftler, die sich um den Nachweis bemühen, daß *alle* Aussagen der Bibel wörtlich zu nehmen seien, stellte fest, daß die untere Stadt auf der Hochebene eine aus dem achtzehnten vorchristlichen Jahrhundert stammende Siedlung ist. Die obere Stadt auf dem Hügel sei, so Yadin, noch älter und bereits seit dem siebenundzwanzigsten Jahrhundert vor Christus und bis in die hellenistische Zeit, also bis ins erste Jahrhundert vor Christus hinein, besiedelt gewesen. Doch Yadin nahm als Zeitpunkt für die Zerstörung Hazors »höchstwahrscheinlich … [das] zweite Drittel des dreizehnten Jahrhunderts vor Christus (die Regierungszeit Ramses' II.)« an.[2] Diese Theorie ermutigte all jene, die dem falschen Glauben anhängen, die Israeliten hätten das Gelobte Land unter Josua im späten dreizehnten Jahrhundert vor Christus betreten, unmittelbar nach dem Auszug aus Ägypten und in der Regierungszeit Ramses' II. oder seines Sohnes Merenptah. Auf welche Grundlage stellt nun aber Yadin seine Theorie, die im Widerspruch zu allen historischen Quellen steht, denen zufolge sich ganz Palästina in jener Zeit unter ägyptischer Herrschaft befand? Die Ägypter waren in jenem Gebiet mit einer großen Zahl von Militärposten präsent.

Yadin faßt seine Hauptargumente folgendermaßen zusammen: »Die auffallende Übereinstimmung der Größe Hazors, wie sie durch unsere Ausgrabungen hervortrat, mit der Dimension, die die Bibel durch die Beschreibung ›Hauptstadt all dieser Königreiche‹ andeutet, sowie die Behauptung des biblischen Chronisten, daß Hazor – und nur Hazor – von Josua zerstört und in Brand gesetzt wurde, lassen kaum einen Zweifel, daß wir tatsächlich Jabins kanaanäische Stadt, von Josua zerstört, gefunden hatten. Wenn das so ist, hat die Ausgrabung von Hazor zum erstenmal archäologisches Material für die Datierung der Lebenszeit Josuas und, indirekt, des Auszugs aus Ägypten erbracht.«[3] Diesen Zeitpunkt muß der Autor als die Herrschaftsepoche Ramses II. bestimmt haben.

Yadin, sehr bemüht um Übereinstimmung mit den biblischen Quellen, versucht zu beweisen, daß Hazor durch einen Brand zerstört wurde. Doch was er als Beweis vorträgt, hält einer genaueren Analyse nicht stand. So sagt er etwa über den Abschnitt C der unteren Stadt auf der Hochebene: »Die Schicht IA (das obere Niveau der letzten Stadt, die an dieser Stelle gebaut worden ist) wurde durch einen gewaltsamen Brand zerstört. Dies beweist die Asche, die in den weniger exponierten Teilen in den Abschnitten H und K gefunden wurde.«[4] Er bringt jedoch keinen schlüssigen Nachweis für eine Zerstörung des Abschnitts C durch Feuersbrunst, sondern behauptet – auf der Grundlage von Funden an anderer Stelle (in den Abschnitten H und K) –, ein ähnlicher Beweis in Abschnitt C sei nicht möglich, da dieser Teil der Stadt »exponiert« gewesen sei.

Doch die Folgerungen aus den Funden in Abschnitt H sind ebenfalls nicht haltbar: »Der Tempel von Schicht IA – die jüngste im Abschnitt H – lag genau unter der heutigen Oberfläche; mit einer dicken Backsteinschicht aus Resten

des Walls, die an vielen Stellen heruntergefallener *weißer* (Hervorhebung des Autors) Verputz von der Decke überlagert. Die spätere Schicht versiegelte regelrecht die Überreste des Tempels nach seiner Zerstörung und Inbrandsetzung. Dadurch ist uns eine einzigartige Sammlung von Kultgefäßen und Einrichtungsgegenständen praktisch an ihrem ursprünglichen Platz erhalten geblieben.«[5]
Yadin spricht immer noch vom Feuer, das in diesem Abschnitt ausgebrochen sein soll, obwohl alles dagegen spricht, daß es dort jemals gebrannt hat. Die herabgefallene Decke ist noch immer weiß: keine Wände, Einrichtungs- oder andere Gegenstände, die in diesem Areal oder sonst irgendwo in Hazor gefunden wurden, zeigten Spuren eines Brandes; lediglich Asche hat man gefunden, deren Herkunft jedoch nicht schwer zu bestimmen ist. Yadin gibt zu, daß hier im Tempel, »genau vor der Nische, wir einen zur Seite hin umgestürzten Brandopferaltar aus Basaltstein gefunden haben. Auf seiner oberen abgeflachten Seite waren noch Brandspuren sichtbar.«[6] Was hat er denn erwartet – einen Brandopferaltar ohne Brandopfer, das heißt, ohne irgendwelche Aschereste? Darüber hinaus muß man sich fragen, wie die Brandreste eines Altars als Beweis für den Brand der gesamten Stadt dienen können.
Yadin befaßt sich auch mit den Beweisen, die sich aus den Funden mykenischer Keramik ableiten lassen. Die Tatsache, daß es verschiedene Typen gibt und daß eine annähernd genaue Datierung jedes Typs gelungen ist, hat dazu geführt, daß die Keramik zur Datierung der verschiedenen archäologischen Schichten benutzt wird. Yadin fand eine Vielzahl mykenischer Keramik des »Mykenisch IIIB (typisch für das 13. Jahrhundert v. Chr.) auf der obersten Ebene ... Diese Funde machen deutlich, daß die große (untere) Stadt Hazor innerhalb der Stadtmauern ... im

dreizehnten Jahrhundert vor Christus zerstört wurde – zu einer Zeit, als mykenische Keramik noch in Gebrauch war. Nach Furumark (der schwedische Archäologe Arne Furumark) kam mykenische Keramik etwa um 1230 v. Chr. aus der Mode, und darum zeigt das vorliegende Beweismaterial ..., daß die Stadt spätestens um 1230 v. Chr. zerstört worden ist.«[7]

Was Yadin hier vorträgt, ist folgendes: Da auf dem oberen Niveau der unteren Stadt Scherbenfunde der Mykenisch IIIB-Keramik gemacht worden sind, die aus der Zeit um 1300–1230 v. Chr. datieren, und da keine Beispiele späterer Typen mykenischer Keramik vorhanden sind, wie etwa Mykenisch IIIC, muß die Zerstörung Hazors auf das dreizehnte Jahrhundert datiert werden. Dies ist ein falscher Schluß. Man kann nicht sagen, ein Krug aus dem Jahr 1230 v. Chr. sei in dem Jahr zerbrochen, in dem er hergestellt wurde: Heutzutage besitzen viele Leute Porzellan aus der Zeit ihrer Urgroßeltern oder aus noch älterer Zeit. Weiterhin könnte, wie in diesem Fall, das Fehlen späterer mykenischer Keramik in der Stadt Hazor auch andere Ursachen haben – nämlich daß keine Keramik mehr eingeführt wurde.

Genau dies sagt Arne Furumark: »Mykenisch IIIB war die Periode der größten mykenischen Ausdehnung. (Die mykenische Stadt) Argolis war – mehr als jemals zuvor – das politische und kulturelle Zentrum des gesamten ägäischen Raumes, und der mykenische König war zweifellos Herr über ein riesiges Reich. Die mykenische Keramik erfuhr damals ihre größte Verbreitung, und die levantinisch-mykenischen Zentren standen mit Argolis in engem Kontakt ... Im östlichen Mittelmeer war diese Epoche ein goldenes Zeitalter mit einem regen kulturellen und wirtschaftlichen Austausch und friedlichen Beziehungen ...

Auf diese blühende Epoche folgte die Mykenisch IIIC/I-Periode, die den Niedergang und den Verfall der mykenischen Macht und Größe brachte. Die äußere Ursache hierfür ist bekannt: Sie ist die westliche Entsprechung jener großen Völkerwanderungen, die zum Ende des Hethiterreiches führten und das alte politische System des Nahen Ostens zum Einsturz brachte. Archäologische Funde vermitteln uns einen Eindruck von dem langen und erbitterten Kampf der mykenischen Könige, die wiederholten Angriffe, die sogenannte dorische Invasion, abzuwehren … Blühende Mykenisch IIIB-Siedlungen … wurden zu jener Zeit aufgegeben, wahrscheinlich, weil sie nicht mehr sicher waren. Die Katastrophe war unvermeidlich und Mykene fiel … In der unruhigen Periode nach Mykenisch IIIB wurden die überseeischen Verbindungen des griechischen Mutterlandes unregelmäßiger.«[8] Das war der Grund dafür, daß in Hazor keine Keramik aus IIIC gefunden worden ist; nicht weil die Stadt im dreizehnten Jahrhundert zerstört wurde, sondern weil ein solcher Typus mykenischer Keramik das Gebiet Obergaliläas überhaupt nicht mehr erreichte.

Wie vorher bereits gesagt, bestand das damalige Hazor aus zwei Teilen, der älteren (oberen) Stadt auf dem *tell* (Hügel) und der unteren Stadt auf der Hochebene. Während letztere nach der Zerstörung der letzten kanaanäischen Stadt an dieser Stelle nicht wieder besiedelt wurde, war die Stadt auf dem Hügel bis in die hellenistische Periode im fünften Jahrhundert vor Christus hinein bewohnt: Yadin dazu: »In den ausgegrabenen Arealen der oberen Stadt (auf dem *tell*) wurden die Reste dieser Schicht über den Ruinen der zerstörten kanaanäischen Stadt und unter den Schichten der späten Eisenzeit gefunden … die Keramik, die zu den Gebäuden, Schächten und Inventaren der Schicht 12 (die über

der zerstörten Stadt liegt) gehört, unterscheidet sich grundlegend von derjenigen der frühesten Phase der Eisenzeit (d. h. der Zeit der Philister).«[9]
Dies wiederum heißt, daß die Siedlung, die nach der Zerstörung der Stadt mit ihrer Mykenisch IIIB-Keramik aufgebaut wurde, Keramik der Philister benutzte. Diese Keramik stammt aus der Eisenzeit des zwölften und nicht des dreizehnten vorchristlichen Jahrhunderts, was bedeutet, daß die Stadt in jener Zeit zerstört worden sein muß.
Yadin hat nicht die Spur eines Beweises dafür erbracht, daß Hazor in der zweiten Hälfte des dreizehnten Jahrhunderts vor Christus durch Josua erobert wurde. Die Tatsache, daß Hazor im Amuntempel Ramses III. (ca. 1200–1168 v. Chr.) in Karnak erwähnt wird, läßt zwei Möglichkeiten offen: Entweder die Stadt existierte damals noch und stand unter seiner Herrschaft, oder Hazor wurde, wie viele andere Orte in Syrien und Palästina, durch die »Seevölker«, die Philister, zerstört, gegen die Ramses III. in jenem Gebiet Krieg führte.

ANHANG C

DAVID UND GOLIAT

Die Art und Weise, wie die Bibel uns überliefert worden ist, hat maßgeblich dazu beigetragen, daß die Geschichten um die beiden Davids so verworren erscheinen.

Der zweite David, der Stammeskönig, soll in den ersten vierzig Jahren des zehnten Jahrhunderts vor Christus Judäa und Israel in Kanaan regiert haben. Doch der Text der Bücher Samuel (die ursprünglich ein Buch darstellten) erhielt seine endgültige Form erst mehr als vierhundert Jahre später, am Ende der babylonischen Gefangenschaft. Diese ist auf etwa 587 v. Chr. zu datieren, als die Babylonier in Judäa einfielen und den Jerusalemer Tempel zerstörten. Der judäische König und zahlreiche Personen aus der israelitischen Oberschicht, einschließlich der Priester, wurden nach Babylon verschleppt. Ihre Gefangenschaft dauerte siebzig Jahre, bis der Perserkönig Kyros die Babylonier besiegte und den Israeliten gestattete, nach Jerusalem zurückzukehren und den Tempel wiederaufzubauen.

Als die israelitischen Priester und Schriftgelehrten gezwungen wurden, Jerusalem zu verlassen, nahmen sie eine Sammlung ihrer heiligen Schriften mit. In Babylon kamen sie nach reiflicher Überlegung zu dem Schluß, ihre geschichtliche Vergangenheit zu überdenken und sie für künftige Generationen in neuer Form niederzuschreiben. In dieser Zeit entstand dann der Text des Samuel, der auf einer Reihe verschiedener Überlieferungen beruhte, aus denen die Schriftgelehrten ein zusammenhängendes Ganzes zu konstruieren suchten. Der verantwortliche Redakteur verfügte über verschiedene Quellen, von denen jede einen anderen Teil der Geschichte abdeckte, so zum Beispiel:

- die Knabenjahre des Samuel;
- die Lade und wohin die Israeliten mit ihr gezogen waren;
- zwei verschiedene Erzählungen über Samuel, Saul und die Vereinigung der zwölf Stämme. Die eine handelte von Mizpa und Rama und endete damit, daß Saul die Amalekiter verschonte und die Kriegsbeute nicht vernichtete, woraufhin Gott ihn verstieß. In der zweiten Geschichte ging es um Gilgal, und sie endete mit der erneuten Zurückweisung des Saul durch Gott, weil er angesichts eines bevorstehenden Krieges mit den Philistern Brandopfer darbrachte;
- die Geschichte vom Aufstieg Davids, angefangen von seiner Bekanntschaft mit Saul bis zu seiner Anerkennung als König von ganz Israel;
- die Geschichte der fürstlichen Familie Davids und seiner Nachkommen;
- die ägyptische Erzählung von der Erschlagung eines »mächtigen Kanaaniters« in der *Autobiographie des Sinuhe*;
- die Eroberung Jerusalems;
- die Geschichte von der Heirat Thutmosis' III. mit Sara, der Frau Abrahams;
- die Kriegsannalen von Thutmosis III.

Angesichts dieser Fülle an Material, dessen Ursprünge unbekannt waren, machte sich der Bibelherausgeber im sechsten vorchristlichen Jahrhundert daran, die vorhandenen Texte zu einer Geschichte zusammenzufassen. Die Tatsache, daß die Kriegsannalen von Thutmosis III. darin Eingang gefunden haben, zeigt, daß die Israeliten ihren großen Vorfahren, den eigentlichen Vater Isaaks, nie vergessen hatten. Aus semantischer Sicht stellt der Name dieses Pharaos kein Problem dar. Er besteht aus zwei Elementen, *Tut* und *mos*. In der Hieroglyphenschrift hat der erste Teil die Form eines Ibisvogels, der für Thot, den ägyptischen Gott der Weisheit und Lehre, steht. In der Übersetzung ins Hebräische wird daraus *Dwd*, was der hebräische Name für David ist. Der zweite Namensbestandteil *mos* bedeutet einfach »Kind« oder »Sohn«. Es gibt Hinweise darauf, daß es die Bibelredakteure waren, die dem Stammeskönig den Namen *Dwd* gaben. Einige Bibelwissenschaftler nehmen an, daß das nicht sein eigentlicher Name war: »Elhanan war Davids ursprünglicher Name, der später in David umgewandelt wurde.«[1] Dafür spricht auch, daß das Targum, die frühe Übersetzung der hebräischen Bibel ins Aramäische, »Elhanan« durch »David« ersetzt, und zwar im Zweiten Buch Samuel 21,19, wo es heißt: »Elhanan … [erschlug] den Goliat aus Gat …« (siehe Fußnote 1 in Kapitel 20).

Die Erzählung von der Erschlagung Goliats gehört weder zur Geschichte des einen David noch zu der des anderen. Im Ersten Buch Samuel, 16, wird David, der jüngste Sohn von Isai, dem Saul als Schafhirte und Zitherspieler vorgestellt, und Saul ernennt ihn zu seinem Waffenträger. Doch schon im nächsten Kapitel finden wir David in einen mächtigen Krieger verwandelt an der Spitze von Sauls Armee, die auf einem Berg auf der einen Seite des Terebinthentals lagerte, das sich auf halbem Weg zwischen Betlehem und der Mittelmeerküste Philistäas befand. Aus dem Lager der

Philister auf dem gegenüberliegenden Berg trat Goliat heraus und schlug vor, den Konflikt durch einen Kampf von Mann zu Mann zu entscheiden.

Goliat wird als eine beeindruckende Gestalt geschildert: »Er war sechs Ellen und eine Spanne groß. Auf seinem Kopf hatte er einen Helm aus Bronze, und er trug einen Schuppenpanzer aus Bronze, der fünftausend Schekel wog. Er hatte bronzene Schienen an den Beinen, und zwischen seinen Schultern hing ein Sichelschwert aus Bronze. Der Schaft seines Speeres war (so dick) wie ein Weberbaum, und die eiserne Speerspitze wog sechshundert Schekel. Sein Schildträger ging vor ihm her« (1 Samuel 17,4–7).

Goliat forderte die Israeliten auf, ihren Kandidaten auszuwählen, und versprach: »Wenn er mich im Kampf erschlagen kann, wollen wir eure Knechte sein ...«

An dieser Stelle wird die Darstellung der Konfrontation unterbrochen und eine Schilderung von Ereignissen eingefügt, die in der Septuaginta, der griechischen Bibelfassung, deren Goliat-Geschichte auf frühen hebräischen Texten basiert, nicht erwähnt werden. Es wird hier abermals berichtet, David sei der jüngste der acht Söhne Isais aus Betlehem in Juda gewesen. Seine drei ältesten Brüder hatten sich bereits Sauls Armee angeschlossen, um in der bevorstehenden Schlacht gegen die Philister mitzukämpfen, und Isai rief seinen jüngsten Sohn, der auf den Feldern Schafe hütete, zu sich und trug ihm auf, seinen Brüdern und ihrem Befehlshaber Essen zu bringen.

David befand sich im Lager, als Goliat erneut erschien und seine Drohung wiederholte. Außerdem erfuhr David, daß Saul bereit war, denjenigen, der den Philister tötete, mit Reichtümern zu überhäufen und ihm seine Tochter zur Frau zu geben. Deshalb meldete er sich freiwillig, dem Goliat entgegenzutreten. Das beunruhigte seinen ältesten

Bruder, und Saul schickte nach David und versuchte ihn davon abzubringen, die Herausforderung anzunehmen. Von dieser Stelle an deckt sich der Text mit der griechischen Fassung.

Saul versuchte, David zu überreden, nicht für die Israeliten als Kampfgegner anzutreten, denn »du bist zu jung«. Aber David erwiderte: »Dein Knecht hat für seinen Vater die Schafe gehütet. Wenn ein Löwe oder ein Bär kam und ein Lamm aus der Herde wegschleppte, lief ich hinter ihm her, schlug auf ihn ein und riß das Tier aus seinem Maul. Und wenn er sich dann gegen mich aufrichtete, packte ich ihn an der Mähne und schlug ihn tot. Dein Knecht hat den Löwen und den Bären erschlagen, und diesem unbeschnittenen Philister soll es genauso ergehen wie ihnen, weil er die Schlachtreihen des lebendigen Gottes verhöhnt hat. Und David sagte weiter: Der Herr, der mich aus der Gewalt des Löwen und des Bären gerettet hat, wird mich auch aus der Gewalt dieses Philisters retten« (1 Samuel 17,34–37).

Diese Rede überzeugte Saul, und er sagte zu David: »Geh, der Herr sei mit dir.«

David weigerte sich, bei der bevorstehenden Auseinandersetzung eine Rüstung oder ein Schwert zu tragen. Statt dessen trat er Goliat mit einem Stock, einer Schleuder und fünf glatten Steinen entgegen. Der in seinem Stolz verletzte Goliat sagte: »Bin ich denn ein Hund, daß du mit einem Stock zu mir kommst? … Komm nur her zu mir, ich werde dein Fleisch den Vögeln des Himmels und den wilden Tieren (zum Fraß) geben.«

Daraufhin antwortete David: »Du kommst zu mir mit Schwert, Speer und Sichelschwert, ich aber komme zu dir im Namen des Herrn der Heere, des Gottes der Schlachtreihen Israels, den du verhöhnt hast. Heute wird dich der Herr mir ausliefern …«

In der altbekannten Geschichte der nun folgenden kurzen Auseinandersetzung streckte David den Goliat mit einem Stein aus seiner Schleuder nieder, nahm das Schwert des Philisters und hieb ihm damit den Kopf ab. Als das Heer der Philister das sah, ergriff es die Flucht, verfolgt von den Israeliten, die nach ihrer Rückkehr auch das Philisterlager plünderten. Im Ersten Buch Samuel, 17,54, erfahren wir: »David nahm den Kopf des Philisters und brachte ihn nach Jerusalem. Goliats Waffen aber legte er in sein Zelt.«
In der griechischen Version endet hier die Geschichte von David und Goliat. Der masoretische Text – eine etwas »verfeinerte« Version der frühen hebräischen Texte und die Quelle der deutschen Bibelfassung – enthält jedoch vier weitere Verse. Darin wird abermals die erste Begegnung zwischen Saul und David geschildert und der Eindruck erweckt, daß sich die beiden überhaupt erst kennenlernten, *nachdem* Goliat erschlagen worden war: »Als Saul David dem Philister entgegengehen sah, sagte er zu Abner, seinem Heerführer: Abner, wessen Sohn ist der junge Mann? Abner antwortete: So wahr du lebst, König, ich weiß es nicht. Der König sagte: Dann erkundige dich, wessen Sohn der Knabe ist. Als David zurückkehrte, nachdem er den Philister erschlagen hatte, nahm ihn Abner mit und führte ihn zu Saul. David hatte den Kopf des Philisters noch in der Hand. Saul fragte ihn: Wessen Sohn bist du, junger Mann? David antwortete: Der Sohn deines Knechtes Isai aus Betlehem« (1 Samuel, 17,55–58).
Wie bereits erwähnt, gehört die Goliat-Erzählung zu keiner der Geschichten um die beiden biblischen Davids. Sie wurde vielmehr einem literarischen Werk aus dem alten Ägypten entliehen, der sogenannten *Autobiographie des Sinuhe*. Da sich der Bibelredakteur verpflichtet fühlte, die großen Siege von Thutmosis III. zu erwähnen, hielt er es anschei-

nend für notwendig, dem Stammeskönig David kriegerische Qualitäten zuzusprechen; auf diese Weise wollte er seiner Geschichte Glaubwürdigkeit verleihen. Deshalb baute er die Sinuhe-Legende ein, obwohl sie inhaltlich in keinem Bezug zu David oder seiner Epoche steht. Der Nachweis dafür läßt sich leicht erbringen.

- Zwischen den verschiedenen Versionen des Ersten Buches Samuel bestehen zahlreiche Unterschiede. Teile des auf hebräisch verfaßten Buches Samuel befanden sich unter den biblischen Schriften, die nach dem Zweiten Weltkrieg in Qumran am nordwestlichen Ausläufer des Toten Meers entdeckt wurden.
- Wie sich herausstellte, glich dieser frühhebräische Text mehr dem der griechischen Septuaginta-Bibel, die sich hinsichtlich der Goliat-Geschichte offenbar auf genauer überlieferte hebräische Texte stützte als die masoretische Fassung. Die wesentlichen Abweichungen sind folgende:

1. Die Goliat-Geschichte in der Septuaginta stammt aus einem früheren hebräischen Text, der sie noch als separate Erzählung behandelte und kaum einen Versuch unternahm, sie in die Rahmenhandlung der Lebensgeschichte von Saul und David einzupassen.
2. Nach der Schilderung, wie Goliat erstmals die Israeliten herausforderte, fügte der Redakteur des masoretischen Textes zwanzig zusätzliche Verse ein, in denen Davids Abstammung erläutert und ein Grund angeführt wird – die Überbringung von Nahrung –, warum er im israelitischen Heereslager im Terebinthental erschien.
3. Der Redakteur fügte zwei weitere Verse (41 und 50) hinzu, die nicht in der griechischen Version enthalten

sind; allerdings sind sie insofern bedeutungslos, als sie lediglich bereits erwähnte Fakten wiederholen.

4. Eingeschoben worden sind auch die letzten vier Verse des Kapitels 17, eine weitere Beschreibung der ersten Begegnung von Saul und David – der diesmal nicht als zitherspielender Schäfer, sondern als mächtiger Krieger dargestellt wird –, und zwar *nach* der Tötung Goliats.
5. Schließlich wurden auch fünf Verse am Anfang des Kapitels 18 hinzugefügt, in denen Sauls Zuneigung zu David, das Bündnis zwischen ihnen sowie Davids Ernennung zum Heeresführer durch Saul thematisiert werden.

– Obwohl Jerusalem in der Regierungszeit Sauls eine jebusitische Stadt war, wird behauptet: »David … brachte ihn (den Kopf des Philisters) nach Jerusalem.« Das wäre ausgeschlossen gewesen, wenn die Geschichte ursprünglich ein wesentlicher Bestandteil des Buches Samuel gewesen wäre. Nach dem Text des Buches Samuel stand Jerusalem zur fraglichen Zeit noch nicht unter israelitischer Herrschaft. Warum hätte David den Kopf Goliats in eine fremde Stadt bringen sollen?

– In völligem Widerspruch zu der Geschichte von der Erschlagung Goliats durch David, wie wir sie im Ersten Buch Samuel finden, steht eine andere Version im Zweiten Buch Samuel [in der offiziellen englischen Bibelfassung]: »… Elhanan, der Sohn Jairs aus Betlehem [erschlug] den Bruder von Goliat aus Gat, dessen Speer einem Weberbaum glich« (2 Samuel 21,19). Die Einfügung »Bruder von« war, wie schon in Kapitel 20 erwähnt, eine Textverfälschung durch den Redakteur der König-James-Bibel, der den Widerspruch zur Darstellung im Ersten Buch Samuel aufzulösen suchte. Dieser Ungereimtheit war sich auch der Verfasser des Buches der Chroniken bewußt, und deshalb gab er Elhanan als denjenigen aus, der »Lachmi, den Bruder Goliats aus Gat« (1 Chroniken 20,5) erschlug.[2]

– Wie schon gesagt, kamen die Philister im zwölften vorchristlichen Jahrhundert von den Mittelmeerinseln nach Kanaan, und zwar vor den Israeliten. In der Folgezeit versuchten sie, ihr Territorium über den von ihnen bewohnten Küstenlandstrich hinaus auszuweiten, was zu ständigen Auseinandersetzungen mit den Israeliten führte, die sich inzwischen ebenfalls in Kanaan niederlassen wollten. Bei der Adaption der altägyptischen Sinuhe-Geschichte, die tausend Jahre früher spielte, als es noch keine Philister in Kanaan gab, sondern nur syrische und kanaanäische Stämme, entschied sich der Bibelredakteur also, Goliat aus historischen Gründen als Philister darzustellen. Doch das Zweite Buch Samuel, 21,20, sagt über ihn, er »stammte von Rafa« ab. Allerdings waren die Rafaiter (oder Rephaim) keine Philister, sondern ein sagenhaftes Riesenvolk, das in grauer Vorzeit in Kanaan gelebt haben soll und dem im Gegensatz zu den Philistern die Eisenverarbeitung unbekannt war.

Diese zahlreichen Widersprüchlichkeiten weisen darauf hin, daß die Goliat-Geschichte ursprünglich kein Bestandteil des Ersten und Zweiten Buches Samuel war – eine Tatsache, die noch klarer zutage tritt, wenn man die *Autobiographie des Sinuhe* untersucht.

ANHANG D

DIE AUTOBIOGRAPHIE SINUHES

Sinuhe war ein Höfling im Dienste Nefrus, der Tochter Amenemhats I., des Gründers der Zwölften Ägyptischen Dynastie im zwanzigsten Jahrhundert vor Christus. Die Form seiner Autobiographie – die Geschichte seiner plötzlichen Flucht aus Ägypten, seines Umherziehens, seiner Schlacht mit einem »mächtigen kanaanäischen Mann« wie Goliat und seiner Rückkehr in das Land seiner Geburt, wo er beigesetzt wurde – zeigt deutlich, daß sie ursprünglich in seinem tatsächlichen Grab geschrieben wurde. Diese anerkanntermaßen auf Tatsachen beruhende Geschichte tauchte später in zahlreichen Versionen auf, die in der Zeit des zwanzigsten Jahrhunderts vor Christus, als die Ereignisse tatsächlich stattfanden, bis hin zur Einundzwanzigsten Dynastie im elften Jahrhundert entstanden. Es handelt sich um eine im alten Ägypten beliebte Erzählung, die Schülern als literarisches Beispiel diente, und es steht außer Frage, daß sie allen gebildeten Personen in Ägypten – unabhängig von ihrer ethnischen Herkunft – vertraut war. Die Geschichte beginnt um 1960 v. Chr., im Jahre 30 der Regierungszeit Amenemhats I., welches gleichzeitig sein letztes war. Zu dieser Zeit befand sich Sinuhe mit der ägyptischen Armee, die von Sesostris, dem ältesten Sohn, Erben und Mitregenten des Königs, angeführt wurde, fern der Hauptstadt. Während sich die Armee auf dem Rückweg von Feldzügen gegen libysche Stämme im Westdelta befand, überbrachte des Nachts ein Bote aus dem Palast eine Nachricht, die Sesostris veranlaßte, seine Truppen augenblicklich zu verlassen und sich zum Palast zu begeben. Auch an die jüngeren Söhne des Königs, die in der Armee dienten, waren Botschaften ergangen, und eine von diesen kam Sinuhe zu Ohren, da sie laut verlesen wurde. Darin hieß es, es habe im Palast eine Verschwörung gegeben, und man habe – allerdings ohne Erfolg – versucht, Amenemhat I. im Schlaf zu töten.

Als Sinuhe dies hörte, bekam er solche Angst, daß er beschloß, davonzulaufen. Doch er erwähnt nicht, warum er solche Angst hatte. Vielmehr verwendet er einige Mühe darauf, in seiner Geschichte zu erklären, daß es überhaupt keinen einsichtigen Grund für ihn gab, wegzulaufen, obwohl er – selbst ein Höfling am Palast – sehr wohl indirekt hätte beteiligt sein können oder es zumindest Gründe dafür hätte geben können, daß man ihn der Beteiligung verdächtigte.

In seinem Bericht über ein Gespräch mit Nenschi, dem Sohn Amus, des Herrschers von Oberretenu (Nordpalästina), heißt es, Nenschi habe gefragt: »Warum bist du hierhergekommen? Ist etwas geschehen am Sitz des Königs?« Und er antwortete: »Der König Ober- und Unterägyptens, Sehetepibre (Amenemhat I.) ist zum Horizont gegangen (gestorben), und niemand weiß, was nun geschehen wird ... Als ich von einem Feldzug im Lande der Libyer zurückkehrte, hat es mir jemand verkündet. Mein Geist war verwirrt. Mein Herz war nicht mehr in meinem Leib, und es lenkte mich auf den Weg der Flucht. Doch niemand hatte über mich gesprochen; niemand spuckte mir ins Gesicht. Kein schmähendes Wort war zu hören, noch erklang mein Name aus dem Munde des Herolds. Ich weiß nicht, warum ich in dieses Land kam. Es war, als wäre es der Plan Gottes gewesen.«[1]

Was auch immer der Grund gewesen war, Sinuhe ergriff die Flucht. Vom Westdelta aus wandte er sich nach Süden, bis er eine Stelle erreichte, wo der Nil ein einziger Strom war – etwa bei dem heutigen Kairo – und er zum Ostufer übersetzte. Dann zog er, am kultivierten Land entlang, in Richtung Norden, bis er zum Eingang des Wadi Tumilat kam, dem Tal, das das Ostdelta mit dem Schilfmeer in der Nähe des heutigen Ismailia verbindet und welches der Beginn der Sinaistraße nach Edom südlich des Toten Meeres und zur Wüste Negev in Südpalästina war, die heute zu Israel gehört. Hier hatte Amenemhat I. eine Festung errichtet, die »Die Mauern des Prinzen« hieß und eine Infiltration der Beduinen verhindern sollte. Sinuhe war gezwungen, sich in einem Busch zu verstecken, damit ihn die Wache auf der Festungsmauer nicht sehen konnte. Sobald die Dunkelheit hereingebrochen war, setzte er seine Reise in den Sinai fort, wo ihm der Häuptling eines Beduinenstammes zu essen und zu trinken gab und ihm half, nach Südpalästina zu gelangen. Von dort aus setzte er seine Reise nordwärts fort, entlang der Straße, die in der Bibel Straße des Meeres heißt, wo er schließlich die Freundschaft des Prinzen Nenschi gewann.

Es ist nicht leicht, das Gebiet genau festzulegen, in dem Sinuhe die Jahre seines Exils verbrachte. In seinem Bericht über diese Zeit seiner Wanderungen findet sich die Feststellung: »Ich machte mich auf nach Byblos (einem alten Hafen im nördlichen Phönizien) und wandte mich Kedem zu (womit der Osten insgesamt gemeint ist). Dort verbrachte ich ein halbes Jahr. Dann nahm mich Nenschi, der Sohn Amus, des Herrschers des oberen Retenu mit (zu sich).« Die Erwähnung der Stadt Byblos ist so gedeutet worden, daß jenes Gebiet, in dem sich Sinuhe schließlich niederließ, östlich jener Stadt in Nordsyrien lag. Doch dies ist völlig falsch, denn Sinuhes Worte müssen vor dem Hintergrund gesehen werden, daß die Ägypter zu jener Zeit nur unzureichende geographische Kenntnisse von Westasien besaßen.

Erst zu Beginn der Achtzehnten Dynastie im sechzehnten Jahrhundert vor Christus bekamen die Ägypter detaillierte Informationen über dieses Gebiet. Bis dahin verwendeten sie die Bezeichnung Retenu generell für Palästina-Syrien. Sie kannten jedoch Byblos, denn sie unterhielten über den Seeweg regelmäßige Handelsbeziehungen mit der Hafenstadt. Da der biblische Landweg der Philister in Gaza auf die Straße des Meeres trifft, die Ägypten mit Westasien verbindet, nach Nordsyrien führt und Byblos streift – den einzigen Ort in Westasien, den die Ägypter gut kannten –, ist die Aussage »machte mich auf nach Byblos« lediglich eine Angabe der geographischen Richtung von Sinuhes Reise und bedeutet: »Ich nahm die Straße, die nach Byblos führt.« Er sagt an keiner Stelle, daß er diese Stadt auch tatsächlich erreichte. Statt dessen verließ er die Straße des Meeres und wandte sich irgendwo in Oberretenu »nach Kedem« (Osten).

In dieser Zeit (der mittleren Bronzezeit, 2200–1550 v. Chr.) wurde die Straße des Meeres auf der Höhe des nördlichen Teils des Toten Meeres von einer Ost-West-Straße gekreuzt, die Jerusalem am Jordan mit Jaffa (Joppa) am Mittelmeer verband.[2] Wahrscheinlich wandte sich Sinuhe an dieser Stelle, in der Nähe des Gebietes, in dem der Kampf zwischen David und Goliat stattgefunden haben soll, nach Osten, da er so in der Nähe der Straße blieb, die in sein Geburtsland Ägypten führte. Oberretenu, wo er sich niederlassen wollte, kann fraglos nur das Zentralgebiet Nordpalästinas gewesen sein und nicht die Stadtstaaten Nordsyriens, wie angenommen wurde. Die Stadtstaaten waren befestigt und von starken Mauern umgeben, und außerhalb der Mauern gab es Dörfer und kultiviertes Land. Doch nach Sinuhes Beschreibung lebte er unter einem Volk halbnomadischer Schäfer und Jäger, die in Zelten wohnten.

Wie wir an früherer Stelle gesehen haben, erfuhr Nenschi, der Herrscher des Gebietes, von Sinuhes Anwesenheit, nachdem dieser sechs Monate in Oberretenu gelebt hatte. Nenschi sah in diesem exilierten Ägypter und ehemaligen Höfling einen nützlichen Verbündeten, nahm ihn unter seinen Schutz und ließ ihm eine bevorzugte Behandlung zuteil werden: »Er stellte mich vor seine Kinder. Er verheiratete mich mit seiner ältesten Tochter. Er ließ mich von seinem Land den erlesensten Teil dessen auswählen, was er an der Grenze zu einem anderen Land besaß. Es war gutes Land, das Jaa hieß. Dort gab es Feigen und Trauben und mehr Wein als Wasser. Honig war im Überfluß vorhanden, und die Olivenbäume waren zahlreich. An den Bäumen wuchsen alle erdenklichen Früchte. Gerste und Emmer (Weizen), dazu alle Arten von Vieh ohne Grenzen … Männer jagten für mich und legten mir zusätzlich zu dem, was meine Jagdhunde erbeutet hatten, (Nahrung) vor … Ich verbrachte dort viele Jahre, während meine Kinder zu kräftigen Menschen heranwuchsen und jedes seinen eigenen Stamm führte.«

Nenschi ernannte Sinuhe außerdem zum Befehlshaber seiner Armee. Diese Bevorzugung eines Fremden machte anscheinend die Ansässigen eifersüchtig, denn Sinuhe läßt uns wissen: »Es kam ein mächtiger Mann aus Retenu, der mich vor meinem Zelt herausforderte. Er war ein Kämpfer ohnegleichen, und er hatte ganz Retenu geschlagen. Er sagte, er wolle mit mir kämpfen, denn er dachte, er würde mich schlagen. Nach dem Ratschluß seines Stammes gedachte er, mein Vieh zu stehlen. Doch jener Herrscher

sprach mit mir. Ich sagte: Ich kenne ihn nicht. Ich bin nicht sein Freund, daß ich frei in seinem Lager herumgehen könnte ... Er ist eifersüchtig, weil er sieht, daß ich deine Angelegenheiten ausführe ... Wenn er kämpfen will, so soll er es sagen. Weiß Gott nicht, was ihm bestimmt ist, um zu wissen, wie es geschieht?
Ich spannte die Nacht über meinen Bogen. Ich schoß meine Pfeile. Ich zog meinen Dolch heraus und richtete meine Waffen auf. Als die Dämmerung hereinbrach, war Retenu gekommen. Er hatte seine Stämme angestiftet und die Hälfte des Landes versammelt. Er hatte diese Schlacht bereits geplant. Er kam an die Stelle, wo ich stand, und ich stellte mich neben ihn. Alle Herzen entbrannten für mich, Männer und Frauen schrien. Alle Herzen strebten mir zu und sagten: Gibt es außer ihm noch einen Starken, der mit ihm kämpfen könnte? Er (nahm) seinen Schild, seine Axt und einen Armvoll Wurfspieße. Doch nachdem ich seinen Waffen entronnen war, ließ ich seine restlichen Pfeile, die dicht aufeinander folgten, an mir vorbeischießen. Dann stieß er einen Schrei aus, denn er wollte mich schlagen, und näherte sich mir. Ich schoß auf ihn. Mein Pfeil bohrte sich in seinen Hals. Er schrie auf und fiel vornüber. Ich erschlug ihn mit seiner eigenen Axt. Über ihn hinweg schmetterte ich meinen Kriegsschrei. Alle Asiaten brüllten ... und seine Leute trauerten um ihn. Dieser Herrscher, Nenschi, der Sohn des Amu, schloß mich in seine Arme.«
Die Exilzeit Sinuhes begann, wie zuvor erwähnt, um 1960 vor Christus, dem letzten Jahr der Herrschaft Amenemhats. Nach dem Tod seines Vaters heiratete sein ältester Sohn Sesostris seine Schwester Nefru – wie es ägyptische Sitte war –, um die Thronfolge anzutreten, und herrschte weitere fünfunddreißig Jahre allein. Während dieser Zeit, seiner Exilzeit, sehnte sich Sinuhe nach dem Land seiner

Geburt und schickte wiederholt Botschaften zum Palast, in denen er um die Erlaubnis bat, nach Ägypten zurückzukehren, um dort sterben und bestattet werden zu können. Schließlich wurde ihm diese Bitte gewährt, und er verbrachte seine letzten Jahre am Hofe. Sein Grab ist bisher nicht gefunden worden, obwohl bekannt ist, daß es sich im Gebiet von Lischt in Mittelägypten befunden haben muß, wo die Pyramiden von Amenemhat I. und seinem Sohn Sesostris entdeckt wurden.

Sinuhe ist in Wahrheit eine wichtigere Figur in der biblischen Geschichte, als dieser Bericht zu erkennen gibt. Ich habe die Geschichte hier lediglich deshalb erzählt, um auf jene Schlacht mit dem »mächtigen kanaanäischen Mann« hinzuweisen, die im zwanzigsten Jahrhundert vor Christus stattfand und in der Konfrontation zwischen David und dem »Riesen« Goliat eintausend Jahre später ihr Echo findet. Die Parallelen zwischen beiden Berichten sind von vielen Wissenschaftlern konstatiert worden, so zum Beispiel von William Kelly Simpson: »Der … Bericht über den Kampf mit dem Krieger von Retenu ist oft mit der Auseinandersetzung zwischen David und Goliat verglichen worden, für die jene Schlacht vielleicht als literarisches Vorbild gedient hat.«

Zahlreiche Hinweise sprechen für die Hypothese, daß der Autor, der die Geschichte von Goliat in den Samuel-Text einfügte, *Die Autobiographie von Sinuhe* als Quelle benutzte:

1. Der Bericht Sinuhes lag vom zwanzigsten Jahrhundert vor Christus an in einer Vielzahl von Texten vor und war im fünfzehnten Jahrhundert vor Christus, der Zeit des Aufenthalts der Israeliten in Ägypten, weit verbreitet.
2. Wie an früherer Stelle in diesem Buch gezeigt wurde,

kann die Erzählung von der Tötung Goliats ursprünglich nicht zu der Geschichte von Saul und David in den Versen 16 bis 31 gehört haben; vielmehr handelt es sich um eine spätere Einfügung, die eine andere Version von der ersten Begegnung zwischen den beiden Personen liefert.

3. Während die Feinde Sauls die Philister waren, die im zwölften Jahrhundert vor Christus ins Land kamen, heißt es von Goliat, er stamme von den Refaim, die in alten Zeiten, also auch zur Zeit Sinuhes, in Kanaan lebten, ab.
4. Sinuhe erhielt den Oberbefehl über Nenschis Soldaten: Dem eingefügten Bericht zufolge erhält David genau den gleichen Posten. Es heißt: »... so daß Saul ihn (David) an die Spitze seiner Krieger stellte« (1 Samuel 18,5). Dies steht jedoch in Widerspruch zu jenen Teilen des Berichts, in denen die Beziehung zwischen David und Saul geschildert wird und die nichts mit der eingefügten Goliat-Geschichte zu tun haben. Hier heißt es nämlich, Abner sei der »Heerführer« Sauls (1 Samuel 17,55 und weitere Verse) gewesen, und David sei zuerst zu Sauls Waffenträger ernannt worden. Und nach Vers 18,3 habe er in Wirklichkeit nicht den Befehl über die ganze Armee bekommen, sondern sei »der Oberste einer Tausendschaft« geworden.
5. Wie wir gesehen haben, hielten es spätere Bibelredakteure, die mit drei Versionen der Goliat-Geschichte konfrontiert waren, für notwendig, »den Bruder Goliats« im zweiten und dritten dieser Berichte einzuführen. Damit sollte das Problem gelöst werden, daß Goliat zum Zeitpunkt dieser Begegnungen angeblich bereits tot war. Alle drei Erzählungen werden auch in einem weiteren Schlachtbericht wiederaufgenommen. Dort erfahren

> wir, daß ein Mann namens Benaja einen Ägypter tötete, der »einen Speer in der Hand [hatte]. Benaja aber ging nur mit einem Stock auf ihn los, riß ihm den Speer aus der Hand und tötete ihn mit diesem Speer« (2 Samuel 23,21).

Aus all dem muß man den Schluß ziehen, daß *Die Autobiographie Sinuhes*, die zur Zeit des Aufenthalts der Israeliten in Ägypten ausgesprochen beliebt war und in Schulen als Beispiel hervorragender Literatur diente, den Israeliten in Erinnerung blieb, als sie in das Gelobte Land aufbrachen. Später, in Babylonien, fügten die hebräischen Schriftsteller Sinuhes Begegnung mit einem »mächtigen kanaanäischen Mann« in das Erste Buch Samuel ein. Denn sie waren ängstlich darauf bedacht, ein glanzvolles Bild vom Stammesfürsten David zu zeichnen, um ihren Lesern glaubwürdig vermitteln zu können, daß er mit dem Gründer des großen Reiches zwischen Nil und Euphrat identisch sei.

ANHANG E

DER JUNGFRAUENBRUNNEN

Jerusalem wurde auf einer Hochebene erbaut und wird durch zwei Täler begrenzt, das Kidron-Tal (das heutige Silwan) im Osten und das Hinnom-Tal (das heutige Gehenna) im Westen. Diese beiden Täler vereinigen sich im Süden der Stadt. Die Hochebene selbst wird durch einen von Norden nach Süden verlaufenden Taleinschnitt, das Tyropöon-Tal, in zwei Hügelketten geteilt. Der Standort der alten befestigten Stadt war der südliche Teil des östlichen Höhenzugs, der nur hundert oder hundertfünfzig Meter breit ist. Der nördliche Teil des Höhenzugs, der Berg Morija, ein von alters her geheiligter Boden, auf dem Salomo seinen Tempel errichtete und wo jetzt die al-Aksa-Moschee steht, ist höher und flacher. Im Norden geht der Höhenzug in eine Bergkette über, die das Rückgrat Palästinas bildet.

Die früheste Siedlung in Jerusalem befand sich am östlichen Höhenzug, in der Nähe einer Quelle, die als Gihonquelle, der christliche Jungfrauenbrunnen, bekannt ist. Diese liegt im Kidron-Tal am Fuß des Höhenzugs, etwa dreihundertzwanzig Meter von dessen südlichem Rand entfernt. Das Gebiet war wie ein verlängertes Dreieck, mit dem Berg Morija oder Tempelberg im Norden und den Tälern Kidron und Tyropöon rechts und links. Die Archäologen bezeichnen dieses Gelände – ohne den Tempelberg – als Stadt Davids, den Standort der alten Festung.

Untersuchungen der Oberfläche begannen vor beinahe zweihundert Jahren, und von der Mitte des 19. Jahrhunderts an rückte Jerusalem mehr und mehr ins Zentrum des archäologischen Interesses. Die ersten systematischen Ausgrabungen unternahm zwischen 1867 und 1870 Sir Charles Warren im Auftrag des neugegründeten Palestine Exploration Fund. Warren entdeckte eine Mauer entlang des östlichen Kamms des östlichen Höhenzugs. Weiter südlich legte R. A. S. Macalister im Verlauf seiner Ausgrabungen, die er zusammen mit J. G. Duncan zwischen 1923 und 1925 durchführte, einen weiteren Teil dieses Verteidigungswalls frei. Macalister fand auch einen mächtigen Turm, den er mit David und dessen Sohn und Nachfolger Salomo – wie es in der Bibel heißt – in Verbindung brachte. In diesem Turm sah er eine spätere Ergänzung zu der ursprünglichen Verteidigungsanlage der Jebusiter.

Wie wir bereits oben gesehen haben, brachte Thutmosis III. Jerusalem kampflos in seine Gewalt. Der Satz »Salomo baute den Millo und schloß die Lücke in der Stadt Davids, seines Vaters« im Ersten Buch der Könige (11,27) brachte Macalister und Duncan zu der Auffassung, dieser Turm sei die Stelle, von der aus David in die Stadt eindrang. Sie beanspruchten deshalb, den Beweis für die Bresche in der Mauer sowie für ein an ihrer Stelle errichtetes Bauwerk gefunden zu haben. Dieses Bauwerk betrachteten sie als eine Art Befestigung, die die Mauer an diesem Punkt verstärken sollte.

Der biblische Bericht über David und seine Nachfolger sowie über deren Ausbau Jerusalems schraubte Macalisters Erwartungen hoch. Er hoffte, bei seinen Ausgrabungen eine durchbrochene Stadtmauer zu finden, eine neue Mauer an ihrer Stelle sowie einen Turm oder ein anderes Bauwerk an der Stelle der Bresche.[1] Und anscheinend glaubte er, genau dasselbe an einem Ort zweihundert Meter südlich der heutigen Moschee und oberhalb der Gihonquelle im Kidron-Tal gefunden zu haben: »All dies entspricht genau dem, was wir gefunden haben. Die Außenmauer der Böschung war praktisch dem Erdboden gleichgemacht. Die Steine waren zur Stadtseite hin wild durcheinandergeworfen, allerdings sind noch Spuren des ursprünglichen Maueraufbaus erhalten geblieben. Denn diese großen Steine waren schwer zu bewegen und blieben liegen, wohin sie gefallen waren. Und da wir meinten, alles, was als Bresche König Davids identifiziert werden könnte, sei ein bedeutendes nationales Monument, ließen wir sie ebenfalls liegen, außer, wenn es nicht anders möglich war, weil wir ein, zwei punktuelle Grabungen am Hang durchführen mußten …

Innerhalb dieser Bresche und um sie auszugleichen, verlief eine lange Mauer beinahe schnurgerade in ostwestlicher Richtung. Sie war etwa einen Meter dick und in einer Höhe von etwa zwei Meter vierzig erhalten. An ihrem gegenwärtigen östlichen Ende war sie von späteren Hinzufügungen überlagert. Diese Mauer wies eine Besonderheit in ihrer Konstruktion auf, die man an anderen Stellen der ausgegrabenen Mauer nicht festgestellt hatte. Es waren wechselnde Verläufe großer Steine und kleiner Steinscherben. Genau dies war den Umständen nach zu erwarten gewesen. Die Erbauer dieser Mauer konnten die große Bresche des jebusitischen Walls als Steinbruch benutzen. Doch die großen Steine des Walls waren schwer zu bewegen. Deshalb zerschlugen sie sie in kleinere Stücke. Dabei blieben eine Menge Steinsplitter übrig, die sie auf eben beschriebene Weise in die Mauer einbauten. An beiden Endpunkten der Mauer befindet sich ein starker Turm. Diese Mauer brachten wir mit dem David zugeschriebenen Bauwerk in Verbindung …

Auf ihr (auf der Mauer) wurde ein quadratischer Turm

errichtet; und ein kleines Mauerstück blieb stehen, welches einer jener Türme gewesen zu sein scheint, die durch einen Gang miteinander verbunden sind. Diese Konstruktion, die die Bresche [«Millo« = Füllung] ausfüllt, wagen wir als den lange verschollenen Millo zu identifizieren.«[2]

Macalister scheint mit seiner Beschreibung sagen zu wollen, er habe endlich einen soliden archäologischen Beweis, der die biblische Geschichte von Davids Eroberung Jerusalems in den ersten Jahren des zehnten Jahrhunderts vor Christus bestätige. Doch die Fragen, die Macalister mit seinen Schlußfolgerungen löste, warfen neue Probleme auf hinsichtlich der Methode, mit der – wie im Zweiten Buch Samuel beschrieben – David die Stadt einnahm: Er bediente sich nämlich eines Schachts. Am östlichen Höhenzug lokalisierte Macalister einen Wasserschacht, der einen Zugang zu der Gihonquelle fast direkt unten im Kidron-Tal bot. Nur ragte der obere Teil dieses Schachts etwa fünfundzwanzig Meter über die Mauerlinie, die Macalister gefunden hatte. Dies wäre für die Bewohner gewiß eine unbefriedigende Lösung gewesen, um in Zeiten der Belagerung Zugang zu den Wasserquellen zu haben.

Die britische Archäologin Kathleen Kenyon beschäftigte sich mit diesem Problem, als sie an Ausgrabungen an jenem Ort im Jahr 1961 teilnahm. Sie begann mit den Grabungen am Wasserschacht östlich von Macalisters Grabungsort und fand heraus, daß die alten Bewohner der Stadt einen Tunnel gegraben hatten, um sich die Wasserversorgung zu sichern. Zuerst versuchten sie, einen Schacht senkrecht hinunter zu graben, scheiterten jedoch an der Härte des Gesteins. Dann gruben sie einen winkelförmigen Stollen mit Treppen, der in einem Schacht mündete, der wiederum zur Quelle hinunter führt. Durch diesen Schacht konnte man Wasser holen, ohne von den die

Stadt belagernden Feinden gesehen zu werden, Wasser geholt werden. Man nimmt an, daß mit dem Begriff »Schacht«, wie er im Zweiten Buch Samuel in der Geschichte der Eroberung Jerusalems durch David benutzt wird, dieses System gemeint ist.

Von dem Schacht auf dem Höhenzug den Hang hinunter bis zur Quelle schaufelte man einen Graben. Schon zu einem frühen Zeitpunkt der Ausgrabungen war klar, daß die Annahme, die Mauer sei Teil der jebusitischen Stadt, falsch war: »Ein Graben … wurde vom Fuß von Macalisters ›Davidsturm‹ aus angelegt, der 27,25 Meter tief hinunter führte. Bald wußte man jedoch, daß der Turm nicht aus der Zeit Davids stammte.«[3] Der Turm, den man als Davids Werk zur Stärkung der Abwehr gegen die Jebusiter betrachtet hatte, war, so fand man heraus, auf den Trümmern von Gebäuden errichtet worden, die aus dem siebten Jahrhundert vor Christus datierten, und der Turm selbst datierte erst aus dem dritten oder zweiten Jahrhundert vor Christus. Zudem zeigten die Funde aus dem Graben, der in den Hang gebaut worden war, daß die »früheste Mauer am Rand der Böschung zu Beginn der Mittleren Bronzezeit (II A; um 1800 v. Chr.) in den natürlichen Felsen gebaut worden war. Sie ist zweieinhalb Meter breit und aus riesigen Felsblöcken erbaut. Aufgrund der Funde im Mauerfundament muß diese definitiv in die Mittlere Bronzezeit II datiert werden … Dies war die Mauer, die die Stadt bis in die Zeit der israelitischen Monarchie hinein schützte.«[4]

Spuren einer Ausbesserung wurden nicht gefunden: »Vom topographischen Standpunkt aus ist vollkommen klar, weshalb die Mauer an dieser Stelle errichtet worden ist. Sie wurde am Abhang errichtet, damit der Eingang in den ersten zur Quelle führenden Schacht noch innerhalb der Stadtmauer lag.«[5]

Obwohl archäologische Ausgrabungen aller Art in Jerusalem seit damals noch eineinviertel Jahrhunderte weitergingen, wurde bisher kein Beweis für die These gefunden, daß die Stadt zur Zeit des Stammeskönigs David im frühen zehnten Jahrhundert vor Christus gewaltsam eingenommen wurde oder daß in der Stadt zu jener Zeit irgend etwas erbaut worden war. So hat der Stammeskönig David weder historische noch archäologische Spuren hinterlassen.
Trotz der Beweise für die Existenz des in der Bibel erwähnten Millo datiert er nicht aus der Zeit des Stammeskönigs David oder seines Nachfolgers, sondern aus der Zeit der Nachfolger Thutmosis' III. Im Ersten Buch der Könige (9,27) wird erzählt, daß Salomo, der Nachfolger Davids, einen Millo erbaute. Es wird heute jedoch allgemein angenommen, daß dieser Millo eine Art Füllung war, um die Stadt zu vergrößern und ihre Verteidigung zu stärken. Kathleen Kenyon konnte auch dieses Problem lösen. Man fand heraus, daß wegen des steilen östlichen Hangs eine Reihe abgestufter Terrassen geschaffen wurden, die mit Steinen aufgefüllt und von einer Steinmauer gestützt wurden, welche sich vom Fundament der Stadt aus erhob: »Die früheste ummauerte Stadt Jerusalem erstreckte sich gegenwärtigen Erkenntnissen nach also den östlichen Höhenzug hinauf, wobei die Gebäude den steilen Anstieg des Höhenzugs hinauf gebaut wurden. Der nächste Schritt in der Anlage der Stadt erfolgte offenbar im vierzehnten Jahrhundert vor Christus ... Im Jahr 1961 wurde nachgewiesen, daß auf der oberen Seite des Höhenzugs ein raffiniertes System von Plattformen errichtet wurde, mit dem Ziel, die sehr beschränkte Fläche auf dem Hügel zu erweitern. In diesem Jahr wurden diese Plattformen in allen Einzelheiten untersucht. Der Teil des Komplexes, der einen solch eindrucksvollen Abschluß der Ausgrabungstätigkeit im

Jahr 1961 bildete, war bereits im siebten Jahrhundert vor Christus in Gebrauch und wahrscheinlich sogar schon Bestandteil der babylonischen Anlage gewesen …
Er bestand im wesentlichen aus Stützmauern, die parallel zur Hügelkette verlaufen und eine Füllung stützen. Diese wurde durch eine Art Strebepfeiler stabilisiert, die in rechtem Winkel zum Abhang errichtet waren. Diese Strebepfeiler waren nicht in sich selbst stabil, da sie zum größten Teil nur von der Dicke eines Steins waren. Doch sie waren dicht nebeneinander, im Abstand von etwa einem Meter, gebaut worden. Der freigelegte Teil der Mauer scheint von außen her entlang einer Grundlinie gebaut worden zu sein. Zu beiden Seiten waren zusätzliche Füllungen vorhanden, denen gegenüber jeweils ein Strebepfeiler errichtet worden war, der sich gegen diese Grundlinie lehnte … und der größte Teil des untersuchten Areals lag südlich dieser Linie. Höchstwahrscheinlich hatte es eine ganze Reihe solcher Abschnitte gegeben, von denen jeder von außen her entlang einer ähnlichen Grundlinie errichtet worden war. Die Füllung der einzelnen Abschnitte war unterschiedlich: An manchen Stellen war sie ganz aus losem Schotter, an anderen aus Erde und manchmal aus dünnen Schichten, die wie aus Torf oder Lehmziegeln aussahen (nur daß die Schichten dafür viel zu breit waren und feste Abschlüsse hatten), was schwer zu interpretieren ist.
In der Füllung selbst machten wir keine großen Funde, doch es gab immerhin viel Keramik, darunter ein paar Scherben mykenischer Herkunft und Milchschalen aus weißem geschlammtem Ton II, die bewiesen, daß diese Füllung etwa aus dem vierzehnten Jahrhundert vor Christus stammte …«[6] Dies war die Zeit, als Amenophis III., Urenkel von David/Thutmosis III. und Vater von Mose/Echnaton, in Ägypten regierte und Jerusalem drei Jahr-

zehnte nach dem Tod Thutmosis III. in seine Gewalt brachte.

»Der Aufbau war kunstvoll ausgeführt und offenbar das Ergebnis einer durchdachten Stadtplanung. Er erstreckte sich zunächst einmal auf etwa 18,5 Meter Länge an der (Ost-)Seite der Mauer und war damit genauso breit wie ein Gebäude. Es war jedoch leicht einzunehmen, denn die so entstandene Plattform konnte nur bestehen, wenn die Stützmauern dem beträchtlichen Druck der Füllung dahinter standhalten konnten. Diese Stützmauern bestanden aus grob zurechtgehauenem Mauerwerk, das ausgezeichnet hielt, solange es völlig intakt war, doch schnell zusammenfiel, wenn es erst einmal beschädigt war. Feindliche Invasionen und Naturereignisse wie Erdbeben oder sturzbachartige Regenfälle konnten solche Beschädigungen verursachen ...«[7]

Zwar gibt es in den Geschichten über die Eroberung Jerusalems durch König David und die Inbesitznahme des heiligen Bodens auf dem Berg Morija genaue historische Hinweise. Doch alles spricht dafür, daß diese Ereignisse nicht in der Zeit des Stammeskönigs David in der ersten Hälfte des zehnten Jahrhunderts vor Christus stattfanden, sondern bereits fünfhundert Jahre früher, als David (Thutmosis III.) die Stadt während seiner Belagerung Megiddos zu seiner Residenz machte. Seit dieser Zeit hieß die Festung mit ihrem neuen Namen Urusalim und wurde mit dem König David und seinen Nachkommen in Verbindung gebracht.

ANHANG F

KÖNIG DES FRIEDENS

Salomo erbte ein riesiges Reich. Er »war Herrscher über alle Reiche vom Euphrat bis zum Land der Philister und bis an die Grenze Ägyptens« (1 Könige 5,1). Wie schon erwähnt, bestand dieses Reich vom fünfzehnten bis zum dreizehnten Jahrhundert, danach gehörte Nordsyrien bis zum Euphrat nicht mehr dazu, und der gesamte asiatische Teil des Imperiums ging um die Mitte des zwölften Jahrhunderts verloren. Von da an bis zur zweiten Hälfte des sechsten Jahrhunderts, als die Perser Ägypten eroberten, konnte sich kein König mehr damit brüsten, über ein Reich vom Nil bis zum Euphrat zu herrschen. Deshalb kann Salomo nicht der Nachfolger des Stammeskönigs David gewesen sein, denn im zehnten vorchristlichen Jahrhundert gab es kein Reich, das er hätte erben können.

Jenes Reich hatte ursprünglich Thutmosis III. geschaffen. Sein Thronfolger war Amenophis II. (ca. 1436–1414 v. Chr.), ebenfalls ein kriegerischer König, dem man eine solche Körperkraft nachsagte, daß er eine handbreitdicke Metallscheibe mit seinem Pfeil durchbohren konnte. Zu Beginn seiner Regierungszeit marschierte er in Nordsyrien ein, um einen Aufstand niederzuschlagen. Bei seiner Rückkehr nach Theben brachte der König sieben Anführer der Rebellen mit, die mit dem Kopf nach unten in seinen Schiffen gefangengehalten und dann an den Mauern Napatas im nördlichen Sudan aufgehängt wurden. Anschließend versuchte er, sein Reich noch weiter nach Kleinasien hin

auszudehnen. Der Nachfolger von Amenophis II. war sein früh verstorbener Sohn Thutmosis IV. (ca. 1413–1405 v. Chr.), »als ein Versuch mit zweifelhaften Absichten und Ausmaßen unternommen wurde, die militärischen Aktivitäten der Ägypter in Syrien fortzusetzen«[1].
Zweiunddreißig Jahre nach dem Tod des großen Eroberers Thutmosis III. »bestieg sein Urenkel den Thron Ägyptens. Drei Generationen hatten genügt, um den Traum der frühen Potentaten der Achtzehnten Dynastie zu verwirklichen: Ägypten war die uneingeschränkte Führungsmacht der bekannten Welt. Ägyptens Kuriere zogen ungehindert durch den Nahen Osten, nach Babylon, ins Königreich der Hethiter, nach Mitanni (Nordmesopotamien) und Zypern; die ägyptische Handelsflotte kreuzte nach Byblos, Tyrus, Ugarit (in Syrien), Kreta und zur griechischen Ägäisküste, ohne von Piraten belästigt zu werden. Unermeßlicher Reichtum floß von den Goldminen des Sudans und den abgelegenen mittelafrikanischen Regionen ins Land; jährlich trafen die Tributzahlungen aus dem Norden ein, auf dem Rücken herbeigeschleppt von den eingeschüchterten Kanaanitern und Hurritern.«[2] Als Herrscher dieses riesigen Reiches zwischen Nil und Euphrat nahm Amenophis III. eine einzigartige Stellung in der Geschichte des Alten Orients ein. Später wurde er bekannt als »der große Horus, der König der Könige, der Herrscher der Herrscher … Unter Amenophis III. hatte Ägypten die Position einer absoluten Weltmacht erlangt, wie sie sie noch nie zuvor erreicht hatte und danach nie mehr erreichen sollte.«[3]

Warum sollte Amenophis III. als Salomo in die Geschichte eingehen? Die Antwort liegt darin, daß der Name »Sicherheit« oder »Frieden« bedeutet. Abgesehen von einer unbedeutenden militärischen Operation im nördlichen Sudan

in seinem fünften Regierungsjahr, herrschte unter Amenophis III. fast immer Frieden. Er war der erste König des Ägyptischen Reiches, der keine Feldzüge im westlichen Asien unternahm. Vielmehr vertraute er auf Bündnisse, den Austausch von Geschenken und diplomatischen Briefen mit den anderen Königen der damals bekannten Welt, um eine Atmosphäre freundschaftlicher Beziehungen zwischen Ägypten und den anderen Ländern aufzubauen. Um der Friedenssicherung willen ging der weitsichtige Pharao auch mehrere Ehen mit ausländischen Prinzessinnen ein – mit zwei aus Syrien, zwei aus Mitanni, zwei aus Babylonien sowie mit einer aus Arzawa im Südwesten Kleinasiens. Welcher Reichtum und Luxus in jener Epoche herrschte, zeigt sich daran, daß Gilukhepa, eine seiner Frauen aus Mitanni, angeblich mit einem Gefolge von 317 Dienerinnen in Ägypten eintraf.
Sein Ruf, der weise Nachfahre des David zu sein, wurde auch dadurch gefördert, daß er die beiden Abstammungslinien der Familie Thutmosis' III. vereinte. Nach dem Tod seines Vaters heiratete der damals etwa zwölf Jahre alte Amenophis III. seine minderjährige Schwester Sitamun, um gemäß ägyptischer Sitte den Thron zu erben. Aber kurz darauf heiratete er noch Teje, die Tochter von Josef dem Patriarchen und die Ur-Ur-Enkelin von Thutmosis III. und Sara, und machte sie – nicht Sitamun – zu seiner königlichen Gemahlin.

KRÖNUNG

Ähnlichkeiten zwischen Amenophis III. und Salomo finden wir in der biblischen Darstellung der Krönung des letzteren. Nach den Angaben der Bibel wurde auf Davids Geheiß Salomo zum »König von Israel« (1 Könige 1,34) gesalbt. Die Salbung des Königs vor der Thronbesteigung war eine ägyptische, keine kanaanäische Gepflogenheit, obwohl im vorhergehenden Ersten Buch Samuel darauf hingewiesen wird, daß diese Sitte sowohl bei Saul als auch bei dem Stammeskönig David zur Anwendung kam. Doch das eigentliche hebräische Wort, das verwendet wurde, lautet *MeSHeH* und ist vom ägyptischen *MeSeH* abgeleitet. Nach der Salbung, so heißt es weiter, habe David gesagt, Salomo solle kommen und »sich auf meinen Thron setzen« (1 Könige 1,35). Nirgendwo in der Bibel wird berichtet, Saul oder der Stammesfürst David hätten einen Thron gehabt, und in zwei früheren Passagen des Alten Testaments – bei der Ernennung von Josef dem Patriarchen zum Obersten Verwalter des Pharao (»Nur um den Thron will ich höher sein als du« [Genesis 41,40] und in der Geschichte von der Erschlagung des Erstgeborenen des »Pharao, der auf dem Thron saß« [Exodus 12,29]) – bezeichnet der Begriff den Sitz der pharaonischen Macht. Der deutsche Bibelwissenschaftler Otto Eissfeldt vertrat die Ansicht: »Man kann sich vergleichsweise leicht vorstellen, wie der im Ersten Buch der Könige (10, 18–20) beschriebene Thron ausgesehen hat, der aus Gold und Elfenbein war, sechs Stufen hatte und im Audienzsaal stand ... In seiner großzügigen Verwendung von Gold kann er zweifellos mit dem wunderbar erhalten gebliebenen Sessel von Tutanchamun verglichen werden.«[4] Andere Aspekte in der Darstellung der Krönung Salomos im Ersten Buch der

Könige – das Blasen der Hörner, der Ausruf »Es lebe König Salomo« und die prozessionsartige Begleitung des Königs zum Thron – entsprechen den ägyptischen Sitten, doch in den Berichten über die Krönung Sauls und des Stammeskönigs David finden wir nichts Vergleichbares.

Der Vorstellung vom Königtum, die den Hebräern ursprünglich fremd war, wurde in der israelitischen Theologie ein ähnlicher Platz zugewiesen wie bei den Ägyptern, und sie kommt in den biblischen Büchern zum Ausdruck, die sich mit der Zeit ab dem Stammeskönig David befassen: »Nach Ansicht einiger Gelehrter hat sich Israel, als es die Institutionen des Königtums von den Heiden übernahm, zugleich auch die heidnische Vorstellung vom Königtum und das Ritual, das es angeblich mit allen Nachbarn gemeinsam hatte, angeeignet. Demnach wurde der König als Gott oder Halbgott angesehen.«[5] Eine derartige Situation lag weder bei Saul noch bei dem Stammesfürsten David vor – sie waren lediglich Oberhäupter der verbündeten Stämme –, sondern betraf vor allem den König David und seine Dynastie. Unter diesem Herrschergeschlecht wurde wie in der ägyptischen Tradition der König als Sohn der Gottheit betrachtet. »Mein Sohn bist du. Heute habe ich dich gezeugt«, sagt in den Psalmen 2,7 Jahwe zu König David. Und von Salomo sagt er: »Ich will für ihn Vater sein, und er wird für mich Sohn sein« (2 Samuel 7,14). Der Herr der Israeliten bezeichnet seinen königlichen Sohn nun auch als »Gesalbten« (Psalmen 2,2; 18,50; 20,6).

Die traditionelle Vorstellung vom Königtum beruhte darauf, daß der König und seine Nachfahren eine Art heiliges Recht hatten, über ihr Volk zu herrschen und von ihm Gehorsam zu verlangen. Denn die alten Könige wurden als von den Göttern abstammende Halbgötter angesehen. Allerdings beinhaltete der israelitische Gedanke vom auserwählten Volk nicht dieses Königsbild. Israel (Jakob) und seine Nachkommen hatten einen Bund mit Gott geschlossen, daß sie ihm folgen würden und er sie dafür siegreich über ihre Feinde machen würde. In dieser Stammesgesellschaft gab es keinen einzelnen Menschen oder ein Herrschergeschlecht, dem man einen rechtmäßigen Anspruch auf die Herrschaft zubilligte. Daß David als der Sohn Gottes angesehen und ihm ein Herrschaftsrecht zuerkannt wurde, stellte also eine Neuheit in der israelitischen Geschichte dar.

EHEN

Wie die Bibel schreibt, »verschwägerte sich [Salomo] mit dem Pharao, dem König von Ägypten. Er nahm eine Tochter des Pharao zur Frau und brachte sie in die Davidstadt« (1 Könige 3,1). Dies deutet darauf hin, daß er ein Mitglied des ägyptischen Königshauses war, nicht der Familie des Stammesfürsten David; man weiß nämlich aus den Amarna-Briefen, daß ägyptische Pharaonen niemals ihre Töchter mit ausländischen Herrschern verheirateten. Doch seine erste Ehe schloß Amenophis III. mit seiner minderjährigen Schwester Sitamun. Der Versuch des Bibelerzählers, Salomos Verbindung mit der Pharaonentochter ins zehnte Jahrhundert vor Christus zu verlegen, ist mißglückt, doch die Überlieferung der Eheschließung an sich paßt zu den historischen Fakten, die uns über Amenophis III. vorliegen. Der Bericht von dieser Eheschließung ist nur deshalb überliefert worden, um sie einer anderen Tatsache gegenüberzustellen: Obwohl Salomo angeblich siebenhundert fürstliche Frauen und dreihundert Nebenfrauen hatte (1 Könige

11,3), waren diese allesamt Ausländerinnen: »König Salomo liebte neben der Tochter des Pharao noch viele andere ausländische Frauen: Moabiterinnen, Edomiterinnen, Sidonierinnen, Hethiterinnen« (1 Könige 11,1). Diese Liebe zu ausländischen Frauen ist auch für Amenophis III. belegt, der nach der Eheschließung mit Sitamun, die ihm den Thron sicherte, die Israelitin Teje, die Tochter von Juja (Josef), heiratete, sowie die oben genannten sieben Prinzessinnen.

Die Erwähnung der Pharaonentochter als Salomos Hauptfrau läßt darauf schließen, daß sie – wie auch bei Amenophis III. – eine Frau aus seinem eigenen Volk war. Wäre Salomo König von Israel gewesen, könnte man erwarten, daß in der Bibel eine israelitische Frau genannt wird, die seinen Nachfolger zur Welt bringt – um so mehr, da nach israelitischer Tradition die Abstammungslinie nach der Mutter bestimmt wird. Aber in der Salomo-Geschichte ist nur von ausländischen Frauen die Rede, angefangen mit der Tochter des Pharao. Selbst der Kronprinz Rehabeam soll der Sohn einer Ammoniterin gewesen sein (1 Könige 14,21).

Diese Geschichte beruht auf der Grundlage, daß Amenophis III. Teje, eine Israelitin, zur Königin machte, was zur Folge hatte, daß deren Sohn später abgewiesen wurde, weil seine Mutter eine Ausländerin war.

DIE BRANDSCHATZUNG GEZERS

Der ägyptische König, dessen Tochter mit Salomo verheiratet wurde, bleibt ungenannt, doch es heißt von ihm, er sei »heraufgezogen, hatte Geser erobert und eingeäschert, die Kanaaniter, die darin wohnten, getötet und die Stadt als Brautgeschenk seiner Tochter, der Frau Salomos, gegeben« (1 Könige 9,16). Man weiß weder den Namen des Pharao noch den genauen Zeitpunkt dieses Ereignisses, doch es kann nicht in dem Zeitraum stattgefunden haben, der nach konventionellem Verständnis als Salomos Herrschaftsperiode angesehen wird (ca. 965–925 v. Chr.). Es gibt keinen Hinweis darauf, daß irgendeiner der Könige der schwachen Einundzwanzigsten Dynastie, die verläßlichen Angaben zufolge 945 v. Chr. endete, Kriegszüge in Westasien unternahm. Außerdem ist bekannt, daß Gezer, das im judäischen Hochland etwa dreißig Kilometer westlich von Jerusalem lag, im zehnten vorchristlichen Jahrhundert zum Herrschaftsgebiet der Philister gehörte. Wie sollte es dann möglich sein, daß der betreffende Pharao gegen die Kanaaniter anstatt gegen die Philister kämpfte? Tatsächlich werden die Philister nirgendwo in der Geschichte Salomos erwähnt – ein weiteres Anzeichen dafür, daß er regiert haben muß, *bevor* die Ägypter durch den massenhaften Einfall der »Seevölker« in der zweiten Hälfte des zwölften Jahrhunderts vor Christus die Herrschaft über Palästina verloren.

Da Salomo ein riesiges und gesichertes Reich besaß und keine Kriege führen mußte, konnte er sich darauf konzentrieren, zahlreiche Neuerungen und Veränderungen im ägyptischen Staatswesen einzuführen.

ANHANG G

REBELLION

Nach Otto Eissfeldt zeichnete sich die Herrschaft Salomos durch fünf charakteristische Eigenschaften aus, die allesamt eher mit dem Leben und der Zeit Amenophis' III. in Verbindung gesetzt werden können als mit dem Stammesfürsten David, der vier Jahrhunderte später lebte:

1. Veränderungen in der israelitischen Militärorganisation, wobei der Kampfwagen als wichtige Kriegswaffe eingeführt wird;
2. die Schaffung neuer Verwaltungsbezirke;
3. Baumaßnahmen in großem Stil, darunter der königliche Palast und der dazugehörige Tempel sowie befestigte Militärlager für die Garnison im Norden;
4. Veränderungen im Steuersystem;
5. die Verfeinerung der Hofzeremonie und die Pflege diplomatischer Beziehungen zu ausländischen Fürsten.[1]

Wenden wir uns zunächst der Frage der Militärorganisation zu:
In der Geschichte der Menschheit konnten zu allen Zeiten diejenigen, die das technisch höherentwickelte Kriegsgerät besaßen, ihre Feinde im Kampf besiegen, sofern sie nicht rein zahlenmäßig unterlegen waren. Nur im Falle der biblischen Geschichte von David will man uns glauben machen, er habe mit seiner schwachen Streitmacht von sechshundert Kriegern und ein paar ungeübten Männern

einiger Stämme sowie mit primitiver Ausrüstung – in einer Zeit, da die Philister bereits Eisenwaffen kannten – alle mächtigen Königreiche Westasiens mit ihren befestigten Städten und schnellen Kampfwagen schlagen können. Dies entsprach natürlich nicht der tatsächlichen Situation, sondern ist auf den Versuch des biblischen Erzählers zurückzuführen, die Leistungen des mächtigen Thutmosis' III. mit den Taten des israelitischen Stammesfürsten zu verknüpfen.

König David (Thutmosis III.) verfügte tatsächlich über eine starke, gut ausgebildete und straff organisierte Armee, die mit den besten Kampfwagen seiner Zeit ausgerüstet war, sonst wäre er nicht in der Lage gewesen, sich ein so riesiges Reich zu schaffen. Der amerikanische Philologe Alan Richard Schulman hat jedoch gezeigt[2], daß der Kampfwagen zu dieser Zeit lediglich einen Teil der Armee bildete. Erst zu Beginn der Regierungszeit Amenophis' III. wurden die Wagenlenker zu einer von der Infanterie getrennten Einheit.

Es war daher, wie es in der Bibel heißt, Salomo im Gewande Amenophis' III., der die Kampfwagen zu einer eigenen Kampftruppe machte. Wie viele Kampfwagen hatte er? Im Alten Testament wird als eine Zahl »vierzehnhundert« (1 Könige 10,26) genannt. Aus historischen Quellen wissen wir, daß zur Zeit des Großen Reiches in einigen kanaanäischen Garnisonen etwa dreißig Kampfwagen vorhanden waren, während der ausgegrabene Stallbereich der alten befestigten Stadt Megiddo – der größten in Palästina, die, wie wir an früherer Stelle gesehen haben, fälschlicherweise auf das zehnte Jahrhundert vor Christus datiert wurde – ausreichend Platz für etwa einhundertundfünfzig Wagen geboten hätte. Eine Wagenstreitmacht dieser Größe konnte nicht in kurzer Zeit aufgestellt werden, da zur Beherrschung dieser entwickelten Waffe ein jahrelanges spezielles Training notwendig war: »Der Wagenlenker mußte eine lange und gründliche Ausbildung absolvieren und blieb in der Armee, solange er kampftauglich war, zumindest aber einige Jahre; das heißt, er mußte Berufssoldat werden.«[3]

Obwohl in ägyptischen Berichten die Herausbildung einer Berufsarmee von der Zeit Thutmosis' III. an bestätigt wird, gibt es nicht einmal in der Bibel selbst einen Hinweis darauf, daß zur Zeit des Stammesfürsten David oder seines Nachfolgers ein derartiges Militärsystem in Israel existierte. Und wenn ein König im zehnten Jahrhundert vor Christus einen so mächtigen und unabhängigen Kampfverband besessen hätte, wäre er nach dem Tod des Königs sicherlich nicht spurlos verschwunden, wie es bei dem biblischen Salomo der Fall ist.

Der Bibel nach wurde das Reich, das Salomo erbte, in der Zeit seiner Herrschaft zu einem gewissen Grad geschwächt: »(Salomo) hinterließ [das Reich] nicht ganz in dem Umfang, in dem er es übernommen hatte. Zunächst gab es Schwierigkeiten mit Edom (...) Hadas [machte] Salomo eine Zeitlang zu schaffen, doch mit welchem Erfolg oder welche Maßnahmen der König gegen ihn ergriff, ist uns nicht bekannt. Salomo verlor wohl nie die Kontrolle über Edom ... Die Unruhen in Syrien waren schwerwiegender. Salomo hatte die Oberhoheit über die aramäischen Länder ... übernommen ... (Seine Stellung) geriet ernsthaft ins Wanken, als sich Rezon, vormals ein Untertan Hadad-Esers, mit einer Schar verwegener Männer der Stadt Damaskus bemächtigte und sich dort zum König ausrufen ließ (...) Wir wissen nicht, ob und mit welchem Erfolg Salomo etwas gegen Rezon unternahm, noch warum innerhalb seiner Regierungszeit sich dieses ereignete. Aber der Text legt den Schluß nahe, daß er über Rezon nie Herr werden konnte. Es bleibt ungewiß, welche Gebiete Salomo in Syrien aufgeben mußte. Er behielt vermutlich wenigstens nominell die Kontrolle über seine aramäischen Besitzungen, abgesehen von Damaskus, doch war sein Einfluß in Syrien geschwächt.«[4]

Diese Aufstände werden in den Amarna-Briefen, den diplomatischen Schriften, die sich auf die Regierungszeit Amenophis' III. beziehen, erwähnt. In den Briefen von palästinensischen Königen, insbesondere von Abdi-Kheba aus Jerusalem, ist von ständigen Unruhen im Gebiet von Edom und Südpalästina die Rede: »Das ganze Land des Königs ist in Aufruhr.«[5] Die nomadischen Khabiri griffen zu Beginn des vierzehnten Jahrhunderts vor Christus, also zur Zeit der Herrschaft Amenophis' III. und der kurzen Alleinherrschaft seines Nachfolgers Echnaton, mehrere Stadtstaaten in Südpalästina an. In einem anderen Brief an den Pharao nennt Abdi-Kheba den Ursprung der Rebellen: »Sie kämpften bis hin zum Seeri (Berg Seir in Edom) gegen mich.«[6]

Diese Schwierigkeiten in Südpalästina waren jedoch nicht so gravierend, daß sie die Macht des Königs in diesem Gebiet in irgendeiner Weise geschwächt hätten. In Nordsyrien war die Situation allerdings weitaus kritischer. Noch bevor Amenophis III. den Thron bestieg, festigte das Königreich Mitanni, das östlich des Euphrat im nördlichen Mesopotamien lag und von Thutmosis III. geschlagen worden war, erneut seinen Einfluß auf die Stadtstaaten in Nordsyrien. Amenophis III. schloß angesichts dieser Bedrohung einen Friedensvertrag mit dem König von Mitanni und heiratete zwei mitannische Prinzessinnen. Außerdem sandte er dem König von Mitanni jedes Jahr dreißig

Einheiten Gold als Gegenleistung dafür, daß dieser den nordsyrischen Teil seines Reiches schützte: »Wir wissen, daß es mit Mitanni eine definitive Übereinkunft gab, die mehr oder weniger mit Grenzproblemen zu tun hatte ... Es ist sehr gut möglich, daß zu dieser Zeit die Grenze des tatsächlichen Machtbereichs Ägyptens eine Linie nördlich von Gubla (Byblos an der nordphönizischen Küste) darstellte ... die landeinwärts nach Süden zur Stadt Kadesch am Orontes (in Nordsyrien) führte.«[7] Anders gesagt, das Reichsgebiet, das Ägypten in dieser Zeit verlor, lag zwischen Kadesch am Orontes, nördlich von Damaskus, den Grenzen des kleinasiatischen Königreichs der Hethiter im Norden und den Grenzen von Mitanni im Osten.

Doch die Probleme Amenophis' III. in diesem Gebiet waren damit noch nicht beseitigt. Gegen Ende seiner Regierungszeit war die Macht des Königs über den nördlichen Teil des Reiches einschließlich Damaskus durch den mächtigen Hethiterkönig Suppiluliuma gefährdet. Dieser stellte auch für Mitanni, Ägyptens Verbündeten in diesem Gebiet, eine Bedrohung dar. Akizzi, der Herrscher über die nordsyrische Stadt Qatna, die ein paar Kilometer nördlich von Kadesch lag, erwähnte diese Gefahren in seinen Briefen an Amenophis III.: »An König Annumuria (Amenophis III.), Sohn der Sonne, meinen Herrn, so (spricht) dein Diener Akizzi. Siebenmal beuge ich mich zu Füßen meines Herrn. Mein Herr in diesem meinem Land, ich fürchte mich. Mögest du den, der dein Diener unter dem Joch meines Herrn ist, schützen. Ich stehe nicht auf gegen das Joch meines Herrn. Siehe, ich habe Furcht vor meinen Feinden ... dieses Land gehört zu deinen Ländern: Die Stadt Qatna ist deine Stadt ... die Soldaten und Wagenlenker der Regierung meines Herrn haben Korn und Getränke, Ochsen und Vieh bekommen ... nun der König des

Landes der Hethiter ... Männer, die zerstören, dienen dem König des Landes der Hethiter: er schickt sie voran. Mein Herr, Asiru (der König des nordsyrischen Landes Amurru an der nordphönizischen Küste, der von Hethitern dazu angestachelt wurde, ägyptische Stellungen in Syrien zu erobern) vertreibt meine Diener, die Männer der Stadt Qatna ... aus dem Land der Herrschaft meines Herrn; und siehe, (er nimmt) Besitz von den nördlichen Ländern meines Herrn.«[8]

In einem späteren Brief informierte Akizzi den König darüber, daß das Land Ubi westlich von Damaskus bedroht sei: »So wie Damaskus ... schreckerfüllt ist vor den verbündeten Feinden und flehentlich die Hände erhebt zu Füßen des Königs, genauso erhebt die Stadt Qatna die Hände.«[9]

Zusammenfassend kam Frederick J. Giles, ein kanadischer Ägyptologe, der eine Studie über die Amarna-Briefe erstellte, zu dem Schluß, daß »die meisten Briefe, die von dem angeblichen Zusammenbruch des ägyptischen Reiches in der Amarna-Periode handeln, aus der Regierungszeit Amenophis' III. stammen«.[10] Und an späterer Stelle heißt es bei ihm: »Zur Zeit des Todes Thutmosis' III. war (das Reich) sicherlich um einiges größer als beim Tode Amenophis' III. Doch dieses offensichtliche Zusammenschrumpfen war vermutlich eher auf politische Ursachen zurückzuführen als auf militärische Niederlagen.«[11] Der biblische Bericht von den Veränderungen im Reich König Davids zur Zeit Salomos stimmt also mit den historischen Berichten über Ereignisse in der Regierungszeit Amenophis' III. überein.

Die Amarna-Briefe werfen auch ein wenig Licht auf den biblischen Bericht, in dem festgestellt wird: »Damals trat König Salomo zwanzig Städte in der Landschaft Galiläa an Hiram (den König von Tyrus) ab« (1 Könige 9,11). Der

Name des Königs von Tyrus in diesen Briefen ist aber nicht Hiram, sondern Abimilichi. Aus diesen Briefen wissen wir, daß »der König, mein Herr, mich zum Wächter der Stadt Tyrus, der ›königlichen Magd‹ ernannt hat ... Ich bin ein Beamter des Königs.«[12] In einem anderen Brief mit der Nummer 99, der sich im Museum in Berlin befindet, bittet Abimilichi den König, ihm eine weitere Stadt zu geben: »Möge der König, mein Herr, seinem Diener Unterstützung zuteil werden lassen und seinem Diener die Stadt Huzu geben.«[13] In wieder einem anderen Brief mit der Nummer 29, der im Britischen Museum aufbewahrt wird, weist der König von Tyrus darauf hin, daß eine andere ägyptische Stadt seiner Kontrolle unterstellt worden war: »Und nun soll die Stadt Sarbitu für den König, meinen Herrn, von der Stadt Tyrus bewacht werden.«[14]

Im selben Brief findet sich ein Hinweis darauf, daß noch mehrere Städte Amenophis' III. unter der Herrschaft Abimilichis standen: »Ich vernahm den freundlichen Boten meines Herrn ... siehe, sagte er, o König, mein Herr, daß das Gebiet durch die Anwesenheit vieler Soldaten gesichert werden soll; und der Diener sagt im Auftrag seines Herrn, daß meine Ebene mein Land ist bis hin zu meinem Hochland, bis hin zu der Ebene meiner Städte ... Du bist der Sonnengott, den er verkündet hat; und der Beschluß ist endgültig und immerwährend ... Und weil es ermißt, daß der König, mein Herr, gerecht ist, gehorcht unser Land dem Land, das mir gegeben ist. Dies sind die Worte Abimilichis an den Sonnengott.«[15]

Wie es scheint, erhielt Abimilichi eine gewisse Macht über Galiläa, über das er dem Pharao berichtete: »Der König der Stadt Khasura (Hazor, die galiläische Festungsstadt) verläßt seine Stadt und zieht hinaus mit Männern von adeligem Blut.«[16]

ANHANG H

BEZIRKSBEAMTE

Das politische System Israels bis zur Zeit Salomos war, folgt man der Bibel, die Stammesorganisation. Dann hob Salomo die Stammeseinteilung auf und vereinigte Israel mit anderen Teilen des Reiches und schuf eine politische Einheit: »Salomo hatte zwölf Statthalter für ganz Israel, die den König und sein Haus versorgten. Je einen Monat im Jahr hatte ihn jeder zu versorgen« (1 Könige 4,7). Doch wenn wir die Sache genauer betrachten, fällt uns auf, daß dieses Verwaltungssystem nicht das des palästinischen Israel, sondern des ägyptischen Reiches ist.

»Die alttestamentliche Überlieferung läßt die Stämme Israels rein genealogisch entstehen aus der Familie eines gemeinsamen Ahnherrn auf dem Weg über seine Söhne, die ihrerseits zu Ahnherren der einzelnen Stämme werden und dann wieder mit ihren Söhnen die Ahnherren der verschiedenen Sippen liefern, aus denen die Stämme bestehen ... Diejenigen menschlichen Gesellschaften, die auf dem natürlichen Blutszusammenhang beruhen, sind Familie, Großfamilie und Sippe. Die Sippe ist die größte, in noch erkennbarem Blutszusammenhang stehende Gruppe, während der Stamm bereits eine unter geschichtlichen Voraussetzungen zustande gekommene Sippengemeinschaft darstellt.«[1]

An der Spitze der Großfamilie steht ein Oberhaupt, die Sippe hingegen wird von einer Ältestenversammlung geleitet, die für gewöhnlich zugleich die Oberhäupter der

Großfamilien sind. Obwohl wir ein Verzeichnis der israelitischen Stämme und ihrer Sippen im Buch Numeri besitzen (26,5–51), institutionalisierten sie sich erst nach der Landnahme in Kanaan und der Ansiedlung in ihrer neuen Heimat. Diese Institutionalisierung geschah zur Zeit der Richter, zwischen der Landnahme Kanaans im dreizehnten Jahrhundert vor Christus und der Regierungszeit Sauls gegen Ende des elften Jahrhunderts vor Christus: »In dieser Zeit existierte Israel in der Form eines sakralen Bundes der zwölf Stämme, mit einem gemeinsamen Heiligtum als Zentrum.«[2] Deshalb lebte zu jener Zeit jeder Stamm eigenständig in seinem eigenen Land und unter der Führung seiner Ältesten, doch mit einem gemeinsamen spirituellen Zentrum.

Doch bedroht von den Angriffen der Philister, die, in Stadtstaaten organisiert, sich im Kampf um dieselben Gebiete zusammentaten, spürten die Israeliten ebenfalls die Notwendigkeit, sich gemeinsam unter einem Oberhaupt gegen ihre Feinde zu organisieren: »Deshalb versammelten sich alle Ältesten Israels und gingen zu Samuel nach Rama. Sie sagten zu ihm: Du bist nun alt, und deine Söhne gehen nicht auf deinen Wegen. Darum setze jetzt einen König bei uns ein, der uns regieren soll, wie es bei allen Völkern der Fall ist« (1 Samuel 8,4–5). So wählte Samuel Saul, einen Sohn des Kisch, eines wohlhabenden Benjaminiters, und ernannte ihn zum König. Er wurde von allen Stämmen anerkannt, was jedoch die politische Situation keineswegs über Nacht änderte. Denn jeder Stamm regelte wie bisher seine Angelegenheiten für sich, auch Saul, der weiterhin seine Felder bebaute. Dies änderte sich erst, als der Ammoniter Nahasch die Stadt Jabesch belagerte und drohte, Schande über die dort ansässigen Israeliten zu bringen, damit sie sich ihm unterwarfen: »Saul kam gerade hinter seinen Rindern vom Feld her und fragte: Was haben denn die Leute, daß sie weinen? Sie erzählten ihm, was die Männer von Jabesch berichtet hatten. Als Saul das hörte, kam der Geist Gottes über ihn, und sein Zorn entbrannte heftig. Er ergriff ein Gespann Rinder und hieb es in Stücke, schickte die Stücke durch Boten in das ganze Gebiet von Israel und ließ sagen: Wer nicht hinter Saul und Samuel in den Kampf zieht, dessen Rindern soll es ebenso gehen. Da fiel der Schrecken des Herrn auf das ganze Volk, und sie rückten aus wie ein Mann« (1 Samuel 11,5–7).

Obwohl im Krieg gegen die Philister Saul mit Kriegern aus allen zwölf Stämmen Israels kämpfte, behielten die Stämme im Alltag ihre Unabhängigkeit und waren nur vereint in der Anerkennung Sauls als ihres Anführers gegen den Feind. Die Tatsache, daß David nach Sauls Tod als König von Juda und dann, nach dem Tod von Sauls Sohn Ischboschet als König von ganz Israel (die restlichen über Zentralpalästina und Galiläa verstreuten Stämme) anerkannt wurde, deutet darauf hin, daß er zwei verschiedene Stammesverbände unter seiner Herrschaft hatte. In der Zeit des Stammeskönigs David gab es nicht einen Einheitsstaat mit festgelegten Grenzen und einem festen Regierungssystem. Die Daten aus den Annalen Thutmosis' III., die in die biblische Geschichte Davids eingegangen sind, haben, wie wir gesehen haben, einen falschen Eindruck von David als einem Herrscher über ein großes Reich hervorgerufen. Es gibt keinen Beweis dafür, daß es ein politisches System für die Verwaltung eines solch riesigen Reiches gegeben hat, das zu jener Zeit aus Hunderten voneinander unabhängigen Reichen bestand. Weder gab es ein Steuersystem noch eine organisierte Armee zur Bewachung der Grenzen. Die biblische Geschichte Salomos legt den Schluß nahe, daß ein ausgefeiltes politisches System – und damit das Ende der Stammesgesellschaften und die Integration der Bevölkerung in ein politisches Einheitssystem unter der Herrschaft eines Königs und einer Zentralregierung – innerhalb seiner vierzigjährigen Regierungszeit entstand und nach seinem Tod sofort wieder verschwand.

Eine Analyse der Geschichte um Salomo ergibt, daß sie sich stark auf ägyptische Erfahrung stützt. Schon seit 3000 v. Chr. kontrollierte die ägyptische Verwaltung die Aktivitäten in den beiden Reichen Ägyptens. Sie organisierte den königlichen Hof und die Wirtschaft im Namen des Königs, der der offizielle Besitzer des Landes war. Palastbeamte waren für die einzelnen Verwaltungseinheiten verantwortlich. Dort gab es jeweils einen weiteren hohen Beamten, der einen örtlichen Beamtenapparat leitete. Während der Zeit des ägyptischen Großreichs – und insbesondere während der Zeit Thutmosis' III. – wurde das politische System reorganisiert, um den Bedürfnissen der Zeit zu genügen; später wurde es von Amenophis III. weiter ausgebaut. Zu jener Zeit wurde das Reich aus Gründen der Besteuerung in zwölf Verwaltungseinheiten aufgeteilt. Diese Organisation benützte der biblische Erzähler für seine Geschichte über jenen König, den die Welt unter dem Namen Salomo kennt.

DER GROSSE BAUMEISTER

Salomo genießt einen Ruf als wichtiger Schöpfer großartiger Bauten von wahrhaft königlichen Ausmaßen. Er ließ »den Tempel, seinen Palast, den Millo und die Mauern von Jerusalem, Hazor, Megiddo und Geser« (1 Könige 9,15) erbauen; außerdem »das untere Bet-Horon sowie Baala und Tamar in der Steppe ... dazu alle Vorratsstädte, die ihm gehörten, die Städte für die Wagen und ihre Mannschaft und was er sonst in Jerusalem, auf dem Libanon und im ganzen Bereich seiner Herrschaft zu bauen wünschte« (1 Könige 9,17–19). Weitere Hinweise auf die Vielzahl seiner Bauwerke, unter anderem die »Vorratsstädte, die er in Hamat« errichten ließ, finden sich im Zweiten Buch der Chronik (8,4–6). Aus diesen biblischen Erwähnungen läßt sich schlußfolgern, daß Salomo 1. Garnisonen und Befestigungen, 2. den Millo, 3. einen königlichen Palast und 4. einen Tempel erbauen ließ.

GARNISONEN

Es gibt archäologische Funde, die dies für drei der oben genannten Fälle nachweisen: bei Hazor, Megiddo und Geser. Hazor war eine große kanaanäische Stadt im oberen Galiläa, die dem heutigen Tell el-Qidah gleichgesetzt werden kann, das vierzehn Kilometer nördlich des Sees von Galiläa liegt. Diese Stadt war eines der größten Handelszentren im Gebiet des Fruchtbaren Halbmonds, und wir finden Hinweise darauf sowohl in ägyptischen als auch in mesopotamischen Texten, die im achtzehnten Jahrhundert vor Christus entstanden sind. Megiddo, das heutige Tell el-Mutesellim, war die größte der alten befestigten Stadtstaaten Kanaans über dem Jesreel-Tal Zentralpalästinas. Geser in den Ausläufern des Gebirges Juda östlich von Jerusalem war ebenfalls eine wichtige Festungsstadt. Alle drei Stadtstaaten gehören zu den westasiatischen Städten, die Thutmosis III. in der Mitte des fünfzehnten Jahrhun-

derts vor Christus eroberte. Dies bestätigten auch archäologische Funde, die die Zerstörung dieser Städte zu jener Zeit nachweisen.
Außerdem wurden in allen drei Fällen Funde gemacht, die ein halbes Jahrhundert danach, während der Regierungszeit Amenophis' III., großangelegte Rekonstruktionsarbeiten bestätigen. Neue königliche Paläste, Tempel, Wohnbauten und Befestigungswälle wurden errichtet. In jedem Fall wurde ein lokaler Regent ernannt, der dem Pharao Tribut zahlen mußte und dafür die Unterstützung einer ägyptischen Garnison genoß. Ägyptische Funde, so eine Kartusche Amenophis' III., stammen aus jener Zeit; das gleiche gilt für Ausgrabungen in anderen Städten Kanaans, etwa in Bet-Schean, zwischen dem Jesreel-Tal und dem Jordan gelegen, und in Lachisch, ungefähr dreißig Kilometer südöstlich von Aschkalon im südlichen Kanaan. Es gibt auch Belege für den Wohlstand und den Handel dieser Städte. In jener Zeit des vierzehnten Jahrhunderts vor Christus waren diese Städte blühende Metropolen.
Im zehnten Jahrhundert vor Christus jedoch sieht die Sache völlig anders aus. Obwohl wir auch aus dieser Zeit Belege für eine Zerstörung dieser drei Städte haben, müssen – wie bereits oben erwähnt – die Angriffe der Seevölker entlang der gesamten östlichen Mittelmeerküste von Anatolien im Norden bis Ägypten im Süden ins zwölfte Jahrhundert vor Christus datiert werden. Auf diese Welle der Zerstörung folgten zweihundert Jahre später Wiederaufbaumaßnahmen, und zwar in der Mitte des zehnten Jahrhunderts vor Christus. Von dieser, durch archäologische Funde gestützten Chronologie unbeeindruckt, kam Yigael Yadin nach seinen Ausgrabungen in Hazor zu folgendem Schluß: »Auf der Grundlage von Stratographie, Keramik und biblischen Bezügen müssen diese Befestigungsanlagen (in Hazor) in

die Zeit Salomos datiert werden.«[3] Auf welche Beweise stützt er sich dabei?
In Hazor kam er nach Untersuchungen der Schicht XII (also der Zeit nach der Zerstörung der Stadt durch die Seevölker im zwölften Jahrhundert vor Christus) zu dem Schluß, daß nach »einer gewissen Pause am Beginn der Eisenzeit eine kleine Siedlung entstand ... Diese Siedlung, die man nicht als Stadt bezeichnen kann, bestand zum größten Teil aus ... Zelten und Hütten«. Danach folgte eine Schicht, die er der Zeit des Stammeskönigs David zuschrieb und bei der er »keine nachvollziehbaren Bauten« entdeckte. Über die Schicht X schreibt er dann: »Diese Schicht zeigt Hazor als befestigte Stadt. Ihre Hauptcharakteristika sind eine Kasemattenmauer und ein großes Tor mit sechs Kammern, drei auf jeder Seite, und zwei den Durchgang flankierenden Türmen.«[4] Yadin fand ähnliche Konstruktionen in Geser und in Megiddo.
Dies ist ein dürftiger Beweis, auf dem die Zuordnung von Bauten zu einem König gründet, für dessen Existenz wir außerhalb der Bibel überhaupt keinen Beweis besitzen. Es ist deshalb nicht überraschend, daß Yadin keine Inschriften fand – anders als im Fall von Amenophis –, die auf einen König namens Salomo hindeuten, oder sonst irgendein Zeugnis für ein salomonitisches Königreich. Auch findet sich im Alten Testament kein Beweis dafür, daß Salomo eine befestigte Stadt »mit Kasemattenmauern und einem großen Tor mit sechs Kammern, drei auf jeder Seite, und zwei den Durchgang flankierenden Türmen« gebaut hat. Andererseits jedoch haben wir in allen drei Städten Hinweise auf die Philister, auf eine Zeit der Invasion der Seevölker; und zwar in Form von Keramik und Eisenwaren. Wie können wir also sicher sein, daß die Bautätigkeit, die Yadin auf der Grundlage nicht tragfähiger Beweise König

Salomo zuschreibt, nicht in Wirklichkeit ein Versuch der Seevölker war, Hazor wiederaufzubauen, nachdem sie es im zwölften Jahrhundert vor Christus zerstört hatten?

DER MILLO

Wie oben bereits erörtert, gelang es der britischen Archäologin Kathleen Kenyon, die Überreste des Millo (Füllung) freizulegen, der eingefügt worden war, um den oberen Teil des Felsens zu verbreitern – auf dem die alte Festung Jerusalem erbaut wurde –, indem man ihre Grenzen den Hang hinunter nach Osten erweiterte. Es gelang Kathleen Kenyon, die erste Konstruktion des Millo ins vierzehnte Jahrhundert vor Christus zu datieren, in die Zeit Amenophis' III. Für eine Datierung des Millo ins zehnte Jahrhundert vor Christus, jene Zeit, in der Salomo David auf dem Königsthron folgte, wurden hingegen keine Hinweise gefunden.

ANHANG I

DIE KÖNIGIN VON SABA UND DER SEE AUS GLAS

Eine der größten baulichen Leistungen, die Salomo zugeschrieben werden, war der neue Wohnsitz des Königs, der angeblich nach dreizehn Jahren fertiggestellt wurde. Dieser große Palast soll nördlich der Altstadt von Jerusalem und südlich der Tempelanlage gestanden haben, doch nach Salomos Tod wird er nicht mehr erwähnt. Außerdem sind keine Überreste eines derartigen Palastes gefunden worden, obwohl man umfangreiche Grabungen in und um Jerusalem vorgenommen hat. Wenn wir jedoch die biblische Schilderung von Salomos Königspalast mit dem großen Palast Amenophis' III. in Theben vergleichen, wird augenfällig, daß der Bibelerzähler eben diesen Königssitz beschrieben hat.

Aus dem Ersten Buch der Könige 7,2–12 erfahren wir, daß Salomos Palast aus fünf Gebäuden bestand. Diese waren: 1. das Wohnhaus des Königs, 2. das Haus für die Tochter des Pharao, »die er geheiratet hatte«, 3. die Thronhalle, 4. eine Säulenhalle, 5. das Libanonwaldhaus. Die Fundamente bestanden aus wertvollen Steinblöcken, während Balken aus libanesischem Zedernholz das Dach trugen.

Obwohl Theben das Religions- und Verwaltungszentrum Ägyptens war, befand sich bis zur Zeit von Amenophis III. der Hauptwohnsitz des Königs in Memphis am Westufer des Nils, einige Kilometer südlich der Großen Pyramide von Gizeh. Da er über den enormen Reichtum seines Imperiums verfügte und keine Kriege führen mußte, begann Amenophis III. in Theben mit dem Bau einer großen königlichen Anlage. Sein eigener Palast wurde im achten Herrschaftsjahr fertiggestellt, der gesamte Komplex hingegen erst gegen Ende des dritten Jahrzehnts seiner Herrschaft. Die Ägypten-Expedition des New Yorker Metropolitan Museum of Modern Art legte zwischen 1910 und 1920 die Palastanlage frei. Aus dem Resultat dieser Ausgrabungen ist ersichtlich, daß die in der Bibel erwähnten Gebäude lediglich Teile eines größeren Komplexes waren.

DAS WOHNHAUS DES KÖNIGS

»Das älteste und bedeutendste Gebäude, der Palast des Königs, nimmt das südöstliche Viertel des großen Komplexes ein; an der Ostseite angegliedert sind die Küchen, Amtsräume und Vorratskammern.«[1] In diesem Palast befanden sich auch die Räume des königlichen Harems, die mit einem kleineren Palast verbunden waren, in dem die Königin Teje lebte, die Tochter des Obersten Königlichen Verwalters Juja.

DAS HAUS FÜR DIE TOCHTER DES PHARAOS

Wie bereits erwähnt, heiratete Amenophis III. seine Schwester Sitamun, die Tochter von Thutmosis IV., um nach ägyptischer Sitte der rechtmäßige Thronfolger zu werden: »... der große Nordpalast ... scheint der Wohnsitz einer äußerst bedeutenden königlichen Dame, höchstwahrscheinlich der Königin Sitamun, gewesen zu sein. Im westlichen Teil des Gebäudes waren Vorratskammern und Werkstätten untergebracht, und noch weiter westlich befinden sich die Überreste einer Siedlung für Arbeiter.«[2]

DIE THRONHALLE

»Die Empfangsräume bestehen aus einer großen, annähernd quadratischen Halle mit mehreren Reihen hölzerner Säulen und einem Thronpodest, auf das der Eingangskorridor ausgerichtet ist, sowie aus einem zweiten, kleineren Hypostylon mit einem Thronpodest, einem Thronraum und einem Schlafraum.«[3]

DIE SÄULENHALLE

Nördlich des Gesindebereichs »befindet sich der königliche Audienzpavillon, der etwas erhöht über dem angrenzenden Gelände liegt; seine Nordfassade weist einen balkonartigen Vorsprung auf, der in einen tiefergelegenen Kolonnadenhof ragt.«[4] (»Salomo baute die Säulenhalle …, davor eine Halle mit Säulen und einem Vordach« [1 Könige 7,6].)

DAS LIBANONWALDHAUS

Dies war eine »Festhalle, angefertigt für die zweite Seth-Feier von Amenophis III.«[5], ein großes Gebäude mit Säulen, das den nördlichsten Teil der Palastanlage einnahm. Zu diesem Komplex gehörten auch Häuser für andere Mitglieder der Königsfamilie sowie für Hofbeamte und Diener. Genau wie die Bibel sagt, bestanden sämtliche Säulen aus Holz, das aus dem Libanon importiert worden war.

»Die Decke war aus Holzbalken, die auf der Unterseite mit Putzträgern und Putz verkleidet waren. Darauf befanden sich in den Amtsräumen sowie im Schlafzimmer des Pharao Gemälde der geiergestaltigen Schutzgöttin Nechbet. In den anderen Räumen waren die Decken mit Darstellungen von Weinstöcken verziert, die von Rosetten und schachbrettartigen Mustern umrahmt waren, sowie mit Spiralen und Stierköpfen, ähnlich den ägäischen Ornamenten. Nach derselben Technik waren die Fußböden so bemalt worden, daß sie einem Teich mit Papyrus, Lotos und Vögeln glichen.«[6]

Nach Badawys Beschreibung des Bodens im kleineren Hypostylon mit dem Thronpodest ist anzunehmen, daß ein im Koran erzähltes Ereignis, nämlich der Besuch der Königin von Saba bei König Salomo, nur in diesem Raum stattgefunden haben kann: »Der Boden gleicht einem Wasserbecken voller Fische, Wasserpflanzen, schwimmenden Enten, Gänsen und Landvögeln, das mit Papyrus und Pflanzenbeeten eingesäumt ist.« Der Koran berichtet über den Besuch der Königin von Saba: »Gesprochen ward zu ihr: ›Tritt ein in die Burg.‹ Und da sie sie sah, hielt sie sie für einen See und entblößte ihre Schenkel. Er sprach: ›Siehe, es ist eine Burg, getäfelt mit Glas.‹ Sie sprach: ›Mein

Herr, siehe, ich sündigte wider mich selber, und ich ergebe mich mit Salomo Allah, dem Herrn der Welten‹« (Ameisen-Sure, Vers 44).[7]

DER TEMPEL

Die Bibel schildert, wie Salomo auf dem Berg Morija im Norden Jerusalems einen Tempel baute. Angeblich wollte auf diesem seit alters geheiligten Grund Abraham seinen Sohn Isaak auf einem Steinaltar als Opfer darbringen. Später brachte David die heilige Lade hierher, und jener Steinaltar wurde das Allerheiligste von Salomos Tempel. Da an dieser Stelle heute der islamische Felsendom steht, ist es nicht möglich, hier Grabungen vorzunehmen und nach Salomos Schrein zu suchen. Was deutet dennoch darauf hin, daß Amenophis III. der König war, der Salomos Tempel erbaute?

Der Tempelbau wird im sechsten Kapitel des Ersten Buchs der Könige geschildert. Wir erfahren, daß das Gotteshaus ein rechteckiges, nach Osten ausgerichtetes Gebäude mit einem Vestibül oder einer Vorhalle war. In dieser wurden zwei freistehende Säulen errichtet; die auf der Südseite nannte man Jachin, die auf der Nordseite Boas. Dahinter lag der Hauptraum des Heiligtums, der lediglich kleine Fenster unter dem Dach hatte und ringsum von einem dreistöckigen Anbau mit Kammern umgeben war. Im hinteren Teil des Tempels schließlich befand sich das Allerheiligste, ein quadratischer, fensterloser Raum, in dem die Bundeslade untergebracht war. Angeblich begann Salomo mit den Bauarbeiten in seinem vierten Herrschaftsjahr und schloß sie im elften Jahr seiner Regierungszeit ab.

Man weiß, daß Amenophis III. zahlreiche Tempel erbauen ließ, und zwar sowohl in Ägypten als auch in Kanaan. Er begann mit seiner Bautätigkeit im zweiten Regentschaftsjahr. Zu Ehren der verschiedenen Götter (einschließlich ihn selbst) errichtete er einen Tempel in Hermiopolis gegenüber von Amarna, zwei in Karnak, drei in Nubien, den großen Tempel in Luxor, den Totentempel nördlich seiner Palastanlage in West-Theben sowie zahlreiche Tempel in all den kanaanäischen Städten, in denen ägyptische Truppen stationiert waren. Zwar sind keine Überreste von dem Totentempel in West-Theben gefunden worden, doch zwei Statuen des sitzenden Königs, die den Eingang des Tempels flankierten, sind erhalten geblieben. Wie den beiden Säulen vor Salomos Tempel, so hatte man auch diesen Namen gegeben. Die nördliche Statue wurde als Memnon-Koloß bekannt, eine Bezeichnung, die auf Besucher aus dem antiken Griechenland zurückgeht. Links von dieser Statue befindet sich eine kleinere Darstellung der Königsmutter, der Königin Mutemuja, rechts davon steht seine Frau, die Königin Teje. Aus dem oberen Teil der Statue drang, wenn sich der Stein erwärmte, ein fein klingender Ton, was daher rührte, daß sie bei einem Erdbeben im Jahre 23 n. Chr. beschädigt wurde und einen Sprung hatte. Die südliche Statue hieß Herrscher der Herrscher und hatte eigene Priester.

Auf der als »Israelstele« bekannten Säule, die aus diesem Tempel stammte und auf der später Merenptah den in seinem fünften Herrschaftsjahr geführten Krieg gegen Libyen beschrieb, befinden sich auch Originalinschriften von Amenophis III.; er bezeichnete den Tempel als »eine immerwährende Festung aus Sandstein, über und über mit Gold verziert, mit silberglänzenden Böden und sämtlichen Eingängen aus Elektrum (einer Silber-Gold-Legierung). Sie ist breit und sehr lang, geschmückt für die Ewigkeit und festlich angetan mit dieser außerordentlich großen Stele. Königliche Statuen aus Granit, Quarzit und kostbaren Steinen, gemacht für die Ewigkeit, vergrößern [den Tempel]. Sie sind höher als die Himmel: Ihre Strahlen sind in den Gesichtern der Menschen wie die aufgehende Sonne ... Die Werkstätten [des Tempels] sind voller Sklaven und Sklavinnen, den Kindern von Oberhäuptern aller Länder, die meine Majestät erobert hat. Seine Lagerhäuser sind mit unermeßlichen Reichtümern angefüllt. Er ist umgeben von den Dörfern der Syrer, bevölkert von den Kindern von Oberhäuptern; sein Vieh ist zahlreich wie der Sand am Meer, Millionen über Millionen.«[8]

So wie beim Tempel des Salomo, der nach den Angaben der Bibel aus großen Mengen kostbarer Materialien erbaut wurde, wurden auch bei den Tempeln von Amenophis III. neben dem Zedernholz aus dem Libanon verschiedenste Edelmetalle verwendet: »Die schriftlich belegten Mengenangaben für die Metalle und Edelsteine, die im Montu-Tempel (einem Tempel in Karnak) verbaut wurden, sind erstaunlich: 2,9 Tonnen Elektrum, 2,25 Tonnen Gold, 832 Tonnen Kupfer, 567 Kilogramm Lapislazuli, 98 Kilogramm Türkis, 1,35 Tonnen Bronze und über 9 Tonnen Blattkupfer (?). Das war der Ertrag dessen, was Ägypten in ein Weltreich investiert hatte!«[9]

Wenn man den Grundriß des Tempels Salomos, der in der Bibel beschrieben wird, mit verschiedenen Typen ägyptischer Tempel vergleicht, lassen sich einige Ähnlichkeiten erkennen: »Dieser Grundriß erinnert stark an den dreiteiligen Grundriß der ägyptischen Kulttempel im Neuen Reich. Die baulichen Merkmale, etwa die Holzvertäfelung im Inneren, eine mit Türmen flankierte vordere Vorhalle sowie die Kerubim, scheinen typisch für einen ägyptisierenden Stil zu sein.« [10] Die Kerubim wurden als Schutzfiguren angesehen, die man für gewöhnlich in ägyptischen Tempeln findet, und in Salomos Tempel in Jerusalem wurde die Bundeslade angeblich unter den ausgebreiteten Flügeln der Kerubim aufgestellt.

Obwohl der Tempel Salomos den ägyptischen Tempeln in wesentlichen Elementen ähnelt, so weist er doch auch einige nicht-ägyptische Bestandteile auf.

Eissfeldt meint: »Die Hypothese, ägyptische oder assyrische Tempel könnten den Phöniziern – und über diese auch dem Bauwerk Salomos – als Vorbild gedient haben, schien voll und ganz gerechtfertigt.« Er fährt jedoch fort: »Ein ägyptischer Tempel in Betschean, der aus dem vierzehnten Jahrhundert vor Christus stammt (der Zeit Amenophis' III.), entspricht dem Tempel des Salomo.«[11]

Daß Amenophis III. in fast jeder kanaanäischen Stadt, in der sich eine ägyptische Garnison befand, einen Tempel baute, haben Ausgrabungen in Hazor, Betschean, Lachisch, Megiddo und Gezer bewiesen. Yadin berichtet folgendes über den aus dem vierzehnten vorchristlichen Jahrhundert stammenden Tempel bei Hazor: »Der Tempel bestand im wesentlichen aus drei Bauten, die in nordsüdlicher Ausrichtung hintereinander angelegt waren, und die Eingänge zu den jeweiligen Räumen lagen auf einer Achse.

Die Vorhalle: Sie befindet sich auf der Südseite des Tempels, was die wichtigste Neuerung in den (Bauplänen der) früheren (Tempel auf demselben Gelände) darstellte. Die Vorhalle ist etwas schmaler als der Hauptraum und diente als eine Art Eingangshalle zum eigentlichen Tempel. Doch im Unterschied zur Schicht 2 war sie direkt mit dem Hauptgebäude verbunden. (Auf jeder Seite des Eingangs zur Vorhalle befand sich ein Basaltorthostat [eine Standfigur] mit einem Löwenrelief).

Der Hauptraum: Dieser war in den Grundzügen identisch mit der Vorhalle des früheren Tempels.
Das Allerheiligste: Es stellte einen breiten Raum dar, ähnlich dem des früheren Tempels, und hatte eine rechteckige Nische in der Nordmauer. In der Mitte des Raums befanden sich die Sockel zweier Säulen, die das Dach trugen. Vom Grundriß her ähnelt dieser Tempel ... dem Tempel Salomos.«[12]
Archäologische Funde belegen also, daß zur Zeit von Amenophis III. in Kanaan mehrere Tempel gebaut wurden, die dem biblischen Tempel Salomos gleichen. Daß die Gottheit in einer Lade getragen wurde, die im Allerheiligsten des Tempels aufbewahrt wurde, ist eine durch und durch ägyptische Sitte. Die Bewachung der Bundeslade durch die beiden Kerubim, die ihre Flügel darüberbreiteten, entspricht der Schutzfunktion des geflügelten Gottes Horus, der in allen ägyptischen Tempeln als Beschützer des heiligen Wesens in Erscheinung trat. Die beiden Säulen oder Bildnisse am Tempeleingang weisen auf die rein ägyptische Vorstellung hin, daß das spirituelle Element zweigeteilt wird und man dazwischen hindurchgehen muß, um zum inneren Element zu gelangen.
Aus den Amarna-Briefen, von denen sechs Schreiben des Jerusalemer Königs Abdi-Kheba an Amenophis III. gerichtet sind, geht hervor, daß eine nubische Garnison in Jerusalem stationiert war. Sie befand sich im südöstlichen Teil des heiligen Hochlands des Berges Morija, wo man Überreste dessen fand, was man für Stallungen des Salomo hielt. Tatsächlich gehörten sie den berittenen Truppen von Amenophis III. Die einzig mögliche Schlußfolgerung lautet, daß in Jerusalem, wie in vielen anderen Garnisonsstädten auch, ein Tempel gebaut wurde, für den als Bauplatz nur der Berg Morija in Frage kam – jener Ort, an dem heute der

Felsendom steht, wurde damals von den Einheimischen als heilige Stätte verehrt, und hier hatte Thutmosis III., der Urgroßvater von Amenophis III., die Lade des ägyptischen Gottes aufbewahrt.

Zusammenfassend läßt sich sagen, daß es historische und archäologische Belege für Bauten gibt, die aus der Herrschaftsperiode von Amenophis III. stammen und mit dem Bauwerk übereinstimmen, welches Salomo zugeschrieben wird. Doch nichts spricht dafür, daß dieses Bauwerk auf das zehnte vorchristliche Jahrhundert, in dem Salomo angeblich regierte, zu datieren ist.

ANHANG J

DIE WEISHEIT SALOMOS

Um ein Reich beherrschen zu können, das sich von Ägypten bis zum fernen Euphrat erstreckte, war ein komplexes Steuer- und Verwaltungssystem erforderlich.

STEUERN

Nahezu alle Wissenschaftler stimmen darin überein, daß das Steuersystem, welches laut Bibel von Salomo eingeführt wurde, genau mit jenem System übereinstimmt, das in Ägypten zur Zeit des großen Reiches gültig war. Von dessen ersten Anfängen an war es üblich, daß sämtliche Produktionszweige einen Teil ihrer jährlichen Erzeugnisse als Steuerzahlung abgaben. Da der Pharao als Besitzer des Landes galt, war er es auch, der diese Steuer auf die verschiedenen Institutionen des Staates – wie zum Beispiel Tempel, Paläste, Garnisonen – verteilte.
Nachdem Thutmosis III. das neue ägyptische Reich gegründet hatte, waren auch Fremde, die sich innerhalb seiner Grenzen aufhielten, gezwungen, dieselbe Steuer zu zahlen. Wie wir gesehen haben, war zu diesem Zweck das gesamte Reich, einschließlich Ober- und Unterägyptens, in zwölf Gebiete unterteilt worden. Jedes dieser Gebiete unterstand einem hohen Beamten, und es wurde erwartet, daß es genügend Steuern entrichtete, um damit den Bedarf

des Landes für einen Monat des Jahres zu decken. Die Ähnlichkeit zwischen dieser Regelung und dem System, das angeblich von Salomo eingeführt wurde, ist erstaunlich: »Auch Salomo teilte ein bestimmtes Gebiet in zwölf Distrikte ein und verlangte von jedem, daß er Lebensmittel und Material für einen Monat des Jahres lieferte. Wie im Falle der ägyptischen *htr* (Steuer) hatten die Abgaben, die den Israeliten auferlegt wurden, den Zweck der Unterhaltsdeckung: ›Salomo hatte zwölf Statthalter für ganz Israel, die den König und sein Haus versorgten. Je einen Monat im Jahr hatte ihn jeder zu versorgen‹ (1 Könige 4,7) ... ›Jene Statthalter, jeder in seinem Monat, versorgten den König Salomo und alle, die zu seinem Tisch Zutritt hatten‹ (1 Könige 5,7) ... Und ebenfalls wie die Ägypter verwendete auch Salomo die Abgaben dazu, seine Garnisonen mit Vorräten zu beliefern ... Die Versorgung der Garnisonen mit Hilfe der jährlichen *htr* (Abgabe) war zur Zeit des ägyptischen Reiches in Palästina üblich ... Höchstwahrscheinlich bediente sich Salomo bewußt dieser bekannten ägyptischen Steuererhebung, um die Organe seiner Zentralregierung mit Bedarfsgütern zu versorgen.«[1] Die biblischen Aussagen über die Steuerabgaben unter Salomo stammen in der Tat unmittelbar aus ägyptischen Quellen, die sich auf die Zeit des großen Reiches und Amenophis III. beziehen.

BÜROKRATIE

Das Oberhaupt der vereinigten Stämme Israels hätte zur Ausübung seiner Amtsgeschäfte keiner umfangreichen Bürokratie bedurft. Von Saul heißt es lediglich, er habe

Abner als Befehlshaber seiner Armee gehabt. Doch um den administrativen Aufgaben eines großen Reiches gewachsen zu sein, benötigten sowohl König David als auch Salomo eine hochentwickelte Verwaltung. Das plötzliche Auftreten einer solchen Verwaltung in der israelitischen Gesellschaft entbehrte jeglicher Grundlage in der Vorgeschichte Israels und veranlaßte daher die Wissenschaftler, ihren Ursprung im Ausland zu suchen: »Des öfteren ist angenommen worden, daß unter David und Salomo die Hofämter teilweise nach dem Vorbild der königlichen Verwaltung in Ägypten gestaltet wurden.«[2]

Die Namen der Hofbeamten Davids sind im Zweiten Buch Samuel 8,16–18 und 20,23–26 zu finden, diejenigen Salomos im Ersten Buch der Könige 4,2–6. Im Falle Salomos tauchen in der Liste der Beamten die Priester, die Schreiber, der Befehlshaber der Armee, der Palastvorsteher und ein Aufseher über die Fronarbeiten auf. All diese neuen Ämter ähneln denjenigen, die Thutmosis III. und Amenophis III. einführten.

Selbst die Zwangsarbeit für die Bauprojekte des Königs soll erstmals Salomo sowohl für gebürtige Israeliten als auch für Fremde eingeführt haben: »König Salomo ließ Leute aus ganz Israel zum Frondienst ausheben. Dieser umfaßte 30 000 Fronpflichtige« (1 Könige 5,13). Die Zahl der höheren Beamten spricht dafür, daß es eine große Anzahl von Beamten niedrigeren Ranges gab. Im Ersten Buch der Könige 9,23 ist allein von fünfhundertfünfzig Beamten die Rede, die die Arbeit überwachten. Die Verwandtschaft zwischen Salomos Hofämtern und dem altägyptischen System liegt auf der Hand. Es heißt, David, der Vorgänger Salomos, habe seine Verwaltung zumindest teilweise nach ägyptischem Vorbild gestaltet. Ein Autor hat sogar ausdrücklich darauf hingewiesen: »Einer seiner Beamten hatte

einen ägyptischen Namen (Schischa, 1 Könige 4,3) und war vermutlich Ägypter.«[3]
Wie in allen anderen Fällen auch war die Ähnlichkeit zwischen der staatlichen Organisation unter den Königen David und Salomo und der Ägyptens nicht darauf zurückzuführen, daß sie sich an einem fremden System orientierten, sondern eine Folge der Vermischung der ursprünglichen Quellen mit späteren Überlieferungen aus der Zeit nach der Vereinigung der Stämme.

DAS GEHEIMNIS ZADOKS

Eine geheimnisvolle Gestalt ist der Priester Zadok, der Salomo von Anfang an stark unterstützte und dann den Platz Abjatars als Hohepriester des neuen Tempels in Jerusalem einnahm: »Die Gestalt Zadoks hat immer das Interesse der alttestamentlichen Forscher erregt, und die Frage seiner Abstammung ist nie richtig gelöst worden. Er taucht plötzlich neben Abjatar unter der Jerusalemer Priesterschaft zur Zeit Davids auf, doch das Alte Testament liefert keinerlei verläßliche Informationen darüber, woher er kam.«[4]
Aufgrund seiner zweifelhaften und unklaren Abstammung wird die Lage noch komplizierter: »Ihm werden zwei verschiedene Abstammungslinien zugeschrieben, doch eine davon ist fast mit Sicherheit eine Textfälschung, die andere eine fromme Erfindung aus späterer Zeit. Denn während im Zweiten Buch Samuel 8,17 erklärt wird, er sei der Sohn Ahitubs und somit offensichtlich der Familie Elis zugehörig, heißt es im Ersten Buch der Chronik 24,23, er gehöre dem Hause Eliazars an ... und im Ersten Buch der

Chronik 5,30–34 (und) 6,35-38 bekommt er schließlich einen vollständigen Stammbaum, der bis zu Aaron zurückreicht.«[5]

Zadok wurde während der Regierungszeit Salomos zum Hohepriester ernannt, und seine Nachfolger hatten dieses Amt bis zur Zeit des babylonischen Exils inne. Doch ist mehrfach der Verdacht geäußert worden, daß er möglicherweise nicht aus Israel stammte: »Ich glaube ... man muß in Zadok den vordavidischen Priester des Jebusiterschreins in Jerusalem sehen«, schrieb der einflußreiche Harold Henry Rowley[6], an dem sich zahlreiche Bibelwissenschaftler orientierten, wenn es um die Identifizierung Zadoks ging: »Es wird angenommen, daß Zadok ein Fremder war ..., der von David der Priesterschaft Jahwes zugeführt wurde.«[7]

Wir haben also die Situation, daß es zwar im Buch Levitikus heißt, die Familie Aarons sei von Mose in das Priesteramt berufen worden, nun aber Salomo dieses Amt einem völlig Fremden und seiner Familie gegeben haben soll. Sobald man aber Salomo mit Amenophis III. gleichsetzt, bietet sich wie von selbst eine plausible Erklärung hierfür an. Einer der wichtigsten Beamten des Königs war Juja, Stellvertreter Seiner Majestät bei den Wagenlenkern, der durch die Ehe des Königs mit Teje auch dessen Schwiegervater war. An anderer Stelle[8] habe ich Juja als Josef den Patriarchen identifiziert, der die Israeliten nach Ägypten brachte.

Im Babylonischen Talmud wird nun Josef an einer Stelle Zadok (der Gerechte) genannt, und dieselbe Bezeichnung, bei der das äquivalente Wort *siddiq* gebraucht wird, ist auch im Koran zu finden, und zwar an jener Stelle, als der Pharao ihn bittet, seinen Traum über die sieben guten Jahre, denen sieben magere Jahre folgen würden, zu deuten (Sure XII,

V. 46). An wieder anderer Stelle[9] habe ich Argumente für die beiden folgenden Abstammungslinien vorgebracht:

Josef der Patriarch	Josef der Patriarch
Teje	Eje
Mose (Echnaton)	Aaron

Ich habe des weiteren darauf hingewiesen, daß Mose und Aaron keine wirklichen Brüder waren, wie das Alte Testament es nahelegt, sondern »Milchbrüder«, wie es bis heute Brauch bei den Beduinen ist: Ejes Frau, die Königin Tej (nicht zu verwechseln mit Königin Teje), stillte sowohl Mose als auch ihren eigenen Sohn. So konnte Zadok zur Zeit Salomos als Josef der Patriarch identifiziert werden, als der große Vorfahre der Aaroniter, die folglich auch ordnungsgemäß das Priesteramt innehatten.

DIE SALOMONISCHE WEISHEIT

In der Bibel wird Salomo als außerordentlich weise beschrieben: »So übertraf Salomo alle Könige der Erde an Reichtum und Weisheit« (1 Könige 10,23). Doch wie wir noch sehen werden, erhärtet auch dieses Attribut nur die Hypothese, daß er mit Amenophis III. gleichzusetzen ist.
Zweifellos die bekannteste Geschichte über die Weisheit Salomos ist der Streit zwischen zwei Müttern um ein Kind, der im Ersten Buch der Könige 3,16–28 beschrieben wird. Beide Frauen, die im selben Haus lebten, brachten einen Jungen zur Welt. Doch einer der beiden Säuglinge starb, und jede der beiden Frauen behauptete, das überlebende Kind gehöre ihr, bis sie schließlich ihren Fall vor den König

brachten. Daraufhin befahl Salomo, das Kind mit einem Schwert entzweizuschneiden und jeder Frau eine Hälfte zu geben. So konnte augenblicklich festgestellt werden, wer die richtige Mutter war, denn diese versuchte, das Leben des Jungen zu retten, indem sie bat, er möge der anderen Frau gegeben werden.

Man kann nur schwerlich glauben, daß der König, der berufsmäßige Richter und Beamte hatte, sich persönlich in einen derartigen Streit zweier Frauen einmischte, die in der Bibel als Dirnen bezeichnet werden. Die Anregung für diese Geschichte liegt, wie ich glaube, in den Ereignissen um die Geburt Moses, der, wie ich bereits ausgeführt habe, der Sohn Amenophis' III. war. Sowohl aus der Bibel wie auch aus dem Koran geht klar hervor, daß das Leben des Kindes von Geburt an durch den Pharao bedroht war. Im Koran heißt es, Mose, der in einem Korb auf dem Wasser ausgesetzt worden war, sei von den Wächtern des Pharao an Land geholt worden, und die Frau des Pharaos, die nicht zu erkennen gab, daß sie die Mutter des Kindes war, bat darum, das Leben des Knaben zu schonen. Erst als der König befahl, das Kind zu töten, offenbarte sie ihm ihre Mutterschaft und gab den Säugling der königlichen Amme, die ihn in ihre Obhut nehmen und verbergen sollte. Die Tatsache, daß der König in einem solchen Fall persönlich zu Gericht saß, weist auch darauf hin, daß wir es mit zwei Frauen zu tun haben, die beide im königlichen Palast lebten: seine Frau, Königin Teje, die Mutter Moses (Echnatons), und Tej, deren Amme, die bereits seine Schwester Nofretete stillte.

Salomo gilt auch als Autor des Buches der Sprichwörter und der Weisheit: »Es steht außer Frage, daß der König tatsächlich der Verfasser der Bücher der Sprichwörter, der Weisheit und der Psalmen war: ... warum sonst wurde sein

Name damit in Verbindung gebracht? In welchem Verhältnis steht dieses Bild von Salomos Weisheit, seiner geistigen Brillanz und literarischen Produktivität, zu der ganz anderen Deutung – nämlich daß seine Weisheit sich in scharfsichtiger Rechtsprechung ausgedrückt habe – in der berühmten Geschichte vom Traum in Gibeon?«[10]

Bei seinem Versuch, den möglichen historischen Ursprung dafür zu finden, daß Salomo oder seinem Hof die Weisheitsliteratur zugeschrieben wurde, fährt der Autor R. B. Y. Scott fort: »Die Gründe liegen wohl in den bekannten Verbindungen des Königs zum ägyptischen Hof, wo die Weisheitsliteratur spätestens seit den Tagen des Mittleren Königreichs in Blüte stand ... Sicherlich muß man davon ausgehen, daß die Behauptung ... Salomo (oder sein Hof) sei wegen der nach ägyptischem Vorbild geschaffenen Weisheitsliteratur berühmt gewesen, vom historischen Standpunkt her nicht unwahrscheinlich ist.«[11] Auch John Bright bestätigt dies: »Daß Teile des Buches der Sprüche ... auf das ägyptische Weisheitsbuch des Amen-em-ophe (Amenophis' III.) ... zurückgehen, ist eine bekannte Tatsache.«[12]

AUSLÄNDISCHE FRAUEN UND FREMDE GÖTTER

Doch »König Salomo liebte neben der Tochter des Pharao noch viele andere ausländische Frauen: Moabiterinnen, Ammoniterinnen, Edomiterinnen, Sidonierinnen, Hethiterinnen. Es waren Frauen aus den Völkern, von denen der Herr den Israeliten gesagt hatte: Ihr dürft nicht zu ihnen gehen, und sie dürfen nicht zu euch kommen; denn sie

würden euer Herz ihren Göttern zuwenden. An diesen hing Salomo mit Liebe« (1 Könige 11,1–2).
»Als Salomo älter wurde, verführten ihn seine Frauen zur Verehrung anderer Götter, so daß er dem Herrn, seinem Gott, nicht mehr ungeteilt ergeben war wie sein Vater David. Er verehrte Astarte, die Göttin der Sidonier, und Milkom, den Götzen der Ammoniter« (1 Könige 11,4–5).
Diese Ereignisse können wohl kaum mehr Bestätigung erfahren als durch die historischen Zeugnisse, die uns über die Regierungszeit Amenophis' III. vorliegen. Obwohl es viele Hinweise dafür gibt, daß er zum Glauben an Aton, den monotheistischen Gott der Amarna-Könige, bekehrt wurde, verehrte er auch andere Götter. Gegen Ende seines Lebens litt er an schweren Zahnerkrankungen, wie seine Mumie zeigt, denn die Zähne waren stark beschädigt und das Zahnfleisch von Abszessen übersät. Dies könnte der Grund dafür gewesen sein, daß Tuschratta von Mitanni, der Schwager von Amenophis III., ihm in dessen 35. Regierungsjahr ein Bildnis seiner Göttin Astarte schickte.

So gehörten also sowohl Thutmosis III., der historische König David, als auch sein Großenkel Amenophis III., der in der Bibel als König Salomo Berühmtheit erlangte, zu den ägyptischen Königen der Achtzehnten Dynastie, die vier bis fünf Jahrhunderte früher regierten, als die vorliegende Fassung des Alten Testaments uns glauben machen will. Gleichzeitig wurden sie chronologisch falsch eingeordnet, und zwar in die Epoche, die nicht nur auf den Exodus, sondern auch auf die Ansiedlung im Gelobten Land folgte.
Aufgrund dessen wird ersichtlich, warum trotz der eifrigen Bemühungen von Bibelwissenschaftlern, Historikern und Archäologen kein einziges Zeugnis gefunden wurde,

welches die sogenannte Zeit der Vereinigten Königsherrschaft von David und Salomo belegt. Das Fehlen eines derartigen Beweises bedeutet nicht, daß es sich bei den beiden nicht um historische Figuren handelt, sondern nur, daß die Wissenschaftler sich durch die vorliegende Form, in der die biblischen Überlieferungen präsentiert wurden, täuschen ließen und ihr Beweismaterial in der falschen Epoche gesucht haben.

CHRONOLOGIE

ca. 1480 v. Chr.:

Abraham und seine Frau Sara brachen von Kanaan nach Ägypten auf, wo er sie als seine Schwester ausgab. Pharao Thutmosis III. (David) (ca. 1490–1436 v. Chr.) heiratete sie. Als er erfuhr, daß Sara die Frau eines anderen Mannes war, schickte er sie und Abraham zurück nach Kanaan, wo sie Isaak, den Sohn des Pharao, zur Welt brachte.

ca. 1413 v. Chr.:

Josef der Patriarch (Juja) – der Enkel Isaaks und Sohn Jakobs – wurde in den letzten Tagen der Regierungszeit von Amenophis II. (ca. 1436–1413 v. Chr.) von seinen eifersüchtigen Halbbrüdern in die Sklaverei nach Ägypten verkauft.
Später wurde er Minister am Hofe von Thutmosis IV. (ca. 1413–1405 v. Chr.) und von dessen Sohn und Nachfolger Amenophis III. (Salomo) (ca. 1405–1367 v. Chr.).

ca. 1405 v. Chr.:

Amenophis III. heiratete seine minderjährige Schwester Sitamun, um den Thron zu erben, wie es ägyptische Sitte war; doch kurz darauf heiratete er Teje, die Tochter des Josef, und machte sie statt Sitamun zu seiner Großen Königlichen Gemahlin (Königin).
In den ersten Jahren der Regierungszeit Amenophis' III. erhielt Josef die Erlaubnis, seinen Vater Jakob, seine

Halbbrüder und den übrigen Stamm Israel aus Kanaan nachzuholen, und sie siedelten sich in Goschen im Ostdelta an.

ca. 1394 v. Chr.:
Echnaton (Mose) kam in der befestigten Grenzstadt Zarw zur Welt. Da er als Sohn eines ägyptischen Königs, Amenophis' III., und der Königin Teje, Josefs Tochter, ägyptisch-israelischer Abstammung war, stellte er eine Bedrohung der Achtzehnten Dynastie dar. Deshalb hatte sein Vater den Hebammen den Befehl gegeben, das Kind zu töten, falls es ein Junge sei. Als Teje das erfuhr, gab sie ihren Sohn in die sichere Obhut ihrer israelitischen Verwandten im nahegelegenen Goschen, das durch ein Gewässer mit Zarw verbunden war.

ca. 1382 v. Chr.:
Echnaton, gerade zwölf oder dreizehn Jahre alt, machte seinen ersten offiziellen Besuch in Theben, der Hauptstadt Oberägyptens.

ca. 1379 v. Chr.:
Echnaton wurde Mitregent seines Vaters. Um ihrem Sohn auch weiterhin das Thronrecht zu sichern, arrangierte Teje die Ehe mit seiner Halbschwester Nofretete, der Tochter Sitamuns, der eigentlichen Thronerbin.

ca. 1375 v. Chr.:
Als Echnaton für seinen monotheistischen Gott Aton in Karnak und Luxor Tempel erbauen ließ, kam es zu derartigen Feindseligkeiten, daß er auf Anraten seiner Mutter, der Königin Teje, eine neue Hauptstadt in Tell

el-Amarna gründete, die etwa auf halbem Weg zwischen Theben und dem heutigen Kairo liegt.

ca. 1367 v. Chr.:
Nach dem Tod seines Vaters wurde Echnaton der alleinige Herrscher und schloß die Tempel der alten ägyptischen Gottheiten. Dies führte zu zunehmendem Unmut, so daß er schließlich im Jahr 1363 v. Chr. gezwungen war, seinen Bruder Semenchkare als Mitregenten einzusetzen.

ca. 1361 v. Chr.:
Von seinem Onkel Eje (Efraim und Josef von Arimatäa) gewarnt, daß sein Leben in Gefahr sei, verzichtete Echnaton auf den Thron und floh mit einer Handvoll Anhänger nach Sinai. Unter seinen Gefolgsleuten befand sich Panehesi (Phineas, Pinchas), einer der Priester Atons in Amarna. Semenchkare überlebte Echnatons Abdankung nur um wenige Monate. Sein Nachfolger auf dem Thron wurde dann Echnatons Sohn Tutanchamun.

ca. 1361 v. Chr.:
Tutanchamun (Jesus) kam im Alter von zehn Jahren als Tutanchaton auf den Thron. Er versuchte, einen Kompromiß zwischen Aton und den alten ägyptischen Gottheiten zu finden, und in seinem vierten Regierungsjahr änderte er seinen Namen von Tutanchaton in Tutanchamun.

ca. 1352 v. Chr.:
Tutanchamun brach nach Sinai auf, um Echnatons Anhänger zu überreden, wieder nach Ägypten zurückzu-

kehren und dort in Frieden zu leben. Allerdings sollten sie akzeptieren, daß es unterschiedliche Vorstellungen von Gott und seiner Verehrung gibt. Er wurde am Vorabend des Paschafestes, im April, von dem Priester Panehesi gefoltert und gehängt, da man ihn als Verräter am Glauben betrachtete.
Eje, der zweite Sohn Josefs und der mächtigste Mann jener Zeit in Ägypten, verlangte die Herausgabe des Leichnams Tutanchamuns und bestattete ihn im Tal der Könige.

ca. 1352 v. Chr.:
Eje regierte vier Jahre lang, dann kam er auf mysteriöse Weise ums Leben.

ca. 1348 v. Chr.:
Auf Eje folgte Haremhab auf dem Thron, der biblische Pharao, der den Israeliten Frondienste auferlegte, ein Armeegeneral, der sich durch die Heirat mit Königin Nofretetes Schwester Mutnesmet das Thronrecht gesichert hatte.

ca. 1335 v. Chr.:
Mit dem Tod Haremhabs kam eine neue, die Neunzehnte Dynastie, an die Macht. Sein hochbetagter Wesir, Ramses I., der König, der »Josef nicht kannte«, folgte ihm auf dem Thron. Als Echnaton davon erfuhr, kehrte er aus dem Sinai nach Ägypten zurück und versuchte, den Thron zurückzugewinnen. Er scheiterte jedoch, da Ramses I. die Macht über die Armee besaß. Dann führte er die Israeliten in die Wüste (Exodus).

ca. 1333 v. Chr.:

Als Sethos I. nach seinem Vater auf den Thron kam, nahm er die Verfolgung der Israeliten und deren Verbündeter, der Schasu, auf. Der Grund dafür war mit größter Wahrscheinlichkeit die Tatsache, daß Echnaton – entweder kraft seiner Autorität oder mit Gewalt – in den militärisch geschützten Siedlungen der Ägypter im Sinai Wasser für seine Begleiter zu erhalten suchte. Echnaton starb in der darauffolgenden grausamen Schlacht.

ANMERKUNGEN

BUCH EINS: DER ROTE FADEN

Kapitel 1: Der Skandal der Schriftrollen vom Toten Meer

1. Dupont-Sommer, *The Jewish Sect of Qumran and the Essenes*, S. 150.
2. *The Journal of Jewish Studies II*, Nr. 2, S. 67–99.
3. Burrows, *The Dead Sea Scrolls*, S. 330.
4. Allegro, *The Sacred Mushroom and the Cross* [dt.: *Der Geheimkult des heiligen Pilzes*].
5. Mowry, *The Dead Sea Scrolls and the Early Church*, S. 1.
6. Baigent und Leigh, *The Dead Sea Scrolls Deception* [dt.: *Verschlußsache Jesus*, S. 135].

Kapitel 3: Stumme Zeugenschaft

1. Smith, *Jesus Not a Myth*, S. 15.
2. Flavius Josephus, *Jüdische Altertümer*, S. 525–526.
3. Ibid., S. 526.
4. Ibid., S. 515.
5. Smith, *Jesus Not a Myth*, S. 16f.
6. Bruce, *Jesus and Christian Origins Outside the New Testament*, S. 42.
7. Flavius Josephus, *Jüdische Altertümer*, S. 667.

Kapitel 4: Ein schädlicher Aberglaube

1. Couchoud, *The Enigma of Jesus* [frz. Orig.: *Mystère de Jesus*, Paris 1924].
2. Ibid.

Kapitel 5: Der Nazoräer

1. Baigent und Leigh, *The Dead Sea Scrolls Deception*, S. 174 [dt.: *Verschlußsache Jesus*, S. 220].
2. Black, *The Scrolls and Christian Origins*, S. 69.

Kapitel 6: Ein anderer Ort, eine andere Zeit

1. beispielsweise b. Gitt., 56b.
2. Ali (Übers.), *The Meaning of the Glorious Quran*, S. 421.

Kapitel 7: Der Mensch, der von Gott gesandt war

1. Whiston (Übers.), *The Works of Flavius Josephus*, S. 616 [dt.: Flavius Josephus, *Der Jüdische Krieg, De bello Judaico*, S. 171].
2. Ibid., S. 491.
3. Herford, *Christianity in Talmud and Midrash*, S. 347.
4. Whiston (Übers.), *The Works of Flavius Josephus*, S. 543–4 [dt.: Flavius Josephus, *Der Jüdische Krieg, De bello Judaico*, S. 190].
5. Ibid., S. 484.
6. Baigent und Leigh, *The Dead Sea Scrolls Deception*, S. 132 [dt.: *Verschlußsache Jesus*, S. 170–171].

Kapitel 8: Der leidende Gottesdiener

1. North, *The Suffering Servant in Deutero-Isaiah*, S. 24.
2. Ibid., S. 25.

Kapitel 9: Das Leben nach dem Tod

1. North, *The Suffering Servant in Deutero-Isaiah*, S. 54.
2. Sigmund Freud, *Der Mann Mose und die monotheistische Religion*, Frankfurt/Main 1960, S. 113.
3. Wells, *Did Jesus Exist?*, S. 66.
4. Brandon, *Myth, Ritual and Kingship*, S. 275.

5. Apuleius, *Der Goldene Esel.*
6. North, *The Suffering Servant in Deutero-Isaiah*, S. 70.
7. Dupont-Sommer, *The Essene Writings from Qumran*, S. 131 [dt.: *Die essenischen Schriften vom Toten Meer*, S. 143].
8. Ibid., [S. 37f].
9. Ibid., [S. 138].
10. Ibid., [S. 144].

Kapitel 10: Erinnerungen an die Vergangenheit

1. Hanson, A. T., *Jesus in the Old Testament*, S. 7.
2. Hanson, R. P. C., *Allegory and Event*, S. 79.
3. Hanson, *Jesus in the Old Testament*, S. 6.
4. Ibid., S. 27.
5. Ibid., S. 58.
6. Migne, *Origenis Op. Omn., Selecta in Genesim, PG*, Bd. 2.

Kapitel 11: Tod in der Wüste

1. Rot und Wigoder, *The New Standard Jewish Encyclopaedia*, S. 191.
2. Osman, *Stranger in the Valley of the Kings*.
3. Osman, *Moses: Pharao of Egypt*.

Kapitel 12: Der rote Faden

1. Dupont-Sommer, *The Essene Writings from Qumran*, S. 266 [dt.: *Die essenischen Schriften vom Toten Meer*, S. 287].
2. Ibid., S. 266 [S. 287].
3. Im September 1991 wurde ich zum Sechsten Internationalen Ägyptologenkongreß nach Turin eingeladen, um einen Vortrag über die Ähnlichkeit zwischen den Kriegsannalen Thutmosis' III. und der biblischen Darstellung der Kämpfe des Königs David zu halten. (Dieses Thema wird hier in den Kapiteln 22 und 23 behandelt.) Professor Manfred Bietak, der renommierte Wiener Archäologe und Leiter des österreichischen Teams, das derzeit Ausgra-

bungen im Ostdelta vornimmt, pflichtete mir in einem persönlichen Gespräch am Rande des Kongresses bei, daß die Verweise der ägyptischen Geschichte auf die Schasu in der Weise zu verstehen sind, daß sie sich auf den Bund jener Beduinenstämme mit den Israeliten beziehen.
4. Osman, *Moses: Pharaoh of Egypt*.
5. Osman, *Stranger in the Valley of the Kings*.

Kapitel 13: Die Verschleierungstaktik

1. Allegro, *The Dead Sea Scrolls*, S. 130f.
2. Die Wissenschaftler haben erkannt, daß der Vers bei Levitikus – »… Am zehnten Tag dieses siebten Monats ist der Versöhnungstag …« (23,27) – eine Zeitangabe enthält, die nicht auf Mose zutrifft: »Bei dem Befehl zur Feier des Versöhnungstages, wie er in Levitikus 16 auftaucht, handelt es sich um eine sehr viel spätere Hinzufügung zum Pentateuch.« *The Jewish Encyclopaedia*, Bd. 5, S. 378.

Kapitel 14: Und die Mauern stürzten ein

1. Kenyon, *The Bible and Recent Archaeology*, S. 75.
2. *Encyclopaedia Judaica*, Bd. 2, S. 471.
3. Kenyon, *The Bible and Recent Archaeology*, S. 75f.
4. Yadin, *Hazor* (1975), S. 145.
5. *Encyclopaedia Judaica*, Bd. 10, S. 271.
6. Romer, *Testament*, S. 69.

Kapitel 15: Die Evangelien

1. Allegro, *The Dead Sea Scrolls*, S. 155.
2. Robertson, *Jesus and Judas*, S. 51.
3. Dupont-Sommer, *The Essene Writings from Qumran*, S. 90 [dt.: *Die essenischen Schriften vom Toten Meer*].
4. Wells, *Did Jesus exist?* S. 145.
5. Wells, *The Early Christians*, S. 255.

6. Dupont-Sommer, *The Essene Writings from Qumran*, S. 91 [dt.: *Die essenischen Schriften vom Toten Meer*].

BUCH ZWEI: DAS HAUS DES MESSIAS

Kapitel 16: Kind der Sünde

1. Osman, *Stranger in the Valley of the Kings*.
2. Conder, *The Tell Amarna Tablets*.
3. Polano (Übers.), *Selections from the Talmud*, S. 72.

Kapitel 17: Das Verbergen der sündigen Tat

1. Ein Bericht darüber, wie der Herr Jakob den Namen Israel gibt, folgt später in diesem Kapitel.

Kapitel 18: Die Seevölker

1. Pritchard, *Ancient Near Eastern Texts*, S. 262.
2. Gardiner, *Egypt of the Pharaohs*, S. 285.
3. Ibid., S. 284.
4. Ibid., S. 285, 287.
5. Kenyon, *The Bible and Recent Archaeology*, S. 63.

Kapitel 19: Das Gelobte Land

1. Osman, *Stranger in the Valley of the Kings* und *Moses: Pharaoh of Egypt*.
2. Osman, *Moses: Pharaoh of Egypt*.
3. Ibid.Der Grund, weshalb die Namen von Mose und den Israeliten in Karnak nicht erwähnt sind, liegt darin, daß Mose der abgesetzte Pharao Echnaton war und nach seinem Sturz alles getan wurde, um seinen Namen aus dem Gedächtnis der Ägypter auszulöschen.

4. *Journal of Egyptian Archaeology*, Bd. 50, 1964, S. 66.
5. Ibid.
6. Ibid., S. 67.
7. Ibid., S. 65.
8. Ibid., S. 67.

Kapitel 20: Die beiden Davids

1. In einer der vielen Schlachten gegen die Philister, von denen im Zweiten Buch Samuel berichtet wird, finden wir einen weiteren Bezug zu Goliat:
»... Elhanan, der Sohn Jairs aus Betlehem, [erschlug] den Bruder Goliats aus Gat, dessen Speer einem Weberbaum glich« (2 Samuel 21,19, zitiert nach der englischen King-James-Bibel). Die Einführung des »Bruders« von Goliat in diesen Text ist Teil der biblischen Textredaktion und resultiert aus der Tatsache, daß zuvor bereits eine Geschichte der Tötung Goliats durch David im Ersten Buch Samuels erzählt wurde. Der englische Text der *Holy Bible Revised Standard Version* in der Übersetzung aus den Originalsprachen wurde im Jahr 1611 zum erstenmal veröffentlicht und später wiederholt überarbeitet, wobei man dann einfach schrieb: »Elhanan erschlug ... Goliat aus Gat«. Dies stimmt mit dem masoretischen Text überein, einer »differenzierteren« Fassung früher hebräischer Texte. Die *New English Bible*, von Oxford und Cambridge University Press im Jahr 1970 gemeinsam veröffentlicht, läßt ebenfalls den »Bruder« unerwähnt und beschränkt sich darauf zu sagen: »Elhanan ... erschlug Goliat aus Gat.« Die Verwirrung um diese Textstelle erklärt sich daraus, daß manche Wissenschaftler meinen, Elhanan sei Davids ursprünglicher Name (siehe auch Anhang C).

Kapitel 21: Die Reise in den Himmel

1. Redford, *History and Chronology of the Eighteenth Dynasty of Egypt*, S. 86.
2. Breasted, *Ancient Records of Egypt*, Bd. 2, S. 60–61.
3. Ibid., S. 61.

4. Osman, *Moses: Pharao of Egypt.*
5. Maspero, *The Struggle of the Nations,* S. 289.
6. Ibid.
7. Hayes, *The Scepter of Egypt,* Teil II, S. 116–117.

Kapitel 22: Armageddon

1. Gardiner, *Egypt of the Pharaohs,* S. 190.
2. Stern, *Encyclopaedia of Archaeological Excavations in the Holy Lands,* Bd. 3, S. 831.
3. Pritchard, *Ancient Near Eastern Texts,* S. 236–237.
4. Ibid., S. 237.
5. Ibid., S. 238.
6. Gardiner, *Egypt of the Pharaohs,* S. 194.
7. Maspero, *The Struggle of the Nations,* S. 265.
8. Pritchard, *Ancient Near Eastern Texts,* S. 238.

Kapitel 23: Die Geschichte zweier Städte

1. Stern, *Encyclopaedia of Archaeological Excavations in the Holy Lands,* S. 845.
2. Ibid., S. 846.
3. Ibid., S. 850.
4. Ibid.
5. Ibid., S. 851.
6. Simons, *Handbook for the Study of Egyptian Topographical Lists Relating to Western Asia,* S. 112, 118.

Kapitel 24: Jerusalem, die Stadt Davids

1. Pritchard, *Ancient Near Eastern Texts,* S. 236.
2. Osman, *Moses: Pharaoh of Egypt.*
3. Stern, *Encyclopaedia of Archaeological Excavations in the Holy Lands,* Bd. 3, S. 590.
4. Pritchard, *Ancient Near Eastern Texts,* S. 236.
5. Thomas, *Documents from Old Testament Times,* S. 39, 43.

Kapitel 25: Jerusalem, Stadt des Friedens

1. Simons, *Handbook for the Study of Egyptian Topographical Lists Relating to Western Asia*, S. 34.
2. Finkelstein, *The Archaeology of the Israelite Settlement*, S. 18.

Kapitel 26: David und Abraham

1. Wagner, *Abraham and David*, S. 127.
2. Ibid., S. 138f.
3. Ibid., S. 138.
4. Osman, *Stranger in the Valley of the Kings*.
5. Clements, *Studies in Biblical Theology*, 2. Reihe, Bd. 5, Abraham and David, S. 64.
6. Wagner, *Studies on the Ancient Palestinian World*, S. 132f.
7. Clements, *Studies in Biblical Theology*, S. 55.
8. Maspero, *The Struggle of the Nations*, S. 267f.
9. Osman, *Stranger in the Valley of the Kings*.
10. Clements, *Studies in Biblical Theology*, S. 10f.

Kapitel 27: David und Batseba

1. Gray, *A History of Jerusalem*, S. 67.

BUCH DREI: CHRISTUS DER KÖNIG

Kapitel 28: Das lebende Abbild des Herrn

1. *Journal of British Archaeology*, 1928, Bd. 14, S. 74.
2. Carter und Mace, *The Tomb of Tutankhamen*, 1927, Bd. 2, S. 85.
3. Redford, *History and Chronology of the Eighteenth Dynasty of Egypt*, S. 156.
4. Osman, *Moses: Pharao of Egypt*.
5. Redford, *Akhenaten the Heretic King*, S. 201.
6. Morenz, *Egyptian Religion*, S. 36 [dt.: *Ägyptische Religion*, S. 38].
7. Heute noch ist in Oberägypten das traditionelle Einsalben mit Krokodilfett üblich, das die sexuelle Potenz stärken soll.
8. Gardiner, *Egyptian Grammar*, S. 475, und Faulkner, *A Concise Dictionary of Middle Egyptian*, S. 32.
9. Morenz, *Egyptian Religion*, S. 38 [dt.: *Ägyptische Religion*, S. 40].
10. Ibid., S. 39 [S. 40].

Kapitel 29: Die Jungfrauengeburt

1. Boslooper, *The Virgin Birth*, S. 28.
2. Ibid., S. 28; Die Tatsache, daß Matthäus (1,16) und Lukas (1,27) Josef, den Verlobten Marias, mit König David in Zusammenhang bringen, hat nichts mit dem Kind zu tun, das selbst von König David abstammte, nicht von Josef.
3. Ibid., S. 30.
4. Ibid., S. 46.
5. Ibid., S. 49.
6. Pages, *The Gnostic Gospels*, S. 75.
7. Allegro, *The Dead Sea Scrolls*, S. 171.
8. *Journal of Egyptian Archaeology*, 1970, Bd. 56, S. 194f.

Kapitel 30: Die heilige Familie

1. Osman, *Moses: Pharaoh of Egypt*.
2. *A Brief Description of the Principal Monuments of the Egyptian Museums*, S. 144f.
3. *Journal of Egyptian Archaeology*, 1990, Bd. 76, S. 97.
4. Carter und Mace, *The Tomb of Tutankhamen*, Bd. 1, S. x-xi.

Kapitel 31: Der Verborgene

1. Redford, *Akhenaten the Heretic King*, S. 205.
2. Ibid., S. 208.
3. Carter und Mace, *The Tomb of Tutankhamen*, S. 118f.
4. Redford, *Akhenaten the Heretic King*, S. 210.
5. Bromiley, *The International Standard Bible Encyclopaedia*, Bd. 2, S. 807.
6. Yahuda, *The Language of the Pentateuch in its Relation to Egyptian*, Bd. 1, S. xxvi.
7. Leusden, *Biblica Hebraica*, S. 7.

Kapitel 32: Beweise aus dem Grab

1. Leek, *Tutankhamun's Tomb Series*, Bd. 5, S. 19.
2. Harrison und Abdalla, »The Remains of Tutankhamen«, in: Antiquity, Bd. 46, 1972, S. 9.
3. Ibid.
4. Ibid., S. 11.
5. Ibid., S. 12.
6. Ibid., S. 13.
7. Ibid., S. 9.
8. Bennett, »The Restoration Inscription of Tutankhamun«, *in: Journal of Egyptian Archaeology*, Bd. 25, 1939, S. 9.
9. Carter und Mace, *The Tomb of Tutankhamen*, Bd. 3, S. 123–126.
10. Ibid., S. 126.
11. Ibid., S. 132.
12. Ibid., S. 134.
13. Ibid., S. 203.

14. Ibid., Bd. 2, S. 228.
15. Ibid., Bd. 2, S. 196.
16. Maspero und Daressy, *The Tombs of Haramhabi and Toutankhamanou*, S. 129f.

Kapitel 33: Die verlorenen Schafe

1. Brownless, *The Meaning of the Qumran Scrolls for the Bible*, S. 9.

ANHANG A:

Altes und Neues Testament

1. Zitiert bei Wells: *The Early Christians*, S. 109–111.

ANHANG B:

Die Zerstörung Hazors

1. Simons, *Handbook for the Study of Egyptian Topographical Lists Relating to Western Asia*, S. 177.
2. Yadin, *Hazor* (1976), S. 145.
3. Ibid.
4. Yadin, *Hazor* (1972), S. 37.
5. Ibid., S. 87.
6. Ibid., S. 92.
7. Ibid., S. 36.
8. Furumark, *The Mycenean IIIC Pottery*, S. 262f.
9. Yadin, *Hazor* (1972), S. 129f.

ANHANG C:

David und Goliat

1. *Encyclopaedia Judaica*, Bd. 7, S. 757.
2. Ibid.

ANHANG D:

Die Autobiographie Sinuhes

1. Die Übersetzung von *Die Autobiographie Sinuhes* beruht auf der Arbeit von Alan H. Gardiner, *Note on the Story of Sinuhe*, sowie auf *The Literature of Ancient Egypt* von William Kelly Simpson.
2. *The Times Atlas of the Bible*, S. 32.
3. Simpson, *The Literature of Ancient Egypt*, S. 64.

ANHANG E:

Der Jungfrauenbrunnen

1. *Second Quarterly Report on the Excavation of the Eastern Hill of Jerusalem*, Palestine Exploration Fund, S. 63.
2. Ibid., S. 63–65.
3. Kenyon, *Jerusalem*, S. 23.
4. Stern, *Encyclopaedia of Archaeological Excavations in the Holy Lands*, Bd. 2, S. 594.
5. Ibid.
6. Kenyon, *Palestine Exploration, Quarterly*, Jan.–Juni 1963, S. 12f.
7. Ibid., S. 13.

ANHANG F:

König des Friedens

1. Redford, *Akhenaten the Heretic King*, S. 20.
2. Ibid., S. 34.
3. Ibid., S. 35.
4. Eissfeldt, *The Cambridge Ancient History*, Bd. 2, S. 597.
5. Bright, *A History of Israel*, S. 205 [dt.: *Geschichte Israels*, S. 217].

ANHANG G:

Rebellion

1. Eissfeldt, *The Cambridge Ancient History*, Bd. 2, S. 588f.
2. Ibid., S. 589.

3. Ibid., S. 590.
4. Bright, *A History of Israel*, S. 193 [dt.: *Geschichte Israels*, S. 203f.].
5. Conder, *The Tell Amarna Tablets*, S. 140.
6. Ibid., S. 145.
7. Giles, *Ikhnaton*, S. 174.
8. Conder, *The Tell Amarna Tablets*, S. 11f. (Brief Nr. 36 im Britischen Museum).
9. Bezold, *The Tell el-Amarna Tablets in the British Museum*, S. 1xix.
10. Giles, *Ikhnaton*, S. 159.
11. Ibid., S. 174.
12. Bezold, *The Tell el-Amarna Tablets in the British Museum*, S. 1vii.
13. Ibid., S. 101.
14. Ibid., S. 103.
15. Ibid.
16. Ibid., S. 101f.

ANHANG H:

Bezirksbeamte

1. Noth, *The Old Testament World*, S. 63f., [dt.: *Die Welt des Alten Testaments*, S. 58].
2. Ibid., [S. 60].
3. Stern, *Encyclopaedia of Archaeological Excavations in the Holy Lands*, Bd. 2, S. 485.
4. Ibid.

ANHANG I:

Die Königin von Saba und der See aus Glas

1. Hayes, »Inscriptions from the Palace of Amenhotep III«, in: *Journal of Near Eastern Studies*, Bd. 10, Nr. 1, 1951, S. 35.
2. Ibid., S. 35–36.
3. Badawy, *A History of Egyptian Architecture*, S. 49.
4. Hayes, »Inscriptions from the Palace of Amenhotep III«, S. 36.
5. Ibid.
6. Badawy, *A History of Egyptian Architecture*, S. 50.
7. Ali (Übers.), *The Meaning of the Glorious Quran*, S. 539.

8. Badawy, *A History of Egyptian Architecture*, S. 339.
9. Redford, *Akhenaten the Heretic King*, S. 45.
10. Badawy, *Architecture in Ancient Egypt and the Near East*, S. 166.
11. Eissfeldt, *The Cambridge Ancient History*, Bd. 2, S. 599.
12. Stern, *Encyclopaedia of Archaeological Excavations in the Holy Lands*, Bd. 2, S. 480.

ANHANG J:

Die Weisheit Salomos

1. Redford, *Studies on the Ancient Palestine World*, S. 154–156.
2. Ibid., S. 141.
3. Bright, *A History of Israel*, S. 184, [dt.: *Geschichte Israels*, S. 198].
4. Rowley, »Zadok and Nebushtan«, in: *Journal of Biblical Literature*, 1939, S. 113.
5. Ibid.
6. Ibid., S. 123.
7. Eissfeldt, *The Cambridge Ancient History*, Bd. 2, S. 604.
8. Osman, *Stranger in the Valley of the Kings*.
9. Osman, *Moses: Pharaoh of Egypt*.
10. Scott, »Solomon and the Beginnings of Wisdom in Israel«, in: *Wisdom in Israel and in the Ancient Near East*, S. 265.
11. Ibid.
12. Bright, *A History of Israel*, S. 199 [dt.: *Geschichte Israels*, S. 210].

BIBLIOGRAPHIE

Ali, Abdullah Yusuf, (engl. Übers.), *The Meaning of the Glorious Quran*, London 1976.

Allegro, John Marco, *The Sacred Mushroom and the Cross*, London 1970 [dt.: *Der Geheimkult des heiligen Pilzes. Rauschgift als Ursprung unserer Religionen*, Wien, München u. a. 1971].

ders., *The Dead Sea Scrolls*, London 1964.

Apuleius, *The Golden Ass*, London 1956 [dt.: *Metamorphosen oder Der goldene Esel*, Berlin 1956].

Badawy, Alexander, *A History of Egyptian Architecture*, Los Angeles 1968.

ders., *Architecture in Ancient Egypt and the Near East*, Cambridge/Mass. u. London 1966.

Baigent, Michael, u. Leigh, Richard, *The Dead Sea Scrolls Deception*, London 1991 [dt.: *Verschlußsache Jesus: die Qumran-Rollen und die Wahrheit über das frühe Christentum*, Stuttgart u. München 1991].

Bennett, John, »The Restoration Inscription of Tutankhamun«, in: *Journal of Egyptian Archaeology*, 1939.

Bezold, C., *The Tell el-Amarna Tablets in the British Museum, London*, London 1892.

Black, Matthew, *The Scrolls and Christian Origins*, London 1961.

Boslooper, Thomas, *The Virgin Birth*, London 1962.

Brandon, S. G. F., *Myth, Ritual and Kingship*, Oxford 1958.

Breasted, James H., *Ancient Records of Egypt*, Chicago 1906.

Bright, John, *A History of Israel*, London 1960 [dt.: *Geschichte Israels*, Düsseldorf 1966].

Bromiley, Geoffrey W., *The International Standard Bible Encyclopaedia*, Grand Rapids/Michigan 1982.

Brownless, William Hugh, *The Meaning of the Qumran Scrolls for the Bible*, New York 1964.

Bruce, F. F., *Jesus and Christian Origins Outside the New Testament*, London 1974.

Burrows, Millar, *The Dead Sea Scrolls*, London 1956 [dt.: *Die Schriftrollen vom Toten Meer*, Tübingen 1960].

Carter, Howard, u. Mace, A. C., *The Tomb of Tutankhamen*, London 1923.

Clements, Ronald E., *Studies in Biblical Theology*, zweite Reihe, Bd. 5, *Abraham and David*, London 1967.

Conder, C. R., *The Tell Amarna Tablets*, London 1893.

Couchoud, Paul Louis, *The Enigma of Jesus*, London 1924 [frz. Orig.: *Le Mystère de Jésus*].

Dupont-Sommer, André, *The Jewish Sect of Qumran and the Essenes*, London 1954.

ders., *The Essene Writings from Qumran*, Oxford 1961 [dt.: *Die essenischen Schriften vom Toten Meer*, Tübingen 1960].

Eissfeldt, Otto, *The Cambridge Ancient History*, Cambridge 1975.

Encyclopaedia Judaica, Jerusalem 1971–1972.

Faulkner, Raymond O., *A Concise Dictionary of Middle Egyptian*, Oxford 1962.

Finkelstein, Israel, *The Archaeology of the Israelite Settlement*, Jerusalem 1988.

Freud, Sigmund, *Moses and Monotheism*, London 1951 [dt.: *Der Mann Moses und die monotheistische Religion*, Frankfurt/M. 1960].

Furumark, Arne, *The Mycenean IIIC Pottery*, Skrifter Utgivna Av Svenska Institutet I Fom, Opuscula Archaelogica, Bd. 3, Lund/Schweden 1944.

Gardiner, Alan, *Egypt of the Pharaohs*, Oxford 1961.

ders., *Egyptian Grammar*, London 1950.

ders., *Note on the Story of Sinuhe*, Paris 1916.

Giles, Frederick J., *Ikhnaton*, London 1970.

Gray, John, *A History of Jerusalem*, London 1969.

Hanson, Anthony Tyrrell, *Jesus in the Old Testament*, London 1965.

Hanson, R. P. C., *Allegory and Event*, London 1959.

Harrison, R. G., und Abdalla, A. B., »The Remains of Tutankhamen«, in: *Antiquity*, Bd. 46, Gloucester 1972.

Hayes, William C., *The Scepter of Egypt*, Cambridge/Mass. 1959.

ders., »Inscriptions from the Palace of Amenhotep III«, in: *Journal of Near Eastern Studies*, Bd. 10, Nr. 1, 1951.

Herford, R. Travers, *Christianity in Talmud and Midrash*, London 1903.

Jewish Encyclopaedia (Chefredaktion: Isidore Singer), New York und London 1904.

Journal of British Archaeology, 1928, Bd. 14.

Journal of Egyptian Archaeology, Bd. 14, 1928; Bd. 25, 1939; Bd. 50, 1964; Bd. 56, 1970; Bd. 76, 1990.

Journal of Jewish Studies II, Nr. 2, 1951.

Kenyon, Kathleen M., The Bible and Recent Archaeology, überarb. Ausgabe, hrsg. von P. R. S. Moorey, London 1987 [frühere Ausg. dt.: *Die Bibel und das Zeugnis der Archäologie*, Düsseldorf 1980].

dies., *Jerusalem*, London 1967.

dies., *Palestine Exploration Quarterly*, Jan.–Juni 1963.

Leek, F. Filce, *Tutankhamun's Tomb Series*, Bd. 5, Oxford 1972.

Leusden, Jan, *Biblia Hebraica*, hrsg. von R. Kittel, Stuttgart 1945.

Maspero, Gaston, *The Struggle of the Nations*, London 1896.

ders. (mit George Daressy), *The Tombs of Haramhabi and Toutankhamanou*, London 1912.

Migne, J. P., *Origenis Op. Omn., Selecta in Genesim*, PG, Bd. 2, Paris 1957.

Morenz, Siegfried, *Egyptian Religion*, London 1973 [dt.: *Ägyptische Religion*, Stuttgart 1960].

Mowry, Lucetta, *The Dead Sea Scrolls and the Early Church*, Chicago 1962.

North, Christopher R., *The Suffering Servant in Deutero-Isaiah*, London 1956.

Noth, Martin, *Die Welt des Alten Testaments*, Berlin 1953.

Osman, Ahmed, *Stranger in the Valley of the Kings*, London 1987.

ders., *Moses: Pharaoh of Egypt*, London 1990.

Pages, Elaine, *The Gnostic Gospels*, London 1982.

Polano, H. (engl. Übers.), *Selections from the Talmud*, London 1894.

Pritchard, J. B., *Ancient Near Eastern Texts*, Princeton 1955.

Redford, Donald B., *History and Chronology of the Eighteenth Dynasty of Egypt*, Toronto 1967.

ders., *Akhenaten the Heretic King*, Princeton 1984.

ders., *Studies on the Ancient Palestine World*, Toronto 1972.

Robertson, J. M., *Jesus and Judas*, London 1927.

Romer, John, *Testament*, London 1988.

Rot, Cecil, u. Wigoder, Geoffrey, *The New Standard Jewish Encyclopaedia*, London 1970.

Rowley, Harold Henry, »Zadok and Nebushtan«, in: *Journal of Biblical Literature*, Bd. 59, Philadelphia 1939.

Scott, R. B. Y., »Solomon and the Beginnings of Wisdom in Israel«, in:

Wisdom in Israel and in the Ancient Near East, Leiden/Niederlande 1955.

Simons, J., *Handbook for the Study of Egyptian Topographical Lists Relating to Western Asia*, Leiden/Niederlande 1937.

Simpson, William Kelly, *The Literature of Ancient Egypt*, Yale 1972.

Smith, A. D. Howell, *Jesus Not a Myth*, London 1942.

Stern, Avi-Yonah und Ephraim, *Encyclopaedia of Archaeological Excavations in the Holy Lands*, Oxford 1977.

Thomas, D. Winton, *Documents from Old Testament Times*, London 1958.

Wagner, N. E., *Abraham and David*, Toronto 1972.

ders., *Studies on the Ancient Palestinian World*, Toronto 1972.

Wells, G. A., *Did Jesus Exist?*, London 1975.

ders., *The Early Christians*, London 1971.

Whiston, William (engl. Übers.), *The Works of Flavius Josephus*, London 1842 [Teilausgaben dt.: *Der Jüdische Krieg. De bello Judaico*, München 1974, sowie *Jüdische Altertümer*, Wiesbaden o. J.].

Yadin, Yigael, *Hazor*, London 1975 [dt. *Hazor. Die Wiederentdeckung der Zitadelle König Salomos*, Hamburg 1976].

ders., *Hazor*, The Schweich Lectures of the British Academy, Oxford 1972.

Yahuda, Abraham Schalon, *The Language of the Pentateuch in its Relation to Egyptian*, Oxford 1933 [dt.: *Die Sprache des Pentateuch in ihren Beziehungen zum Ägyptischen*, Berlin 1929].

A Brief Description of the Principal Monuments of the Egyptian Museums, Kairo 1964.

Second Quarterly Report on the Excavation of the Eastern Hill of Jerusalem, Palestine Exploration Fund, London 1924.

The Times Atlas of the Bible, 1987.

REGISTER